파워 청지기

오성택 목사 지음

좋은 책으로 하나님의 사람을 만들어가는
엘 맨

파워 청지기

머리말

교회 성장은 목회자의 리더십에 의한 청지기 교육에 달려 있다고 볼 수 있다. 모든 그리스도인들은 하나님의 사명을 맡은 청지기이다. 구체적으로 말하면 목사, 장로, 전도사, 집사, 권사, 서리집사, 권찰, 교사 등 모든 그리스도인들이 청지기들이다.

핸드릭 크래머(Hendrik Kraemer)는 평신도신학이란 이름 아래 청지기 훈련을 다룬 바 있다. 그는 평신도를 어떻게 훈련시키는가에 따라서 교회성장의 성패가 달려 있다고 주장하였다.

"종말로 형제들아, 무엇에든지 참되며 무엇에든지 경건하며 무엇에든지 옳으며 무엇에든지 정결하며 무엇에든지 사랑할 만하며 무엇에든지 칭찬할 만하며 무슨 덕이 있든지 무슨 기림이 있든지 이것들을 생각하라 너희는 내게 배우고 받고 듣고 본 바를 행하라 그리하면 평강의 하나님이 너희와 함께 계시리라"(빌 4:8-9).

교회는 말씀에 의하여 성령으로 거듭난 거룩한 성도들의 모임이므로 교회의 일은 모두가 거룩하여야 한다. 거룩한 사업에는 거룩한 인물이 필요하고 거룩한 인물은 거룩한 사명을 수행할 능력이 있는 자이어야 한다. 성경은 이러한 능력있는 자를 '청지기'라는 말로 표현하고 있다. 이 청지기는 교회의 모든 일꾼을 말한 것으로 받아들일 만하기 때문에 사명자들을 청지기로 부르게 되는 것이다. 그러므로 청지기는 진실하고(눅 12:42), 지혜 있고(눅 12:2), 선한 자이어야 한다(벧전 4:10).

"우리가 다 하나님의 아들을 믿는 것과 아는 일에 하나가 되어 온전한(완성한, 성취한, 성숙한, 원만한) 사람을 이루어 그리스도의 장성한 분량이 충만한 데까지 이르리니"(엡 4:13).

사람은 인격자이기에 누구나 배운 대로 된다. 운전을 배우면 운전을 하게 되고, 의학을 배우면 의사가 되듯이 부족한 일꾼들도 잘 배우면 틀림없이 하나님께서 꼭 필요로 하시는 좋은 일꾼이 될 수 있다고 나는 확신한다.

끝으로 본서가 나오기까지 원고 정리와 교정을 도와주신 **황영익** 장로님과 평소에 격려해주신 선·후배 목사님들, 이 **책의** 출판을 위해 도와주신 곽웅근, 김영애 집사님 그리고 서울중앙교회 재정위원회와 온 성도들께 감사드린다. 또한 **출판사** 직원 여러분께도 감사의 말을 전하고 싶다.

저자 오 성 택

"당신도 당신이 원하는 인물이 될 수 있다"

    당신은 힘차게 걸을 수 있는데도 절름발이처럼 걷고, 휘파람을 불 수 있는데도 우는 소리를 하고, 웃을 수 있는데도 울고 있습니까?
    당신은 당신을 실망케 하는 좌절감과 당신을 우울하게 하는 슬픔에 직면하여, 당신의 문제에 정복을 당하고 있습니까?
    당신은 사는 데 아무런 취미와 흥미를 느끼지 못하고 지쳐서, 인생에 싫증이 나 있습니까?
    당신은 자신이 물리쳤던 기회를 다른 사람이 붙잡아 큰 성공을 거두고 있는 것을 보고 있습니까?
    당신은 계획과 꿈이 번창할 수 있으련만 허덕이고 있으며, 자랄 수 있으련만 움츠러들고 있으며, 성공할 수 있으련만 실패하고 있습니까?
    당신은 이제 성공하겠다고 결심하십시오. 그리고 그 성공을 믿으십시오. 그러면 반드시 당신은 당신의 생애를 하나의 기적으로 바꿀 수 있을 것입니다.

청지기 훈련은 바로 당신을 위해 있는 것입니다. 이 청지기 교육은 당신의 생각과 말과 행동을 근원적으로 바꿀 것입니다.

주님께서 말씀하십니다.

"너는 나의 종이다. 내가 너를 뽑아 세워놓고 버리겠느냐? 두려워 말라. 내가 너의 곁에 있다. 걱정하지 말라. 내가 너의 하나님이다. 내가 너의 힘이 되어 준다. 내가 도와준다. 의의 오른 팔로 너를 붙들어 준다."(사 41:10).

청지기의 사명자들이여!

주님을 기쁘시게 하기 위하여 인내하고 배우는 일에 게을리 하지 마십시오. 이제 여러분이 항상 성령의 열매를 맺고(갈 5:22-24) 주님의 성품으로 성숙해 가면(벧후 1:4-8) 주님께 영광이 될 것입니다.

차 례

- 머리말 / 5
- 당신도 당신이 원하는 인물이 될 수 있다 / 7

제1장 교회성장, 목회자의 책임이다. / 15

1. 목회자와 교회성장 / 17
2. 교회교육을 위한 목회자의 역할 / 20
3. 교회학교 부흥을 위한 지도자의 역할 / 25
4. 제자 훈련의 필요성 / 29
5. 초신자를 위한 성경공부(제자훈련을 위한 전단계) / 32
6. 목회자와 DCE의 관계 / 34
7. 교회와 DCE의 관계 / 38
8. 목회자와 교육위원회(교육부) / 41
9. 임원의 사명과 자격 및 역할 / 46
10. 기도가 생명이다. / 60

제 2장 청지기란 무엇인가? / 65

1. 구약성경의 청지기 의미 / 67
2. 신약성경의 청지기 의미 / 69
3. 문자적인 의미 / 73
4. 사역적인 의미 / 74
5. 청지기에 대한 주님의 교훈 / 74

제 3장 청지기는 어떤 사람인가? / 77

1. 주인으로부터 위임맡은 자 / 79
2. 주인의 대리자 / 80
3. 주인의 뜻대로 일하는 자 / 82
4. 주인의 수입을 위해 일하는 자 / 82
5. 주인의 비밀을 알고 일하는 자 / 83
6. 그 집의 흥망성쇠를 책임지는 자 / 83
7. 평가를 받아야 하는 직책 / 84

제 4장 청지기의 자세는 무엇인가? / 87

1. 청지기의 사명적 자세의식 / 89
2. 청지기의 기본적 자세의식 / 91
3. 청지기의 정신적 자세의식 / 95
4. 청지기의 모범적 자세의식 / 96
5. 청지기의 윤리적 자세의식 / 98

제 5장 청지기의 자격은 무엇인가? / 101

1. 선한 청지기가 되는 7단계 / 103
2. 청지기의 임무 / 104
3. 선한 청지기 선택의 7단계 / 105
4. 택함 받은 그릇의 임무 / 110

제 6장 청지기의 직무는 무엇인가? / 113

1. 청지기로서의 사명자 / 115
2. 청지기로서의 장로 / 122
3. 청지기로서의 권사 / 126
4. 청지기로서의 집사 / 129
5. 청지기로서의 권찰 / 136
6. 청지기로서의 사모 / 147

제 7장 구역예배와 심방 봉사 / 153

1. 구역예배 / 155
2. 심방 봉사 / 168

제 8장 지도자로서의 청지기 / 175

1. 훌륭한 지도자가 되는 비결 / 177
2. 성공하는 지도자가 되는 비결 / 181
3. 청지기의 충성과 상급 / 184

제 9장 청지기가 알아야 할 기본 교리 / 191

1. 인간의 죄란 무엇인가? / 193
2. 하나님은 어떤 분이신가? / 194
3. 예수 그리스도에 대하여 / 202
4. 성령이란? / 205
5. 성경에 대하여 / 210
6. 율법이란 무엇인가? / 218
7. 교회란 무엇인가? / 220
8. 예배의 개념 / 236
9. 기도란? / 241
10. 주일과 안식일 / 247
11. 구원에 대하여 / 249
12. 찬송이란? / 254
13. 헌금에 대하여 / 256
14. 전도란? / 258
15. 시험과 승리에 대하여 / 266
16. 헌신과 봉사에 대하여 / 267
17. 축복의 원리 십일조 / 270

제 10장 신앙생활의 원리는 무엇인가? / 277

1. 신앙이란 무엇이며 왜 필요한가? / 279
2. 신앙생활의 오류들 / 280
3. 중요한 교리 / 285
4. 축복받는 가정 비결 / 288
5. 부부갈등 예방과 치유책 / 291
6. 인생 성공의 비결 / 298

제 11장 성경에 나타난

부와 빈곤의 의미는 무엇인가? / 303

1. 부의 성서적 의미 / 305
2. 빈곤의 의미와 그 대책 / 310

* 참고문헌 / 327

제1장
교회성장, 목회자의 책임이다

목회자는 설교 준비나
일반 목회사역에 충실하는 것만큼
기독교 교육에도 많은 시간을 할애해야 한다.
그러면 교회학교는 성장할 수밖에 없다.
교회학교가 살면 교회도 성장할 것이다.

1. 목회자와 교회성장

잘 훈련된 군대가 전쟁을 승리로 이끈다는 것은 주지의 사실이다. 같은 맥락에서 잘 훈련된 신자가 많은 교회는 부흥된다. 때문에 교회성장과 영성훈련은 불가분의 관계이다. 교회성장은 하나님의 계획이요, 하나님의 소원이며, 하나님의 최대의 기쁨이다. 또한 예수 그리스도의 성육신과 십자가에 죽으심, 그리고 부활의 목적이다. 성령이 오신 목적이며, 교회가 세워진 목적이고, 성도가 땅 위에 머무는 목적이다.[1]

교회학교가 잘 성장되면 그 교회는 성장된다. 그런데 교회학교 성장은 목회자의 기독교 교육관에 따라 좌우된다고 할 수 있다. 목회자가 교회학교 교장으로서의 역할을 수행하려면 적어도 다음과 같은 사실에 책임을 질 수 있어야 한다.[2]

물론 여기서 전제해야 할 것은 기도이다. 교회성장이 그러하듯 교회학교 성장 역시 기도를 전세로 한다. 교회가 화평한 가운데 있어야만 교회학교 성장도 가능하다. 그래서 이 두 가지를 전제로 하고 기독교 교육학적인 관점에서 몇 가지 방안을 소개하고자 한다.

---

1) 명성훈, 「교회 성장의 영적 차원」 (서울:서울서적, 1993), p. 11.
2) 신성종外, 「이렇게 제자 훈련해야」 (서울:도서출판 하나, 1995), pp. 392-416 참조.

(1) 목회자는 유능한 설교자인 동시에 유능한 교사가 되어야 한다.

목회자는 설교자와 교사의 역할을 동시에 수행할 수 있어야 한다. 목회자는 설교와 교수의 성경적 의미를 정확히 구별하여, 동시에 이 두 가지를 훌륭히 수행할 수 있어야 한다. 목회자는 대개 설교에 대하여는 많이 강조한다. 그러나 교수, 즉 가르치는 일에 대해서는 별로 강조하지 않는 경향이 있다.

기독교육학자 제임스마트는 "설교는 죄와 불신앙 가운데 있는 사람들을 불러서 회개하고 복된 소식을 받아들이도록 하는 것이며, 교수는 신자들이 하나님의 말씀을 현대적인 상황에 적절하게 비추어보고 성경의 내적 통일성과 교리를 배우면서 윤리적인 적용을 할 수 있도록 신자들에게 하나님의 말씀을 해석하는 것"이라고 정의하였다.

(2) 목회자는 기독교 교육에 분명한 철학을 가져야 한다.

기독교 교육의 궁극적인 목적은 하나님의 영광에 있고, 기독교 교육의 목표는 예수 그리스도를 닮아가는 데 있다. 그러므로 기독교 교육은 그리스도 중심이어야 한다.

우리가 생각할 수 있는 기독교 교육철학은 무엇인가?

첫째, 기독교 교육의 궁극적인 목적은 하나님의 영광에 있고, 기독교 교육의 목표는 예수 그리스도를 닮아가는 데 있다.

그래서 교육을 많이 받을수록, 성경을 많이 알수록 예수 그리스도를 많이 닮아가는 성도들이 되어야 한다.

둘째, 기독교 교육의 대상은 하나님의 형상으로 지음받은 학생이다.

기독교 교육은 성경을 학생에게 가르치는 것이고, 교사가 학생을 가르치는 것이다. 그러므로 기독교 교육은 학생 중심이어야 한다. 그렇게 하기 위해서는 '학생이 어떤 존재인가?'에 대한 연구가 필요하다.

셋째, 기독교 교육의 교육과정은 성경 중심이다.

성경적 계시를 통하지 않고는 아버지와 구주로서 하나님께 대한 충분한 지식을 갖지 못한다. 또한 성경은 신앙과 행위의 유일한 규범이다. 물론 다른 자료들도 기독교의 교육과정으로 사용할 수는 있다. 그러나 그 다른 자료들은 성경에 일치될 때만 정당성을 갖는다. 기독교 교육과정은 성경 중심이어야 한다. 그러므로 성경이 기독교 교육의 핵심적인 커리큘럼이어야 한다.

넷째, 기독교 교육의 방법론은 교안 중심이다.

가장 효과적인 교회학교의 가르침은 성경을 얼마나 '많이' 가르쳤는가, 또 얼마나 '많이' 배웠는가 하는 양에 달린 것이 아니다. 학생들이 배운 '질'에 따라서 결정이 된다. 즉 기독교 교육의 방법론은 학생들로 하여금 직접 하나님의 말씀을 삶 속에서 경험할 수 있고, 적용할 수 있도록 가르쳐야 한다는 말이다.

다섯째, 기독교 교육 행정의 중심은 교회이다.

기독교 교육은 마땅히 힘써야 할 교회의 일이고, 교회의 유익을 도모하는 일이다. 그러므로 목회자의 지도 아래 모든 교인이 교육에 열중해야 한다. 교회의 유익을 위해서 하는 일이므로 온 교회는 이 일에 힘써야 하는 일이다. 목회자만을 위해서 하는 일이 아니다. 특별한 몇 사람을 위해서 하는 일은 더더욱 아니다.

2. 교회교육을 위한 목회자의 역할

목회자는 교사와 지도자, DCE(교육책임자, 교육목사)의 역할을 담당하는 지도자로서 다음과 같은 역할을 잘 감당해야 한다.

(1) 목회자는 유능한 교사로서의 본을 보여야 한다.

사실 본을 보이는 것은 어려운 것이다. 꽃게처럼 자기는 옆으로 걸으면서 아이들보고는 "똑바로 걸어라" 하는 것 같은 교육을 실시하는 교사들이 많이 있다. 교사는 사도 바울처럼 "나를 본 받으라"고 하는 자세를 보여야 한다.

목회자는 교사로서의 유능한 본을 교사들에게 보여야 한다. 특히 담임목회자가 주일학교 예배나 행사 때에 축도를 해주는 일도 굉장히 중요한 일이다. 교육행사가 있을 때 잠시라도 참가해 주는 일도 굉장히 중요한 일이다. 특강을 한다든지 그룹상담을 하는 일 등을 할 수 있으면 아주 좋다.

(2) 목회자는 지도자를 훈련해야 한다.

목회자가 지도자를 훈련하는 것을 여섯 가지로 정리할 수 있다.

첫째, 목회자는 교회 교육위원회가 주일학교에서 가르칠 훌륭한 평신도들을 모집하고 선정하는 데 전반적인 정책을 격려하고 도와야 한다. DCE와 교육위원회에서 지도자를 모집하고,

선정하고, 훈련하는 일을 잘할 수 있도록 격려하고 도와주는 일을 해야 한다.

둘째, 목회자는 모든 회중에게 기회가 주어지면 교사의 직분을 감당하도록 도전을 주어야 한다. 설교 시간이나 성경공부 시간 등 기회가 있을 때마다 적극적으로 도전을 주어야 한다. 교사의 직분이 얼마나 중요한가를 가르칠 필요가 있다.

셋째, 새로운 주일학교 지도자들을 위한 임명과 정기적인 헌신예배는 신년 주일대예배로 계획되어야 한다. 이것은 굉장히 중요한 일이다. 우리 나라에서는 주일학교 부장과 교사들을 임명할 때나 헌신예배를 드릴 때 대부분 주일 저녁이나 오후 찬양예배 시간을 할애하고 있다. 그러나 오후 예배에 참석하는 숫자는 지극히 제한되어 있다. 아무리 주일학교 교사의 중요성에 대해서 역설을 한다고 할지라도 효과를 보기가 어렵다. 왜냐하면 그 시간에는 열심 있는 사람들만 참석하기 때문이다. 이미 그들은 교사로 헌신하고 있거나 교회의 중책을 가진 사람들이다. 그런 시간에 아무리 지각하지 말라, 결석하지 말라고 강조해도 그 말을 듣는 사람은 출석을 잘하고 있는 사람들이다.

넷째, 목회자는 교회 지도자들이 모이는 월례회나 실험학교, 훈련기관과 현직 훈련을 위한 다른 프로그램에 정기적으로 출식할 수 있도록 현재의 교사들과 지도자들, 또 현재 훈련중인 지도자들을 함께 격려해야 한다.

목회자가 예산의 얼마를 지도자 양성에 투자해서 지도자들이 많이 참석할 수 있도록 격려해 준다면 아주 효과적일 것이다. 가능하면 교사들을 위한 모임, 예비 교사들을 위한 모임 등에 부족하지 않도록 재정을 투자하여 적극 모이도록 자극해야 한다. 또 주보에 싣고, 전도신문이 있는 교회에서는 전도신문에도 실으면 좋은 자극이 될 것이다.

　다섯째, 목회자는 개별심방과 전화심방, 그리고 교실이나 사무실에서 이루어지는 비공식적인 상담을 통해서 교사들이 당면하고 있는 문제와 고충, 기쁨에 대해서 귀를 기울일 수 있어야 한다.

　여섯째, 목회자는 교사들이 잘 해나가는 좋은 일들에 대해서 칭찬과 격려를 아끼지 말아야 한다.

(3) 목회자는 좋은 자료를 제공해 주는 봉사를 해야 한다.

　목회자는 다양한 방법으로 기독교 교육 자료와 교육위원회에 대한 그의 관심을 표명할 수 있다.

　첫째, 목회자는 기독교 교육에 대한 좋은 언론 기사가 있으면 빨리 주목할 수 있어야 한다. 이런 것들을 정리하여 교사들에게 주든지, 그 잡지를 추천하거나 신문을 추천해 주어 함께 성장해 갈 수 있도록 자료를 제공해 주어야 한다. 좋은 책도 권해줄 수 있어야 한다.

　둘째, 목회자는 일꾼들을 격려하기 위해서 주일학교에 적절한 시설을 갖출 수 있도록 해야 한다. 이것은 굉장히 필요한 일이다. 각 교회마다 도서관을 만드는 운동을 벌였으면 좋겠다. 다른 나라의 교회들은 도서관이 있는 곳이 많다.

　셋째, 목회자는 그 분야의 전문가를 초청해 올 수 있다. 교회 회중들의 필요를 충족하는 각종 세미나를 교육위원회의 도움을 받아가면서 개최할 수 있다. 평생 동안 그 분야를 연구한 전문가들을 초청하여 크리스천의 생활에 도움이 되도록 각종 세미나를 개최하고 성경적으로 뒷받침해 줄 수 있다면 굉장히 좋은 결과를 가져올 것이다.

(4) 목회자는 기독교 교육을 위한 적절한 시설을 장려해야 한다.

교회 시설은 '장로들이나' 담당하는 것으로 생각하기 쉬우나 목회자들이 하지 않으면 장로들도 못한다. 왜냐하면 목회자는 일주일 내내 교회일에 전념하지만 장로들은 다른 일에 전념하기 때문에 모든 것을 할 수 없다.

첫째, 목회자들은 성경과 현대 교육 이론을 인식하고, 각 부서의 교육이 기독교 교육에 장애가 되기보다는 본질적인 것이라는 것을 인정해야 한다. 예를 들면 유치부에는 장난감이 많이 필요하고 초등부는 학생들의 탐구심을 자극시키기 위해 적절한 교재를 준비해야 한다. 영아부에서 노년부 주일학교에 이르기까지 발달단계를 고려한 교육활동이 구체적으로 이루어지기 위해서는 거기에 따른 기재들이 필요하다는 것을 목회자들이 먼저 인정하여 구비하는 작업과 장려를 해야 한다.

둘째, 목회자는 교육 환경과 시설을 알맞게 배려해야 한다. 우리의 현실에서는 어쩔 수 없는 한계가 많이 있다. 한 교실, 한 공간 안에서 예배를 드리고 공과공부를 하면서 몇 명씩 모아놓고 앞뒤 양옆에서 가르친다. 그러다 보니 자기 반 아이들에게 잘 전달하기 위해서 목청을 높여야 하는 것이 교육 현실이다. 이런 것들을 목회자들이 잘 알아서 좋은 방법을 찾아가는 역할을 해야 한다.

셋째, 목회자는 교육 도구의 가치를 교인들에게 주지시켜야 한다. 교인들에게 교육 도구들이 교육에 충분한 효용가치와 필요성이 있음을 인식할 수 있도록 도와야 한다.

미국의 어느 교회에서 있었던 일이다. 교회교육 비품 하나를 구입하기 위해 어느 부서에서 300불을 청구했는데 교육위원회에서 거절했다. 그런데 새 카펫을 깔기 위해서는 1,400불을 지불했다. 교육비 300불은 거절했는데 새 카펫을 깔기 위해서는 1,400불을 지출한 것이다. 이런 일들은 흔히 일어날 수 있다.

넷째, 목회자는 교육위원회와 관리부가 관장하는 설비들을 잘 활용해서 도울 수 있다. 몇몇 교회의 경우를 보면 교회에서 목사님들이 교육기재가 필요하다는 인식을 해서 사다 놓는다. 그런데 그것이 모두 값비싼 것이기 때문에 아주 구석방에 도적이 들지 못하게 잘 보관하고 열쇠로 잠가 놓는다는 것이다. 사실 관리를 잘해야 하는 것은 중요하고 마땅한 일이다. 그러나 활용을 잘하면서 동시에 관리를 잘할 수 있도록 하는 방안을 연구하는 것도 우리가 해야 할 일이다. 그래서 활용을 잘할 수 있는 방안을 모색해야 한다.

다섯째, 목회자는 어린이와 젊은이를 위한 책이나 각종 신문, 잡지를 각 부서마다 비치해야 한다. 앞서 교회 안에 도서관을 만들어야 한다고 주장했는데, 도서관에 비치하는 것도 좋은 방법이다. 사실 큰 교회는 각 부서별로 도서실이 있어야 한다. 그런 면에서 보다 효과적으로 활용할 수 있는 자료들을 구비하고, 자료실을 만들도록 격려하는 일을 목회자들이 할 수 있다.

결론적으로 목회자는 설교 준비나 일반 목회 사역에 충실하는 것만큼 기독교 교육에도 많은 시간을 할애해야 한다. 그러면 교회학교는 성장할 수밖에 없다. 여기서 말하는 교회학교는 영아부에서 노년부 주일학교를 총망라한 것이다. 교회학교와 더불어 교회도 성장할 것이다. 그래서 교회는 반드시 가르쳐야 한다. 교육부에 들어가는 돈이 아까워서 교회에 투자를 하지 않는다면 그 교회는 죽어갈 것이다.

3. 교회학교 부흥을 위한 지도자의 역할

사도행전 1:8과 마태복음 28:18-20은 교회학교 교육의 영원한 목표요, 교사에게 주신 주님의 지상명령이다. 교회학교 교육의 영원한 목표는 모든 족속을 제자 삼는 일이다. 그 목표 달성을 위해 목사와 교사를 하나님은 지상교회에 세워 주셨다. 교회학교의 일선 분대장과 같은 교사들은 모든 족속을 제자 삼기 위해 주님이 주신 말씀을 가르쳐 지키게 해야 할 사명이 있다.

교회학교는 하나님의 교회의 못자리 판과 같다. 못자리 판에서 튼튼하게 잘 자란 모만이 잘 자라 30배, 60배, 100배의 좋은 열매를 맺을 수 있습니다. 그러므로 튼튼한 모를 길러내야 할 교사야말로 교회학교 부흥에 절대적 영향력을 미친다고 말할 수 있다.

그러면 교회학교 부흥에서의 교사의 역할은 무엇일까?[3]

(1) 한 영혼 한 영혼을 사랑하는 불씨여야 한다(행 1:1).

"데오빌로여 내가 먼저 쓴 글에는 무릇 예수의 행사시며 가르치시기를 시작하심부터"(행 1:1).

누가는 제자요 교사로서 "데오빌로"라는 "한 영혼"에 믿음의 확신, 구원의 확신을 심어주기 위해(눅 1:3-4) 누가복음이라는

---

[3] 주금용外, 「성공하는 교회학교, 성공하는 교사」 (서울:한국 선교교육협회:1995), pp. 18-24 인용.

24장의 편지와 사도행전이라는 28장의 편지를 자세히 차례대로 써서 보냈다. 초대교회 교사들은 한 영혼, 한 사람의 가치를 이렇게 소중히 여겼다.

우리 하나님은 우리 한 사람 한 사람을 다 소중히 여기신다. 우리 안에 있는 아흔 아홉 마리의 양보다 길을 잃고 방황하는 한 마리를 중요하게 여기시고 찾아 나가시는 선한 목자이다.

요즈음 우리가 사는 시대는 점점 큰 것, 많은 것을 자랑하는 시대이다. 그러다보니 큰 것, 많은 것을 중시하는 풍토 속에 살게 된 것이다. 물론 큰 것, 많은 것이 잘못되었거나 나쁜 것은 아니다. 그러나 큰 것, 많은 것을 중시하다 보면 한 사람, 한 영혼을 경시하는 풍토가 생기게 된다.

교사들은 우리 교육기관이나 내 반에 몇 명이 출석하는가를 자랑하지 말고, 믿음에 확신이 없어 방황하는 한 영혼 한 영혼에게 보다 관심과 사랑을 쏟을 줄 알아야 한다.

누가가 데오빌로라는 한 사람에게 두 번씩 누가복음 24장의 편지와 사도행전 28장의 긴 편지를 통하여 구원의 진리, 복음의 진리를 가르쳤듯이 우리도 그런 관심과 사랑을 쏟아야 한다. 그럴 때 의심하던 영혼이 확신있는 영혼으로 변화될 줄로 믿는다. 내 옆에, 내 앞에 있는 어린 영혼 하나 하나가 새로워질 때 머지 않아 우리 마을과 민족의 장래를 짊어질 어린이들이 새로워질 것이다.

(2) 성령의 능력을 보여주어야 한다.

"오직 성령이 너희에게 임하시면 너희가 권능을 받고 예루살렘과 온 유대와 사마리아와 땅 끝까지 이르러 내 증인이 되리라 하시니라"(행 1:8).

주일학교 교사들이 성령의 권능으로 무장하고 말씀을 가르치고 전도할 때 가깝고 먼 지역에 상관없이 전도의 열매가 주렁주렁 열리게 된다.

"너희가 과실을 많이 맺으면 내 아버지께서 영광을 받으실 것이요 너희가 내 제자가 되리라"고 하셨다. 주일학교 교사라면 마땅히 전도의 열매를 많이 맺어야 한다. 그러므로 하나님께 영광을 돌리게 되는 것이다.

한 영혼을 원수 마귀의 손에서 건져내는 전도는 영적 전쟁이다. 이 영적 전쟁에서 이기려면 오직 성령의 능력으로만 가능하다. 그러므로 어린 생명들을 건져내기 위해선 교사 자신이 성령의 능력으로 무장해야 한다. 그리고 서기관이나 바리새인처럼 말로만 가르치지 말고 권세 있는 가르침을 행해야 한다. 그럴 때 변화된 아이는 변화되지 않은 아이들을 이끌어 부모님을 모시고 주님 앞에, 교회 앞에 나오게 된다.

(3) 예수 재림을 항상 성경대로 믿고 기다리며 살게 해야 한다.

"가로되 갈릴리 사람들아 어찌하여 서서 하늘을 쳐다보느냐 너희 가운데서 하늘로 올리우신 이 예수는 하늘로 가심을 본 그대로 오시리라 하였느니라"(행 1:11).

주님은 언제 다시 오시는가? 사도행전 1:7에 "가라사대 때와 기한은 아버지께서 자신의 권한에 두셨으니 너희의 알 바 아니요"라고 하셨다.

마태복음 24:42-44에도 보면 "그러므로 깨어 있으라 어느 날에 너희 주가 임할는지 너희가 알지 못함이니라 너희도 아는 바니 만일 집주인이 도적이 어느 경점에 올 줄을 알았다면 깨어 있어 그 집을 뚫지 못하게 하였으리라 이러므로 너희도 예비하고 있어라 생각지 않은 때에 인자가 오리라"고 했다.

주님이 오시면 교사로서 우리 모두는 하나님 앞에 결산을 해야 한다. 잠언 27:1에 "너는 내일 일을 자랑하지 말라 오늘 하루에도 무슨 일이 날는지 네가 알 수 없음이니라"고 했다. 야고보서 4:14에도 보면 "내일 일을 너희가 알지 못하는도다 너희 생명이 무엇이뇨 너희는 잠깐 보이다가 없어지는 안개니라."고 했다. 언제 주님이 오실는지 알 수 없고 언제 주님이 우리를 부르실지 알 수 없음을 성경대로 믿는가? 그렇다면 항상 깨어 전도와 가르침에 충성하라. 언제 주님이 다시 오신다 해도, 언제 주님 앞에 가서 결산을 본다 해도 착하고 충성된 교사였다고 칭찬과 상급받는 교사들이 되어야 한다.

(4) 세속문화에서 아이들을 지켜주어야 한다.

"너희는 이 세대를 본받지 말고 오직 마음을 새롭게 함으로 변화를 받아 하나님의 선하시고 기뻐하시고 온전하신 뜻이 무엇인지 분별하도록 하라"(롬 12:2).

이 세대는 영상세대라고 말할 수 있다. 우리는 우리의 아이들을 TV, Video, Computer 등을 통해 들어오는 세속문화에서 지켜 주어야 할 책임이 있다. 특별히 우리 생활 속에 보편화된 TV문화는 우리에게 5가지 해로운 영향을 주고 있다.

첫째, 신체적으로 나태하게 만든다.
둘째, 지적으로 무비판적이게 만든다.
셋째, 감정적으로 민감하게 만든다.
넷째, 심리적으로 혼란시킨다.
다섯째, 도덕적으로 혼돈에 빠지게 만든다.

그러므로 교사들은 아이들을 경건한 하나님의 사람으로 양육해야 한다. 이를 위해서 어떻게 해야 할까?

첫째, TV에 접근하는 아이들에게 더 큰 규제를 해야 한다.

둘째, TV문화를 주도하는 일꾼 양성에 연합전선을 구축해야 한다.

셋째, TV에 길들여진 아이들을 염두에 두고 가르침을 준비(미디어교육)해야 한다.

4. 제자 훈련의 필요성

(1) 집을 짓기 위해 가장 중요한 것은 바로 기초이다.

기초가 잘못 되어 있으면, 아무리 좋은 재료를 사용해도 그 집은 결코 튼튼한 집이 될 수 없다. 그리고 땅을 잘 다져서 기초가 완벽해졌다고 해도 처음 놓는 벽돌들이 불량품이라면 역시 좋은 집이라고 할 수 없을 것이다. 목수들이 기간 내에 집을 지어야 된다는 조급함 때문에, 정해진 재료와 시간을 지키지 않으므로 부실 공사가 얼마나 많은가? 유럽에서는 한 건물을 몇 백 년의 세월을 두고 짓는다고 한다.

그런데 한국인의 조급함이 목회에도 나타나 여러 가지 부작용들이 발생하고 있다. 좋은 집을 짓기 위해서는 규격에 맞는 재료와 충분한 기간을 두고 지어야 하듯이 교회가 아름답게 세워져 가기 위해서도 이러한 원리는 지켜져야만 한다.[4]

처음에 놓은 기초석이 튼튼하면 얼마든지 고층 빌딩을 지을

---

[4] 배창돈, 「제자 훈련, 왜, 그리고 어떻게?」 (서울:예찬사, 1993), pp. 7-10.

수 있다. 교회도 마찬가지다. 직분자들이 어떤 면에서 그 교회의 승패를 좌우하는 기초로서 중요한 사람들이라는 사실을 인식해야 한다. 잘못 세워진 직분자들에 의해 주님의 나라가 손상된다면 이는 참으로 안타까운 일이 아닐 수 없다.

이러한 문제점을 해결할 수 있는 것이 바로 제자 훈련이다. 집을 지을 때 사용되는 벽돌은 무엇보다 질이 좋아야 한다. 적당한 강도로 구워졌는지, 규격에 맞는지를 살펴 보아야 한다. 겉으로 보기에는 화려하게 보여도 내용이 부실할 수도 있기 때문이다.

충분한 기간 동안 잘 말린 벽돌이 아닌데도 시간이 없다는 이유만으로 급하게 사용할 때 일어나는 부작용에 대해서는 언급하지 않아도 상상해 볼 수 있을 것이다.

세상의 집도 이처럼 세밀하게 세워져야 하는데 하물며 하나님의 교회를 위한 직분자들에 대해서는 더더욱 엄격하고 세밀해야할 것은 두말할 나위가 없다.

(2) 제자훈련은 응집력을 가져온다.

적당하게 교회에 오래 다니고 십일조 생활을 한다고 해서 집사가 되고, 그런 사람들 중에서 일정한 기간이 지난 후에 장로가 된다면 교회가 힘있는 공동체가 될 수 있겠는가? 교회는 사단의 세력을 물리쳐야 하므로 그 어떤 공동체와 비교할 수 없는 강한 응집력을 필요로 한다.

그런데 오늘날 교회들이 사분오열하는 것은 참으로 큰 문제가 아닐 수 없다. 적과의 싸움도 해 보지 못하고 내분으로 자멸하는 모습은 너무나 어처구니없는 일인 것이다. 교회의 이런 모습은 초대 교회에도 있었고, 종교개혁 후에도 나타났다. "이상하다, 답답하다, 미치고 싶다, 마귀와 싸워야 할 성도들이 자기들끼리 싸우고 있으니"라고 한 천로역정의 저자 존 번연의 말은 교회의 상황을 잘 표현한 말이 아닌가 하는 생각이 든다.

(3) 제자 훈련은 각 교회가 적용해야 할 중요한 프로그램이다.

특히, 개척을 하는 목회자들은 이런 점에 유의할 필요가 있다. 일꾼이 필요하기에, 자격이 없어도 일정 기간만 지나면 일꾼으로 세우는 것은 어린아이의 머리에 "중직"이라는 띠(감투)를 감아주는 꼴이 된다. 결국 그들이 시간이 지나 기성교회의 중직이 될 것이므로 그 결과가 어떠하리라는 것에 대해 충분하게 예견해 볼 수 있다.

이러한 부정적인 상황을 주위의 교회들로부터 많이 듣고 보아왔다. 양육되지 않고 훈련되지 않는 사람들은, 영적인 어린아이들로 계속 남아서 교회 내의 싸움을 주도한다. 편당을 갈라 목회자의 목회를 방해할 뿐 아니라 암적인 존재로서 다른 모든 지체에게 고통과 아픔을 준다. 그들은 하나님의 복음 사역에 방해자로 등장하는 근원이 될 수 있다.

제자 훈련이 이런 문제의 해결책이라고 필자가 자신있게 말할 수 있는 것은 오랜 시간 동안의 훈련이 이런 문제를 확실하게 해결해 주었기 때문이다. 특히 모범적인 교회의 모델이라고 할 수 있는 초대교회의 예루살렘 교회, 데살로니가 교회, 안디옥 교회의 아름다움이 말씀 훈련에서부터 나온 사실을 주목해야만 할 것이다.

5. 초신자를 위한 성경공부(제자 훈련을 위한 전 단계)

효과적인 제자 훈련을 하기 위해서는 전 단계가 반드시 필요하다. 제자 훈련은 교회에 나오는 평신도 모두를 대상으로 하기에는 그 범위가 너무 넓기 때문이다.

먼저 초신자들에 대한 성경 공부에 대해 생각해 보기로 하자.5)

(1) 초신자를 위한 성경 공부

처음 교회에 등록한 사람이나, 교회에 나온 지는 오래 되었어도 영생과 구원의 확신이 없는 사람들과 함께 하는 성경공부이다.

거듭남이 없는 사람을 그리스도인이라고 할 수 없다. 단지 지식적으로 아는 것이 믿음인 것으로 착각하며 교회에 나오는 사람이 예상 외로 많음을 유의할 필요가 있다.

구원의 확신이 없는 자는 성경을 아무리 많이 들었다고 해도 세상적인 강의와 별다를 바 없이 들을 것이다. 뿐만 아니라 평생 성장이라는 것이 있을 수 없다.

그러므로 이 공부를 통해 교회에 대한 소개와 담임 목사의 목회 철학을 알게 하는 기회로 삼을 수도 있을 것이다.

교인 수가 200명 정도까지는 담임 목사가 직접 인도할 수 있

---

5) Ibid, pp. 45-48.

을 것이다. 그러나 그 이상일 때는 가장 신뢰할 수 있는 부교역자를 지도자로 삼는 것이 좋다.

(2) 초신자를 위한 성경공부의 내용
제1과. 예수님은 누구신가?
제2과. 예수님은 무슨 일을 하셨나?
제3과. 믿음이란 무엇인가?
제4과. 구원받은 자임을 확신하고 있는가?

위의 내용은 예수님을 인격적으로 영접하는 것에 모든 초점을 두고 있다. 성경공부가 예수님을 사랑하여 연애하는 감정으로 주님과 동행하는 삶을 살아가도록 하는 중요한 시간이 되도록 지도자는 최선을 다해야 할 것이다.

이 시간은 영생이 새롭게 거듭나는 시간이므로 지도자는 기도와 성령의 인도하심을 받을 뿐 아니라 준비를 철저하게 해야 한다.

이러한 4주 과정을 마치면 이어서 교회론에 대해 4주간 공부하도록 한다. 바른 교회관을 심어주지 않고는 정상적인 신앙생활을 할 수 없기 때문이다. 놀라운 것은 기존 신자들 가운데 많은 사람들이 성경적인 교회관을 잘 모르고 있다는 것이다. 그러므로 교회에 대해서는 처음부터 바르게 가르칠 필요가 있다.

(3) 교회론에 대한 교재 내용
제1과. 그리스도의 몸인 교회
　　　　그리스도와 교회와의 관계, 교회의 사명을 가르친다.
제2과. 그리스도의 몸인 교회
　　　　교회 내에서의 지체 의식, 지체들에 대한 주님의 바람

을 가르친다.
제3과. 그리스도의 몸인 교회
　　　　초대 교회의 모습, 하나님께서 원하시는 교인으로서 갖추어야 할 자질을 가르친다.
제4과. 그리스도의 몸인 교회
　　　　목사와 성도와의 관계를 가르친다.

이상의 과정을 마친 후에 비로소 다락방 모임(구역 예배)에 참석하도록 한다. 간혹 새가정부(초신자를 위한 성경공부)를 하지 않고 교회에 참석하는 경우가 있는데, 이는 예수님이 누구신지도 모르고, 교회가 무엇인지도 모르고 말씀을 들으므로 오히려 인도자들을 힘들게 만든다. 쓸데없는 질문으로 분위기를 흐트러뜨리는 경우가 많기 때문이다. 그러므로 초신자는 물론 기존 신자일지라도 새로 등록한 사람은 이 시간에 참여시켜서 목회자가 그 사람의 인격이나 신앙 상태를 알 수 있는 계기가 되어 효과적으로 지도하도록 한다.

6. 목회자와 DCE의 관계

(1) 감독자로서의 목회자
흔히들 가정부를 두어도 일을 할 줄 알아야 가정부를 잘 활용할 수 있다고 한다. 주부가 일을 할 줄 모르면 가정부를 두어도 일을 시키는 것이 아니라 가정부에게 끌려다닐 수 있다는 말이다. 기독교 교육도 이와 똑같은 이치이다. 목회자는 목회 책임자로서의 기능을 수행하거나 잘 훈련된 DCE를 감독해야 하기 때문이다. 목회자는 교육의 전문가가 되든지 교육전문가를 모셔다 사역해야 한다. 그리고 그 사명을 잘 하는가를 감독할 수 있어야 한다.

(2) 지금 한국교회엔 DCE가 있는 교회가 거의 없다.

교육목사를 두고 있는 교회들은 있지만 DCE가 있는 교회는 거의 없다. 그러면 DCE란 무엇인가?

DCE란 "Director of Chiristian Education"이라는 말이다. 또는 "The Christian Education Director"라고도 한다. 그 머리글자를 따서 DCE라고 부르고 있는데, 이 말을 우리 나라에서는 교육 책임자, 교육사, 또는 교육 목사라고 번역할 수 있다. DCE는 교회 전체의 교육 프로그램에 대한 방향과 목적을 제공하는 기독교 교육 전문가이다.

담임목회자는 설교와 심방, 상담, 결혼주례와 장례식 주례, 또 회갑, 칠순 생일잔치, 백일잔치 등등 헤아릴 수 없이 많은 사역과 연구에 시간을 많이 할애해야 한다.

사실 목회자들은 굉장히 수고를 많이 한다. 목회자들에게 드리는 인사도 "목사님 건강하십니까?"하며 건강을 제일 먼저 염려해야 할 정도이다. 목회자는 건강을 유지해 가는 일이 큰 일 가운데 하나라고 생각된다. 어느 목사님이 새벽 4시에 나가서 저녁 10시에 들어오니 그 아파트 경비 아저씨가 "선생님은 직업이 무엇인데 일요일도 쉬지 않습니까?"라고 물으면서 "어쩌면 그렇게 새벽에 나가셔서 밤중에 들어오고, 남들이 다 쉬는 일요일까지도 바쁘십니까?"라고 했다는 일화가 있다. 이것이 한국 교회 목회자들의 일과이다. 소명이 아니라면 할 수 없는 많은 일들이 목회자들에겐 쌓여 있다.

그러다 보니 교육 프로그램, 즉 주일학교 교사들을 훈련시키거나, 교사들을 새롭게 발굴하거나 감독, 지시하는 일까지는 시간을 할애한다는 것이 쉽지 않다. 이러한 목회자를 보완하여 교육을 전담할 전문가가 필요한데 그 전문가가 바로 DCE이다.

(3) 목회자의 보완자, DCE

서구 교회에 가보면, 그 문에 담임목회자 아무개, DCE 아무개라고 붙어있다. 그리고 그 옆에 담임목회자의 전화번호와 DCE의 전화번호가 같이 붙어있다. 그러니까 이 교회의 목회는 목회자인 아무개가 책임을 맡고 있고, 교육은 그 목회방침에 동조하고 그 목회 방침에 따라 교육해 가는 DCE 아무개가 책임 맡고 있다는 이야기이다. 그런 전문성들이 서로 보완하여 이루어진다고 하면 더욱 효과적인 교육이 이루어질 수 있으리라고 생각된다.

(4) DCE의 역할과 기능

1) DCE는 교회교육 전반에 대한 행정가이다.

DCE는 교육위원회의 결의를 거쳐서 교육정책을 실행해야 한다. 물론 교육정책의 결정자는 아니다. 교회의 교육정책은 담임목회자의 뜻을 받들어 교육위원회가 결정한다. DCE는 교육위원회가 결정한 교육정책을 전문가로서, 정보자로서 인도해 가는 책임이 있다. 또 모든 기독교 교육 계획 전반을 조직하고 감독하고 조정하는 사람이다. 이것이 DCE가 해야 할 가장 큰 일이다.

2) DCE는 잠재적인 교사와 지도자를 발굴해서 훈련시키는 자이다.

교회 안에는 많은 잠재적인 교사와 지도자들이 있다. 교회가 클수록 많이 있다. 그런 사람들을 발굴해서 훈련시킬 책임이 DCE에게 있다. 잠재적인 교사와 지도자를 발굴하기 위해서는 전체 교인들의 명단을 커다란 차트에 그려 거기에 교인들이 가지고 있는 능력과 신급과 교회에 출석한 연수, 그들이 가지고 있는 자격증 등 모든 것을 다 적어 한눈에 볼 수 있도록 만든다.

3) DCE는 기독교 교육 실행위원으로 일해야 한다.

교회의 기독교 교육 자체를 계획하고, 자료를 제공하는 사람이다. 그리고 DCE는 상담자로서의 역할을 감당해야 하는 사람이지만 동시에 기독교교육위원회(이하 '교육위원회')에 실행위원으로 일해야 한다.

4) DCE는 보다 효과적으로 일하기 위해 계속 연구해야 한다.

5) DCE는 교회 형편에 따라서 프로그램을 실제로 제공해야 한다.

예를 들면 청년부 수련회에 직접 뛰어들어서 지도할 수 있고, 청년회 고문이 될 수도 있다. 또 각부 주일학교에서 꼭 필요한 부서의 고문이 될 수 있고, 주일학교에서 직접 가르칠 수 있다. 다시말해 교육전도사들의 역할 일부를 감당해야 한다는 이야기이다.

6) DCE는 모든 프로그램의 행정가이며, 특히 심방 프로그램

의 지도자이다.
　한 마디로 주일학교의 총책임자로서의 역할을 감당해야 한다는 말이다. 계획하고 실천하도록 해야 한다.

　7) DCE는 교육과정의 자료를 선정하고 평가해야 한다.
　각 부서에서 사용할 교재를 선정하고, 많은 인재가 있는 교회에서는 교재를 직접 만들어서 쓸 수 있다.

　8) DCE는 방학때 성경학교를 지도하고 계획을 도와주어야 한다.
　사실 DCE의 역할이나 기능은 굉장히 많지만 한 마디로 교육 전체를 계획하고 총괄하는 일이라고 할 수 있다.

7. 교회와 DCE의 관계

(1) DCE와 목회자, 당회의 관계
　DCE는 목회자에게 모든 교육 상황을 직접 보고해야 하고, 교육위원회를 지도하는 직접적인 책임이 있다. 자칫하면 목회자와 DCE 사이에 많은 알력이 있을 수도 있다. 그러나 이 원리가 그대로 이루어진다면 그런 염려스런 사태는 일어나지 않으리라고 확신한다.
　DCE는 당회에 교육활동을 보고함으로써 교회에 어떤 교육활동을 하고 있다는 정보를 제공하고 적절한 기독교 교육 프로그램의 본질을 이해시킬 수 있어야 한다. 보고를 안 하면 당회와 DCE 사이에 거리가 멀어질 수 있다. 그리고 각부 주일학교에서 어떤 일을 하려고 하더라도 당회에서 이해를 못하기 때문에 허락을 안하는 경우도 있다. 그래서 오해가 생길 수 있다. 그렇게 되지 않도록 당회와 관계를 잘 지키는 것이 필요하다.

(2) DCE와 교육위원회의 관계

DCE는 교육위원회 위원장이 아니다. 교육위원장은 목회자가 직접 할 수 있다. 혹은 교인이 몇만명 이상 되고 너무 큰 교회여서 도저히 그 일을 감당할 수 없다고 생각되는 교회라면 교육위원 가운데 교육에 조예가 깊은 당회원이나 각부 부장 가운데 한 사람이 될 수도 있다.

DCE는 교육위원회를 이끌어 가는 지도자로서 위원장은 아니지만 모든 자료를 제공하고 정책을 결정하도록 정보를 주고, 고문으로서의 역할을 수행하는 지도자이다. 동시에 정책을 실행하는 실행자 역할을 수행해야 한다.

즉 DCE는 정보를 제공해주고, 모든 면에도 도움을 주면서도 책임자는 아니며 위원장도 아니다. 그러면서도 위원회에서 결정한 내용을 실천에 옮기는 실행자이다. 그러므로 굉장한 지혜가 필요한 직분이다.

(3) DCE와 각부 부장의 관계

DCE는 각부 부장과 협력해서 교사 훈련과 기독교 교육 전반을 감독하고 계획하며 실천해야 한다. 여기서 명심해야 할 것은 DCE는 각부 부장을 통해서 교사들을 지도해야 하는 것이다.

DCE라고 해서 부장들을 제쳐놓고 교사들을 지도하게 되면 대부분 불협화음이 일어난다.

(4) DCE는 기독교 교육 전체를 총괄하는 전문가이다.

기독교 교육은 담임목회자가 직접 감당하거나 이 일을 전담할 전담 지도자(DCE)를 두어야 한다. DCE를 두기 위해서는 DCE가 꼭 필요하다는 인식이 먼저 필요하다. 그 다음 총회 차원에서 이 DCE 제도를 도입하여 개교회에서 실질적인 도움을 받도록 하는 것이 필요하다.

DCE 자격은 일반적으로 신학과 기독교 교육학을 전공한 사람이면 된다. 대학에서 기독교 교육을 전공하고 대학원에서 신학을 전공했다면 가장 바람직한 자격자이다. 신학적으로 올바른 신학을 근거로 해서 기독교 교육에 관한 모든 이론과 실제를 적용할 수 있는 사람이 필요한 것이다. 그 다음 이런 DCE를 초빙하여 일을 할 때 담임목회자와 마찰을 없애기 위해서 목회자와의 관계를 성문화해서 주는 것도 하나의 방법일 수 있다.

그러나 막상 우리 나라에는 이런 DCE 제도가 없는 상태이다. 현실적으로 신학대학 3, 4학년이 되면 대부분 교육전도사로 교회에 나가서 봉사하게 되고, 신대원 학생이면 으레 교육전도사로 봉사한다. 신대원을 졸업하면 강도사를 거쳐서 교육목사로서 안수를 받았다 하더라도 교육 전문가로서 일을 하는 것이 아니다. 그저 담임목회를 하기 이전까지 하나의 징검다리로서 교육에 종사를 한다. 그러다 보니 결국 전체적인 맥락에서 일관성 있는 교육이 되기 어렵고, 효과적인 교육이 되기 어려운 것을 많이 볼 수 있다. 그래서 목사 안수를 안받는다 하더라도 평생 DCE로서 일을 하겠다는 각오를 가진 사명감이 넘치는 사람들이 필요하다. 또 그렇게 일할 수 있는 여건들을 조성해 주는 것이 필요하다.

그러면 DCE는 남자만 할 수 있는가? 안수는 받지 않는다 할지라도 기독교 교육 전문가로서 일을 할 수 있다고 본다. 한국 교회에서 기독교 교육 전체를 총괄하는 전문가로서 일을 하게 하고, 교육전도사들이 일을 하면서 오는 여러 가지 부작용들을 제거한다면, 더 이상 시행착오는 없어질 것이다. 그렇다고 교육전도사들이 일을 못하는가? 꼭 그런 것은 아니다.

여기서 필자가 강조하고 싶은 것은 전문가에게 전문적인 일을 맡겨야 한다는 것이다. 교회에서 더없이 중요한 기독교 교육을 담임목회자가 되기 전 거쳐가는 디딤돌로 여기는 사람들에게 일을 맡겼을 때 전문성이 결여되기 쉽다는 것을 말하는 것이다.

8. 목회자와 교육위원회(교육부)

목회자는 다음과 같은 교육위원회의 근본적인 기능을 잘 알고 있어야 한다. 앞서 말한 DCE와 교육위원회는 일과 기능에 있어선 중복되는 부분이 있다. 그것은 DCE와 교육위원회가 그만큼 상부상조해야 한다는 것을 제시해 주는 내용이다.

(1) 교육위원회는 교육정책 수립과 프로그램을 발전시켜야 한다.

교육위원회라면 담임목회자를 비롯하여 각부 부장, 집사, 교육전도사, 장로들 및 성도들 가운데 기독교 교육은 아니라도 일반 학교에서 교편을 잡고 있는 교육 전문가들이 여기 포함될 수 있다. 이러한 교회교육 지도자들이 한 달에 한 번씩 모여 한 달 동안의 교육을 계획하고, 또한 지난 한 달을 보고하고 반성하는 정도에서만 그쳐서는 안된다.

'우리 교회의 교육 정책은 이러이러하다'는 것을 분명하게 수립할 수 있어야 한다. 주일학교의 프로그램을 이 DCE의 조언을 받아서 발전시킬 수 있어야 하는 것이다.

(2) 교육위원회는 교회의 다양한 교육적 기능에 대한 교육목적과 목표를 개발해야 한다.

교육의 목적과 목표까지 교육위원회에서 만들어야 한다. 그러므로 교육위원회의 책임이 굉장히 크다. 교육목적과 목표를 총회에서만 만들어 주는 것이 아니다. 각 교회마다 그 교회의 교육목적과 목표가 있어야 한다. 그것을 DCE의 조언을 받아 교육위원회에서 만들어야 한다. 거창하지 않아도 좋고 미사여구로 만들지 않아도 좋다.

'우리가 믿는 신앙원리와 교리의 기본 원칙에 입각해서 우리 교회는 이렇게 예수님을 닮아가기 위해서 가르친다'는 목적과 목표가 있으면 된다. 이것을 먼저 만든 다음 예배는 어떻게 드려야 하고, 성경공부는 무엇을 가지고 어떻게 해야 하고, 각종 부서는 어떻게 구성하고 회집하고… 등등 이런 모든 것들을 구체적으로 만들어야 한다.

(3) 교육위원회는 성도들의 교육의식을 개발하고 육성해야

한다.

성도들의 교육의식을 개발하고 육성하는 데는 여러 가지 방법이 있을 수 있다. 또한 교회가 처한 특수한 상황에 따라서 가감될 수 있다. 우선 이 일을 위해서 교육위원회의 활동을 당회와 제직회, 그리고 교인 전체에게 정기적인 보고를 함으로써 교육의식을 개발하고 육성할 수 있다. 그 다음 소책자를 발간하여 이를 통한 활동보고를 통해서도 할 수 있고, 홍보활동을 통해서도 가능하다. 그런데 이러한 교육의식을 개발하고 육성하는 것은 교육위원들의 열성과 희생이 있을 때에만 가능하다. 이름만 가지고 있는 교육위원들이라면 1년에 한두 번 하기도 힘들 것이고, 열성과 헌신적인 위원들로 모였다면 매월 한 차례씩 혹은 두 차례까지 할 수 있을 것이다.

(4) 교육위원회는 잠재적 지도자와 교사를 발굴해야 한다.

DCE의 조언을 들어가면서 이 일을 함께 감당해야 한다.

(5) 교육위원회는 훈련 프로그램을 계획하고 실천해야 한다.

일반적으로 교사와 지도자 훈련 프로그램을 '교사대학'이라는 이름으로 각 교회와 지방회별로, 총회 단위로 잘 실천되고 있다. 이를 교육위원회에서 지속적으로 관리해야 한다.

(6) 교육위원회는 바람직한 교육과정으로 도움을 주어야 한다.

교육과정을 잘 짜고, 교재를 잘 만드는 것도 중요하다. 그러나 교재만 잘 만들고 끝날 것이 아니라, 실제로 연령별로 그 교회 형편에 맞추어서 필요한 프로그램을 많이 만들 수 있어야 한다.

예를 들어 교회 안에 노인층이 많다면 노인층을 위한 프로그램을 일차적으로 많이 만들어야 한다. 그렇게 해서 충족시켜주는 프로그램들이 필요하다. 교회 안에 미혼 청년 남녀가 많다면 그들의 필요를 충족시켜 줄 수 있는 세미나나 여러 가지 프로그램들을 많이 만들어야 한다. 그렇게 하면서 교회 안에 있는 신자들만 참석하게 할 것이 아니라 그런 모임 때마다 교회 주변의 사람들이나 친구들까지 같이 인도해 올 수 있게 하면 좋은 전도의 계기가 될 수 있다.

청소년을 위한 경우도 마찬가지이다. 장년, 신혼부부를 위한 프로그램을 비롯하여 이혼 직전의 위기에 처한 가정이 많이 있는 경우 기독교 가정을 육성시킬 수 있는 프로그램을 많이 개발해 나가면 교회는 부흥할 수밖에 없다. 이런 여러 가지 차원에서 바람직한 교육과정을 제공하는 노력들이 있어야 한다. 이 일을 교육위원회에서 주관하여 계획을 세워 할 수 있다.

(7) 교육위원회는 건물과 설비의 활용에 도움을 주어야 한다.

교육위원회는 교육 여건의 형성에 힘을 쏟고, 교육장소 배정과 적절한 교재 및 설비물을 추천하는 일을 할 수 있다. 각 교회마다 활용되지 않는 공간들이 있다. 그런 공간들을 활용하는 것도 비결 가운데 하나이다.

교육위원들이 교회 안의 구석구석을 한 달에 한두 번씩 여럿이 같이 오르내리면서 살펴보는 일도 좋은 방법이다. 한 사람의 아이디어보다 여러 사람의 아이디어가 좋을 수 있고, 한 번 보는 것과 여러 번 보는 것이 다르다. 자꾸 관심을 가지다 보면 활용방법을 찾게 되고, 아이디어가 떠오를 수 있다. 각 연령층에 맞는 적절한 설비를 할 수도 있다. 또한 돈이 들더라도 교육에 대한 투자는 과감해야 하므로 그런 면에서 교육기재들을 구비하는 방향으로 의견을 모을 수 있다. 이런 일들을 교육위원회에서 해야 한다.

(8) 교육위원회는 해마다 교육예산을 관리해야 한다.

어느 교회든지 이 일을 잘하고 있는 것 같다. '예산이 어느 만큼 교육적이냐?'하는 데 철저히 관심을 가져야 한다.

(9) 교육위원회는 긴 안목으로 프로그램을 계획해야 한다.

절기 행사, 가정주일, 어버이 주일, 어린이 주일, 교회학교 주일도 필요하다. 교사훈련, 방학성경학교, 선교활동 등 여러 가지 교육 프로그램을 교육목표를 달성하기 위해 장기적인 안목으로 계획해야 한다.

(10) 교육위원회는 균형잡힌 프로그램을 발전시켜야 한다.

오늘의 한국교회는 큰 교회일수록 신자들끼리 서로를 모르는 신앙생활을 하고 있다. 그러다 보니 시장에서 싸웠는데 같은 교회 집사더라는 웃지 못할 일들을 흔히 듣는다. 이것은 그만큼 예배와 전도, 교육활동, 봉사, 친교활동이 균형 잡히지 못했기 때문에 일어나는 현상이다.

예배에 참석하여 하나님과 나와의 관계는 이루어진다. 우리는 강대상을 마주보고 한 시간 동안 설교자와 사회자의 얼굴만 바라본다. 그러므로 옆 사람은 얼굴도 모르고 인사도 없이 돌아가게 되니까 친교와 교육은 전혀 이루어지지 않는다. 이런 것들을 제일 먼저 없애야 교회는 더욱 교회다워지고, 성도의 교제라는 코이노니아의 의미를 바로 새길 수 있다.

주일학교도 예외는 아니다. 주일학교의 경우도 예배를 많이 강조하고 있다. 그러나 전도, 교육, 친교, 봉사에는 프로그램이 미약한 경우가 많다. 그래서 이 다섯 가지 요소들이 잘 균형잡힌 프로그램을 작성하기 위해서 예산을 수립할 때도 배분 면에서 균형을 잡는 것이 필요하다.

(11) 교육위원회는 기독교 교육의 방향과 활동, 프로그램, 설비와 시설 등을 연구해야 한다.

교육위원들은 항상 교회교육의 '최근 경향은 어떤가? 활동은 어떤가? 프로그램과 설비와 시설은 어떤가?' 등등의 문제들을 연구할 필요가 있다. 다른 교회 교육관계자들과도 서로 의견을 교환하고, 좋은 아이디어와 프로그램의 정보를 나눌 수 있어야 한다. 이런 부분까지도 생각한다면 효과가 클 것이다.

(12) 교육위원회는 해마다 공동의회에 위원회 활동과 계획을 평가하고 보고해야 한다.

공동의회에서 예·결산만 통과시킬 것이 아니라 교육위원회의 활동을 보고하고 평가받아야 한다. 다음 해의 계획까지도 보고하는 일들이 이루어지면 보다 효과적인 교육이 이루어질 것이다. 목회자는 이러한 교육위원회의 근본적인 기능을 잘 알고 있어야 한다.

9. 임원의 사명과 자격 및 역할

교회는 그리스도가 머리가 되시고 성도들이 지체가 되어 이루어진 생명의 공동체이다. 그러므로 교회의 조직이나 직분에 대한 이해는 "교회가 그리스도의 몸"이란 신앙고백으로부터 시작된다.

모든 성도들은 그리스도의 몸의 한 지체로서 몸을 위해 봉사해야 할 기능을 가지고 있다. 이 기능은 몸(교회)의 유익을 위해 주신 성령의 은사이다(롬 12:4; 고전 12:4; 엡 4:7). 그러므로 직분은 지위가 아니라 상호 보완적 직능이며, 서로 돕는 섬김의 역할인 것이다. 흔히 직분(직책)과 직원과 임원을 혼용하기도 한다. 직분이란 목사, 장로, 권사, 집사, 구역장·강사, 교회학교 교사 등 기능직을 말한다. 또한 직원은 상근직으로 사찰, 기사, 사무원 등을 말한다. 그리고 임원은 목사, 장로, 권사, 집사, 남선교회장, 여선교회장, 청장년회장 등 사무직능을 말한다.6)

(1) 교회 임원의 사명

교회에서 임원을 세우는 근거는 초대 예루살렘 교회에서 찾아볼 수 있다. 예루살렘 교회가 날마다 교인이 증가함에 따라 가난한 사람들을 구제하는 일에 시비가 따르게 되었다. 헬라파 과부들이 구제에 빠지므로 히브리파 사람들을 원망한 일이 생겼다. 이것을 계기로 첫째는 교회에서 일어나는 문제를 해결하고, 둘째는 사도들이 기도하는 것과 말씀 전하는 일에 전념하기 위해 일곱 명의 집사가 선택되었다. 성령과 지혜가 충만하고, 칭찬 듣는 사람 중에서 집사를 선택하여 구제하는 일을 그

---

6) 한국 목회 신학연구원, 「교회 임원 훈련교재」(서울:도서출판 세미한, 1991), pp. 10-20 인용.

들에게 맡겨 봉사하게 하였더니 하나님의 말씀이 점점 왕성해져 제자들의 수가 더 많아지고 허다한 제사장의 무리도 이 도에 복종하게 되었다고 성경은 말하고 있다(행 7:1-7).

'집사'를 헬라어로는 디아코노스(diakonos)라고 하는데 이는 '종, 수종자' 혹은 '사역자'란 뜻이다. 오늘의 교회도 동일한 요청에 따라 임원이 필요하다. 선교와 교육의 사명을 감당하고, 날로 규모가 커져 가는 교회의 재무관리, 시설관리, 인사관리를 위해서 믿음과 지식을 겸비한 봉사자들이 더욱 절실히 요청되고 있다.

(2) 임원의 자격

1) 구원의 확신과 중생의 경험이 있어야 한다(살전 1:5; 요 3:1-5).

기독교는 체험의 종교이다. 죄를 회개하고 예수 그리스도를 믿어 구원의 은총을 체험한 성도들은 그 기쁨과 감격으로 주님의 몸된 교회를 위하여 헌신하게 된다. 그러므로 직분을 받을 이들은 무엇보다도 구원에 대한 확신과 예수 안에서 새롭게 거듭난 중생의 체험이 있어야 한다. 이러한 확신이 없이는 구원의 복음을 전할 수 없고 주를 위해 몸과 마음을 바쳐 헌신할 수도 없다.

2) 은혜받는 일에 앞장서야 한다(행 2:46-47).

임원들은 은혜를 사모하여 은혜받는 자리에 열심히 참여해야 한다. 은혜와 축복은 말씀을 듣고 배움으로 받는 것이다. 때문에 직분을 받을 이들은 예배 참석과 성경을 읽고 연구하는 일, 그리고 봉사하는 일에 앞장서서 덕스러운 생활을 해야 한다.

3) 가정생활과 사회생활에 본이 되어야 한다(딤전 5:8; 행 2:47; 24:16).

임원은 봉사생활에 본이 되어야 한다. 교회를 위해 최선을 다하여 봉사해야 한다는 말이다. 그러나 교회 봉사활동을 이유로 가정이나 사회생활에 불성실해서는 안된다.

사도 바울은 하나님과 사람을 대하여 항상 양심에 거리낌이 없기를 힘쓴다고 하였다. 디모데전서 3장에서는 장로가 되려는 사람은 한 여인의 남편이어야 하고 자기 가정을 잘 다스릴 줄 알아야 한다고 말씀하고 있다. 자기 가정을 잘 다스릴 수 있는 자가 교회에서도 사랑과 존경을 받을 수 있는 것이다.

세상을 만드시고 '더불어' 살게 하신 분이 하나님이시기에 임원은 사람들과 더불어 친목하고 진실한 관계를 맺으며 살아야 한다. 임원은 모든 사람들에게 신뢰와 존경을 받을 수 있는 덕망을 갖추어야 한다.

4) 교회 생활에 있어서 본이 되어야 한다(벧전 5:1-5).

임원은 교회를 위해 봉사할 때마다 의무감이나 부득이함으로 하지 말고 오직 하나님의 뜻을 좇아 자원하는 마음으로 해야 한다. 임원은 교회의 기둥이다. 기둥은 서야 할 자리에 서야 하고 튼튼해야 한다. 신임받을 수 있는 임원은 교회의 자랑이요 영광이다.

(3) 임원이 가져야 할 관계

1) 예배의 기쁨이 있어야 한다(롬 12:1-2).

예배는 우리 신앙의 첫 번째 표현이고 하나님 사랑의 첫 표현이다. 그러므로 믿음과 사랑의 표현인 예배는 무엇보다 경건하며, 무엇보다 기쁘고, 무엇보다 기다려지는 시간이어야 한다. 예배시간이 불편하다는 것은 외적인 이유에 앞서 자기 자신 속에서 그 이유를 찾아야 할 것이다.

2) 교회생활의 기쁨을 맛보아야 한다(골 1:2-4).
몸의 각 지체들이 장애 없이 움직일 때 온 몸이 편안하고 건강하듯이, 교회의 지체된 임원들이 각자의 직임을 기쁘게 감당해갈 때 교회는 은혜롭게 성장한다. 교회 생활의 기쁨을 잃는다는 것은 우리 심령이 병들었다는 적신호이다. 기쁨과 감사가 넘치는 교회생활은 우리의 일상생활의 활력이 되고 다른 사람들의 신앙과 생활에도 활력을 불어넣는 결과를 가져오게 된다. 그리고 자신의 삶을 윤택하게 만드는 것이다.

3) 교역자를 받들고 순종하는 기쁨이 있어야 한다(히 13:17).
교역자는 하나님의 부르심에 순종하여 그의 모든 것을 하나님 앞에, 사람들 앞에 내어놓은 사명자이다. 그러므로 교역자는 직업인이 아니라 "하나님의 종"이요 "주의 사자"이다. 빌립보 교회는 바울 사도가 옥에 갇혀 고생할 때 바울을 위해 정성을 다해 도운 교회였다. 바울이 성공적으로 전도활동을 할 수 있었던 것은 빌립보 교회의 기도와 물질적, 정신적 도움이 있었기 때문이다. 임원은 교역자가 오로지 말씀 전하는 일과 영혼 구원에만 전념할 수 있도록 기도와 물질적, 정신적 후원자가 되어야 할 것이다(갈 4:14-15).
사람은 정신적 고통을 당하면서 정상적으로 일을 할 수 없다. 특히, 목회에는 예측하지 못한 일들이 동시 다발적으로 수없이 일어난다. 모두가 주인이요, 모두가 손님인 듯한 특성 속에서 이루어진다. 교회의 직원들은 교회의 행정과 관리를 위해 고용된 사람들이지만, 동시에 목회 차원에서 처리의 대상인 양떼들이다. 임원은 이러한 교회의 특성을 이해하고 교역자가 목회활동에 어려움이 없도록 잘 도와주고, 그런 도움의 기쁨을 맛보아야 한다.

4) 교인간의 사귐의 기쁨이 있어야 한다(행 2:46).
초대교회에는 사랑의 사귐이 있었다. 모이기를 서로 힘쓰고 기도하며 순전한 마음으로 기쁘게 서로 떡을 떼는 사랑의 공동체였다. 그들에게는 마음을 나누고, 물질을 나누고, 생활까지 함께 나누는 공동생활의 기쁨이 있었다(롬 12:10, 13). 임원들이 십자가를 질 때 교회는 평화를 얻으며 임원들이 눈물을 흘릴 때 교회는 은혜와 사랑이 넘치게 된다.

5) 이웃을 사랑하고 섬기는 기쁨이 있어야 한다(막 9:35).
예수께서도 인자가 온 것은 섬기려 하고, 많은 사람을 위하여 대속물로 주려 함이라고 하셨다. 이웃을 사랑하고 섬기는 것은 하나님께 대한 사랑의 고백이다. 현대인은 누구나 무의미성과 열등감 속에서 방황하고 있다. 임원은 이러한 이웃에게 찾아가서 삶의 의미도, 생의 긍지도 그 근원이 하나님께 있음을 증거하는 열정을 가져야 한다.

(4) 임원의 역할
교회의 임원은 하나님 그리고 사람과 바른 관계를 가지므로 예배, 봉사, 순종, 사귐, 그리고 사랑의 기쁨을 맛보아야 함을 앞서서 생각해 보았다. 임원들은 이러한 기쁨 속에서 성도를 온전케 하며, 봉사의 일을 하며, 그리스도의 몸을 세우는 일을 위해 충성해야 할 것이다(엡 4:12). 충성스러운 임원이 되기 위해서 먼저 임원 스스로 갖추어야 할 자세가 있다. 이것이 임원 역할의 기본이 되는 것이다.

1) 경건한 자세
임원은 목회자의 영적, 물질적 협력자이다. 그러므로 영적 협조자로서 늘 준비되어 있어야 한다. 성령충만한 신앙은 일시적 순간에 완성되는 것이 아니다. 중단없는 경건의 훈련과 봉사생활 속에서 생겨나는 것이다.
① 항상 기도해야 한다.
기도는 영적 호흡으로서 모든 성도들이 자신의 영적 건강을 위해 쉴 수 없는 일이지만 특별히 임원은 규칙적인 기도생활을 통해 목회를 도와야 한다(출 17:8).
② 말씀을 사모해야 한다.
임원은 남에게 본이 되어야 할 위치에 있는 이들이므로 먼저 말씀을 읽고 듣고 겸손히 배워야 한다. 말씀을 늘 상고하는 가운데 믿음으로 바르게 서게 되고, 심령의 변화를 받게 되어 삶 속에서 그리스도의 향기를 발하게 되는 것이다.
③ 범사에 감사하는 생활을 해야 한다.
교회의 임원은 그 입에서 불평과 원망의 소리 대신 감사와 찬송의 소리가 끊이지 않도록 해야 한다. 불평과 원망은 자신의 심령을 병들게 하고 덕을 세우지 못하게 한다. 그러나 감사와 찬송은 자신의 심령을 윤택하게 하고 덕을 세우게 할 뿐 아니라 듣는 사람들에게도 소망과 용기를 주게 한다.
④ 헌신의 생활이 있어야 한다.

교회의 임원은 몸과 마음, 시간과 재물을 드려 헌신해야 한다. 삶을 온전히 제물로 드릴 수 있는 것이 경건의 최고봉이다. 기도, 말씀, 감사가 생활 속에 녹아져 말과 행동으로 나타남으로 우리의 삶이 헌신적인 생이 되어야 한다.

2) 충성스러운 자세
① 겸손히 봉사해야 한다.
교회의 임원은 맡겨주신 달란트대로 겸손히 일해야 한다. 청지기는 '나의 것'이나 '나의 뜻'은 없고 오직 주인의 뜻에 대한 순종과 충성이 있을 뿐이다. 모든 결과까지도 주인의 뜻에 맡기고 겸손히 봉사해야 한다.

② 주의 일을 내 일보다 먼저 해야 한다.
교회의 임원은 주의 일과 교회를 위하여 언제나 시간과 재능을 비워 두는 정성을 가져야 한다. 예배시간에 맡은 순서가 있으면 몇 주 전부터 다른 시간을 조정하고 맡은 순서를 위해 준비하여야 한다. 일도, 시간도, 마음도 주를 위해 비워둘 수 있어야 한다.

③ 기쁨과 감사로 보상을 삼는 봉사여야 한다.
교회의 임원으로 선택을 받은 것은 나의 자격이나 노력의 결과가 아니고 "나를 충성되이 여겨 일을 맡기신 것"(딤전 1:12)이라는 사실을 깨달아야 한다. 그러므로 봉사 자체를 보상으로 감사하며 믿음으로 감당해야 한다.

④ 죽도록 충성해야 한다(고전 4:2).
흔히 세상의 지위는 귀하게 여기면서도 교회의 직분은 가벼이 여기는 경우가 있다. 교회의 임원은 하나님이 주신 직분을 최상의 영광으로 알아야 한다. 그리고 몸과 마음과 정성을 다

해 죽도록 충성해야 한다. 충성스러운 임원은 무엇보다도 세 가지가 마르지 않아야 한다.

첫째, 기도의 눈물이 마르지 않아야 한다.

충성스러운 임원은 교회의 시련과 성도의 환난과 이웃의 고통에 눈물의 기도로 참여하는 사람들이다. 눈물의 기도 없이는 결코 충성된 임원이 될 수 없다(고후 2:4; 골 4:2-3).

둘째, 봉사의 땀이 마르지 않아야 한다.

충성스러운 임원은 가장 무거운 짐, 모두가 싫어하는 일을 자원하여 지고 땀을 흘리는 사람들이다(갈 6:2). 쉽고 편한 일만 골라하는 봉사, 땀이 흐르지 않는 봉사에는 영광도 없다. 교회를 위해 흘리는 땀방울은 마음 속에서 생수 같은 기쁨이 되는 것이다.

셋째, 희생의 피가 마르지 않아야 한다.

충성스러운 교회의 임원은 주의 몸된 교회의 남은 고난을 내 육체에 채우는 사람들이다(골 1:24). 시내 모 교회에는 6.25때 교회를 지키다가 순교하신 장로님의 기념비가 있다. 간혹 당회나 구역회 때 심한 의견 대립이나 마찰이 생기게 되면 으레 누군가가 "여러분, 우리 교회는 ○○○장로님이 순교로 지키신 교회입니다. 우리가 교회를 위한다면 목숨이라도 바쳐야 할 터인데 여러 의견에 양보할 수 없겠습니까?" 한다고 한다. 그러면 결국 모두다 숙연해져서 은혜롭게 회의를 끝마치게 된다고 한다. 직분 받은 이들의 믿음은 교회의 모든 성도들에게 귀감이 되고, 봉사생활은 활력이 되며, 아름다운 섬김의 전통은 신앙의 후배들에게 흠모의 대상이 되는 것이다.

⑤ 끝까지 참고 인내해야 한다(딤후 4:7-8).

사도 바울은 그의 봉사의 마지막 자리에 서서 "내가 선한 싸움을 다 싸우고 나의 달려갈 길을 마치고 믿음을 지켰으니 이제 후로는 나를 위하여 의의 면류관이 마련되었으므로… 그날에 내게 주실 것이니 내게만 아니라 주의 나타나심을 사모하는 모든 자에게니라"고 했다.

인간의 욕심을 하나님의 말씀 안에 복종시킬 수 있을 때만 꾸준히 섬긴다는 것이 가능하다. 관상용 수반 위의 꽃꽂이는 그 화려함에 비해 수명이 짧지만 상록수는 무던한 자태로 날로 그 푸른 가지를 뻗어간다. 이와 같이 직분 받은 이들은 늘 같은 모습으로 변함없이 봉사의 자세를 잃지 말아야 한다. 교회의 임원들이 모두 이와 같이 자기 자리를 지킬 때 교회는 성장하게 되는 것이다.

⑥ 선한 청지기가 되어야 한다.

교회의 임원은 선한 청지기가 되어야 한다. 선한 청지기가 되기 위해서는 주님의 시간(주일성수), 주님의 재물(십일조, 헌금), 주님의 종(사역자)을 성별할 수 있어야 한다.

인간이 하나님을 만날 수 있는 방법은 두 가지다. 하나는 하나님께서 인간에게 주시는 계시를 통해서고, 다른 하나는 인간이 하나님께 나아가는 예배를 통해서이다. 하나님께서는 예배를 통하여 은혜를 수신다. 그러므로 주님의 날을 성별하여 성수해야 한다. 하나님은 주의 날을 구별하여 성수하는 자에게 즐거움과 지위와 야곱의 업을 약속하셨다(사 58:14). 주일을 거룩히 지킬 때 하나님께는 영광이요 내게는 큰 은혜와 축복이 되는 것이다.

선한 청지기는 나의 소유가 모두 주님께서 내게 위임하신 것임을 아는 사람이다. 그러므로 모든 소유는 주인의 뜻에 따라 잘 관리해야 하며 주의 뜻을 따라 쓰여져야 한다. 주께서 요청하실 때 제일 먼저, 제일 기쁘게, 제일 많이 드릴 수 있어야 한다. 교회의 헌금은 나의 신앙의 표현이지 구호금이나 자선금이 아니다. 그것은 주님의 뜻에 따라 자선이나 구호를 위해 쓰여질 수 있는 것이다. 존 웨슬리는 "경제 생활의 거듭남이 없이는 온전히 거듭났다고 할 수 없다"고 하였다.

지식이나 재능, 자녀들까지도 내 것이라고 여기는 것은 교만이다. 위임된 모든 것을 주님을 위해 사용할 때 30배, 60배, 100배의 결실을 얻게 됨은 물론 영예와 함께 더 큰 것을 맡게 된다(마 25:21).

특히 죽음에 임박해서 청산의 지혜를 가진 청지기는 참으로 선한 청지기이다. 청산의 지혜를 가진 청지기란, 내 생의 모든 소유권이 하나님께 있음을 인정하고 모든 유산을 자손들이 아닌 주님께 돌려드릴 수 있는 사람이다.

아는 것과 행하는 것은 같은 것이 아니다. 행하는 자라야 진정한 청지기이다.

(5) 임원으로서 조심해야 할 점

교회의 임원은 기능적인 역할을 수행해야 할 뿐만 아니라 목회자의 도움이 되고 양무리의 본이 되어야 한다. 그러므로 범사에 신중하고 진지해야 한다.

1) 주장하려는 자세는 임원의 본분에서 벗어난 일이다.

교회의 임원은 교역자와 성도 사이의 교량 역할을 해야 한다. 교회의 모든 일이 교역자 중심으로 일사불란하게 이루어지도록 이해가 부족한 이들을 이해시키고 인도해야 한다. 임원들이 자기 주장을 앞세우면 불평을 낳게 되고 불평은 원망을 가져오게 되는 것이다. 하나님은 질서의 하나님이다. 지금도 주의 종들을 통하여 하나님의 뜻을 전하시고 구원사역을 이어가신다. 그러므로 임원은 교회의 치리자로 세우신 교역자의 권위를 존중할 뿐 아니라 그 권위를 세워가야 하는 것이다. 임원들이 자신을 주장하기 보다는 순종하고 협력할 때 교역자는 기쁨으로 구원 사역에 전념할 수 있게 되고, 쓸데없는 힘의 낭비 없이 교회는 성장해 갈 수 있는 것이다.

2) 비평과 비난은 임원의 본분에서 벗어나는 일이다.

교회는 임의로 존재하거나 없어지는 모임도 아니며 영리를 위한 집단도 아니다. 오로지 하나님의 계획과 섭리 속에서 세상의 구원사역을 위해 세우신 주의 몸이다. 그러므로 교회의 일은 법이나 전통에 매어서도, 편견이나 감정에 따라 처리되어서도 안될 것이다. 모든 일이 충분한 협의를 거치겠지만 최종적으로는 교역자의 결정에 따라 순종하는 것이 가장 좋은 방법이다.

3) 편을 만드는 것은 임원의 본분에서 벗어나는 일이다.

교회를 위해 열심을 내다보면 서로의 의견이 맞지 않거나 방법을 달리하는 이견이 생길 수도 있다. 그래서 간혹 열심 있고 신실한 임원들 사이에 파가 갈리고 당을 짓는 경우가 생길 수 있다. 혹은 본의 아니게 구교인과 신교인 사이에 눈에 보이지 않는 깊은 골이 생기기도 한다. 그러나 어떤 경우라도 성령이 하나되게 하신 뜻을 거역할 때 교회는 병이 들고 본연의 사명을 감당할 영력을 잃게 되는 것이다.

임원은 찢어진 것을 꿰매며, 잘려진 조각들을 이어주는 화해와 일치의 도구가 되어야 한다. 아무리 영감이 넘치고 헌신적인 사람일지라도 교회의 머리가 될 수는 없다. 교회는 예수 그리스도를 머리로 하는 주의 몸이다. 주님의 소원은 교회가 하나가 되는 것이다(요 17:11). 분열은 내가 살아있기 때문에 일어나는 현상이다. 그러므로 나는 부인되고 그리스도만이 나타나도록 해야 할 것이다.

4) 공적 명분이 없는 일에 열심을 내는 것은 임원의 본분에서 벗어나는 일이다.
직분은 주의 몸된 교회의 유익과 주의 영광을 위해 부여된 것이다. 그러므로 명예나 명분을 내는 데 사용해서는 안된다. 임원직이 임원의 이기적인 명분과 사사로운 욕심을 내기 위해 사용될 때 교회에는 분쟁이 생기게 된다.

(6) 충성된 임원에게 허락된 상급
주의 몸된 교회를 위하여 충성된 임원들에게는 아름다운 상급이 있다.
1) 아름다운 지위를 얻는다(딤전 3:13).
교회를 위하여 충성한 임원이 아름다운 지위를 얻는다는 것은 존경과 신뢰를 얻는다는 뜻이다. 아름다움에는 여러 가지 아름다움이 있다. 눈에 보기 좋은 시각적 아름다움이 있고, 듣기에 좋은 청각적 아름다움이 있으며, 감각적 아름다움이 있다. 그리고 그보다 한차원 위인 도덕적 아름다움과 신앙의 아름다움인 경건의 미도 있다. 주의 몸된 교회를 위해 충성한 임원들에게 주어지는 상급은 이 경건의 미인 것이다.

2) 믿음의 담력을 얻는다.

사람의 능력이나 지혜나 힘에는 한계가 있지만 위로부터 주시는 능력과 지혜는 무한하다. 그러므로 봉사의 무게가 무거울수록 주시는 능력과 상급도 크며, 고난의 십자가가 크면 클수록 위로와 은혜도 큰 것이다.

① 기도의 담력 - 주님을 사랑하고 주의 몸된 교회를 위해 땀을 흘린 사람은 주님께 할 말이 생긴다.

② 전도의 담력 - 주님의 사랑을 받고 은혜를 경험한 사람은 그 주님을 자랑하고 증거하지 않을 수 없다.

③ 주님의 잔치에 참예(마 25:21) - 주님의 잔치 자리에 참예할 수 있는 사람은 주님께서 위임하신 일을 위하여 수고하고 애쓴 흔적을 가진 사람들이다. 작은 일에 충성한 보상은 큰 것을 맡기심과 아울러 주인의 즐거움에 참여케 하여 주는 것이다.

3) 생명의 면류관을 얻는다(계 2:10).

하나님은 넓고 크신 분이면서도 한 개인의 머리털까지 세신 바 되신다. 그러므로 우리의 더하고 덜한 정성과 노력을 아시고 죽도록 충성한 이에게 생명의 면류관을 주신다고 약속하셨다.

성숙한 임원은 순간적으로나 저절로 되어지는 것이 아니다. 더 좋은 임원이 되기 위해서는 계속적인 훈련과 성장이 필요하다. 주님께서도 12제자를 선택하신 후 3년 동안 함께 하시며 훈련시켰다. 그리고 세상을 떠나시면서는 "너희는 가서 모든 족속으로 제자를 삼아 아버지와 아들과 성령의 이름으로 세례를 주고 내가 너희에게 분부한 모든 것을 가르쳐 지키게 하라"(마 28:19-20)는 말씀으로 그들에게 다른 이들의 훈련에 대한 위임을 주셨다. 주님께서는 하나님의 나라를 위해 제자(임원)들을 훈련시키셨고 세상을 떠나시면서도 제자(임원)훈련을 부탁하셨던 것이다.

　교회가 올바로 성장하기 위해서는 임원교육이 필수적이다. 아무리 좋은 무기를 가지고 있다 해도 훈련받지 못한 군인에게는 그 무기가 아무 소용없는 것처럼 훈련받지 않은 임원은 교회의 발전과 성장에 도움이 될 수 없다. 훈련받은 임원 한 사람은 훈련받지 않은 임원 열 사람보다 더 큰 힘을 발휘할 수 있다.

　"교회를 어머니같이 사랑할 수 없는 사람은 하나님을 아버지로 사랑할 자격이 없다."

10. 기도가 생명이다.

　생명을 사랑하는 자는 기도를 사랑한다.[7] 기도를 생명보다 사랑하는 자가 생명을 얻고 더 풍성한 생명을 얻는다. 기도가 무엇인지 참으로 아는 자는 기도가 아니면 차라리 죽음을 선택한다. 다니엘처럼 말이다. 그는 기도에 생명을 걸었다. 그도 기도하다가 죽는 것이 차라리 기도를 포기하고 사는 것보다 영광이라고 생각했다.

　기도를 쉬면 죽는다. 기도는 영혼의 호흡이다. 기도는 성도들의 생명줄이다

　마치 태아가 모체로부터 끊임없이 영양을 공급받는 탯줄과

---

7) 고석희 "기도는 생명이다", 김정복, 「주제별 기도 연구」(서울:크리스천서적, 1986). p.14.

같은 생명줄이다. 성경에 쉬지 말고 찬송하라, 쉬지 말고 설교하란 말씀은 없어도 쉬지 말고 기도하라고 하셨다. 왜 그런가? 기도를 쉬면 죽는다는 말씀이다. 주님은 설교하는 법을 제자들에게 가르쳐 주시지 않았다. 그러나 기도하는 법은 누누이 가르쳐 주셨다. 쉬지 않고 기도하므로 하늘의 능력을 빨아들이는 자는 살고 기도 쉬는 죄를 범하는 자는 죽는다.

기도를 일보다 사랑하자. 기도는 일보다 더 큰 일을 한다. 하나님은 기도하는 자를 위하여 일하신다.

내가 일하는 것과 하나님께서 나를 위하여 일하시는 것과 어느 편이 더 큰 일을 하겠는가?

"만일 내가 새벽 3시간을 기도로 보내는 일에 실패하면 그날의 승리는 마귀에게로 돌아간다."고 개혁자 마틴 루터는 말했다. 장로교의 창설자 요한 낙스도, 감리교회 창설자 요한 웨슬레도 하루에 새벽 2시간을 성별하여 기도에 헌신한 사람들이다. 요한 웰츠는 하루에 7시간을 기도에 바친 사람이다. 야고보는 성모 마리아의 아들이요, 주님의 형제요, 예루살렘교회의 감독이었는데 얼마나 기도를 많이 했던지 그 무릎이 낙타의 무릎같이 굳어졌다. 그는 무릎의 능력을 알았던 사람이었다. 천국은 두 발로 뛰어가는 길이 아니라 두 무릎으로 기어가는 길이다.

기도는 능력이다. 기도는 불의 세력을 정복하며, 죽은 자를 살리며, 없는 것을 있는 것같이, 있는 것을 없는 것같이 불러낸다. 또한 성난 사자의 입에 자갈을 물리며, 폭풍우를 잠잠케 하며, 마귀를 추방한다.

기도는 사망의 결박을 풀고, 질병을 치유하며, 태양을 머물게 하며, 하나님의 작정하신 뜻을 변경시키는 능력이다.

기도는 하늘 창고의 문빗장을 여는 황금 열쇠다. 기도하자.

우리의 사모하는 심령을 사랑하는 아버지 앞에 뜨거운 물처럼 쏟아부으며 기도하자. 새벽이슬 내리는 풀밭에서나 저녁바람 불어오는 붉은 황혼 속에서, 깊은 골방에서나 고독한 창가에서 주님과 나만의 시간을 갖자. 상한 심령을 위로하시고 낙망한 영혼에 새 힘 부어주시며, 병든 몸을 고치시고 방황하는 인생들을 붙드시는 살아계신 우리 아버지 하나님 앞에 내 모습 이대로 내던지자.

성도의 눈물은 땅에 떨어지는 법이 없다. 세상줄을 끊어버리고 생명의 기도줄을 붙잡자. 하늘과 땅 사이에 굵은 동아밧줄 같은 기도줄을 매달아 놓고 끊임없이 매달려 기도하는 겸손한 능력자들이 되자.

브레이너드와 브람웰과 바운즈처럼 우리도 쉬임없이 하나님께 도고(기도)하는 자들이 되자.

"만물의 마지막이 가까왔으니 너희는 정신을 차리고 근신하여 기도하라"고 말씀하신다.

우리의 기도를 깨우자. 우리의 기도가 역사의 새벽을 깨우게 하자. 이 시대를 위하여 기도의 사람들이 일어나게 하자. 오늘 우리의 시대만큼 기도로 보좌를 흔들고 기도로 천국을 침노하는 기도의 능력자, 기도의 사명자들이 요청되는 시대가 없다.

쉬지 말고 기도하자(살전 5:17).

성령 안에서 기도하자(엡 6:18). 말씀에 무릎꿇고 기도하자(눅 11:1). 제자들처럼 기도를 가르쳐 달라고 기도하자.

그리고 말씀에서 기도를 배우자. 기도학교를 세우자. 이 땅에 기도운동의 불길을 일으켜 "제2의 청교도"가 되자. 전 세계 교회에 기도학교가 세워지는 비전을 보자. 기도하고 기도하며 재림의 주님을 대망하자.

훈련된 신자는 기도로 전신갑주를 입은 십자가 군병이다. 이들이 교회를 부흥시킨다.

제2장
청지기란 무엇인가?

구약의 청지기는
주인의 재산과 사람을 관리하는 주인의 대리자이고,
신약의 청지기는
주인의 재산과 사람을 관리할 뿐만 아니라
받은 은사를 가지고 충성하는 봉사자이다.

1. 구약성경의 청지기 의미

청지기 직분을 위해서는 '청지기'란 용어를 이해하는 것이 중요하다. 하나님께서 그 많은 용어 가운데 청지기란 개념의 용어를 선택하셨기에 더욱 그러하다. 또한 '청지기'란 용어가 모든 개념의 가장 정확한 의미를 표현하기 때문이다.

청지기 직분에 대하여 신·구약 성경에서는 어떻게 말하고 있을까?

청지기 사상과 봉사 자세를 살펴보기로 한다.

청지기란 히브리어로는 '아쉐르 알 바이트'(אֲשֶׁר־עַל־בַּיִת)이다 (창 43:16, 19; 44:1, 4 등에서 사용된 용어). 말 그대로의 의미는 '집을 관리하는 직책'을 의미한다.[1]

구약에서는 청지기라는 말이 그렇게 많이 등장하지는 않으나 청지기 역할에 대해서는 구체적이고 실제적으로 잘 나타나 있다. 그 대표적인 것으로 요셉이 애굽의 국무총리로 있을 때에 청지기를 데리고 있었다는 기사를 들 수 있다. "요셉이 베냐민이 그들과 함께 있음을 보고 청지기에서 이르되 이 사람들을 집으로 인도해 들이고 짐승을 잡고 준비하라 이 사람들이 오정에 나와 함께 먹을 것이니라"(창 43:16).

청지기는 양식을 팔고 사기도 하며 집안 손님에게 음식도 공급하고 섬기었다. 또한 유대의 왕들도 왕실의 일을 전담하는

---

[1] 이성호 편, 「성구대사전」 (서울:해문사, 1973), p. 1384.

청지기를 두고 있었음을 살펴볼 수 있다. 히스기야 왕 치세기간 동안의 청지기는 '셉나'라는 사람이었다(사 22:15). 셉나는 야심이 많은 사람이어서 식구들이 쓸 돈으로 '화려한 수레들'을 거느리며 치부하였다. 그래서 하나님께서 셉나를 직책에서 물러나게 하고 힐기야의 아들 엘리아김으로 그를 대신하게 하라고 명령하셨다.

이러한 예를 볼 때 청지기가 집 식구들에게 아버지와 같은 감독권을 행사할 수 있는 집안의 권력자였다는 것과, 창고의 열쇠를 갖고 있었던 자라는 것이 분명해진다. 또한 바벨론의 느브갓네살 왕궁의 환관장은 '다니엘'과 그의 세 친구들을 'Melzer'(흠정역에서)라고 부르는 사람의 관리하에 두었다.[2] 이 말은 감독자라기보다는 관직을 가리키며 개정 표준역은 이것을 청지기라고 번역하였다(단 1:8-16).

또한 청지기 대신 상속자(Steward)로도 불렸던 때가 있었다. "주 여호와여 무엇을 내게 주시려나이까? 나는 무지하오니 나의 상속자는 이 다메섹 엘리에셀이니이다"라고 하였다. 이것은 "내가 아이 없이 죽게 되면 나의 청지기가 나의 모든 재산을 상속하게 되었나이다"라는 뜻이다. 이는 직계 자손 다음가는 상속자가 청지기였음을 의미한다.

또 아브라함이 이삭의 아내를 구해 오라고 보낸 사람도 바로 청지기(종)였다. 이런 일은 중차대한 일이므로 현명하고 신임이 두터운 종이나 친구에게만 부탁할 수 있는 일이었다. 그만큼 청지기의 위치가 중요한 것임을 나타낸다.[3] 그리고 바벨론의

---

2) John. R. W. Stott, 문창수 역, 설교자상(서울:개혁주의신행협회, 1988), p. 18.
3) I. E. Dillard. 주성범 역, 「선한 청지기」(서울:침례회출판사, 1982), p. 7.

느브갓네살 왕 시대에는 왕자(王子)들의 교육을 청지기들이 전담하였다(단 1:4-5).

구약에서의 청지기는 주인의 상속자(창 5:2), 주인의 대리자(창 43:16), 높은 지위와 직급의 사람(대상 28:1)으로서 왕과의 대화 상대였다. 더 나아가서는 왕의 자녀를 훈육할 정도의 지성인이었다(단 1:3, 8-20).[4] 그러므로 구약의 청지기를 한 마디로 함축시켜 말한다면 주인의 재산과 사람을 관리하는 주인의 대리자라고 할 수 있다.

2. 신약성경의 청지기 의미

신약에서는 청지기(Οἰκονόμος, 오이코노모스)라고 하는데 직역하면 "집을 지킨다. 집을 관리한다"(눅 8:3; 12:42; 16:1, 3, 8, 갈 4:2, 딛 1:7, 벧전 4:10)는 뜻이다.

즉, 청지기는 주인의 집에서 주인의 식탁 시중을 들고, 하인에 대한 감독, 재산 등을 관리한다. 또다른 의미의 청지기는(διάκονος, 디아코노스) 집사의 뜻으로서(롬 16:1, 빌 1:1, 딛 3:8, 12) 헬라어 어근 두 가지가 합쳐진 합성어이다. δια(통하여)와 κον(먼지, 흙탕)의 합성어로서, 즉 먼지를 뒤집어 쓰면서 일하는 일꾼이라는 뜻이다.[5] 결국 청지기는 주인집의 재산과 사람을 관리하며 집안의 모든 일을 맡아보는 자라고 할 수 있다.

---

4) 임택진, 「목회자가 쓴 청지기직」 (서울:예장총회 교육부, 1975), p. 17.
5) 이상찬, 「교회 직분론」 (서울:한국 보수신학회, 1984), p. 24.

그러면 청지기가 주인을 위해서 하는 일이 무슨 일이 있는가 살펴보자.
 1) 손님 접대를 위한 음식 준비(창 43:16, 19)
 2) 주인을 대신한 양식 분배(창 44:1, 4)
 3) 주인대신 품삯 지불(마 20:8)
 4) 자기 소유로 섬기는 자(눅 8:3)
 5) 유업을 이을 자, 주인 자식을 교육시키는 자(갈 4:2)
 6) 때를 따라 종들에게 양식을 주는 자(눅 12:42)
 7) 주인의 재산 관리(눅 16:1)
 8) 감독자로서 하나님의 청지기(딛 1:7)
 9) 하나님의 비밀을 맡을 일꾼(고전 4:1)
 10) 말세에 처한 사태에서 봉사를 실천하는 자(벧전 4:10)

이와 같은 의미를 살펴볼 때, 청지기는 주인을 대신하여 주인의 소유물을 관리 분배하며, 집안의 종들을 관리하고 종들의 품삯을 계산해 주고, 음식 등을 준비하여 손님을 대접하면서 주인의 자녀를 훈육하고 집안의 책임자로서 주인을 섬기며 봉사하는 자라는 것을 알 수 있다.[6]

결국 예수 믿고 거듭나고 구원을 얻은 모든 성도는 '하나님의 집'에서 일하는 일꾼이요 청지기이다. 특히 청지기라는 말은 교회의 모든 크리스천(예수를 구주로 고백하고 구원받은 자)을 가리킨다. 더 나아가서는 불신자까지도 하나님 앞에서는 청지기인 셈이다(롬 13:1).

세상에서도 정부를 위해 일하는 사람들이 다양하게 있다. 장관, 도지사, 군수, 동사무소 동장, 경찰서장, 학교 교사 등의 여러 직책이 있다. 이들은 모두가 정부를 위해 일하는 자들로서

---

6) 원세호, 「청지기론」 (서울:국제신학연구소, 1991), p. 12.

공통적으로 불리는 칭호가 있다. 바로 '공무원'이라는 말이다. 마찬가지로, 교회의 모든 신자도 목사를 비롯하여 하나님의 교회(하나님의 집)에서 충성하기 위해 각자 기능별로 구분되어 있으나, 이 모든 직분을 한 마디로 말한다면 '청지기'라고 부를 수 있다.[7] "각각 은사를 받은 대로 하나님의 각양 은혜를 맡은 선한 청지기같이 서로 봉사하라"(벧전 4:10).

성경적인 청지기의 정의를 내린다면, "자기의 온 몸과 힘과 소유를 가지고 하나님의 나라 확장을 위해 충실하게 충성하는 자"이다.[8] 즉, 자기의 모든 것이 위탁받을 것임을 인식하고 주를 위해서 가치 있게 사용하는 자가 하나님의 청지기인 것이다.

이처럼 신약에서는 청지기의 역할이 선명하게 나타나 있음을 본다. 예수께서 바로 인류의 청지기로 세상에 오셔서 섬기고 대속물로 희생하셨다. "인자의 온 것은 섬김을 받으려 함이 아니라 도리어 섬기려 하고 자기 목숨을 많은 사람의 대속물로 주려 함이니라"(막 10:45).

성경에는 집사(섬김)의 의미로 쓰여진 청지기라는 원어가 100회 이상이나 나타나 있다. 집사직의 근원은 예수님이다. 예수님은 하나님의 청지기로서 섬김을 위해서 이 땅에 오셨다(마 20:26-28). 결과적으로 예수께서는 청지기와 집사의 근원이 되셨다.[9] 그 외에 예수님의 교훈 중에서 청지기에 대하여 종종 언급한 것을 살펴보기로 하자.

"저물매 포도원 주인이 청지기에게 이르되 품꾼들을 불러 나중 온 자로부터 시작하여 먼저 온 자까지 삯을 주라"(마 20:8).

---

7) 호태석, 「청지기 교육의 이론과 실제」 (서울:청지기훈련원, 1994), p. 14.
8) Fred T. Barnett, *Methodist Men at Work*(The Methodist Church, 1947), p. 22.
9) 정문호, 「목회사역의 열쇠」 (서울:예수교문서선교회, 1984), p. 222.

청지기는 주인으로부터 종들을 다스리고 품삯까지 계산해 주는 회계 업무까지 위임받고 있음을 볼 수 있다. 청지기는 주인의 신임을 받는 사람이다.

또 청지기는 자기에게 있는 재능과 재물을 가지고 섬기는 사람이다. "또 헤롯의 청지기 구사의 아내 요안나와 또 수산나와 다른 여러 여자가 함께 하여 자기들의 소유로 저희를 섬기더라"(눅 8:3). 사도행전 19장 22절에도 "자기를 돕는 사람 중에서 디모데와 에라스도 두 사람을 마게도냐로 보내고 자기는 아시아에 얼마간 더 있으리라"라는 말씀이 있다. 또한 바울 사도의 목회 사역에 적극적으로 협력하였던 뵈뵈라는 여 집사는 여러 사람, 특히 바울의 보호자였다(롬 16:1-2). 여기 보호자(ηροο τάτις, 프로스타티스)는 이곳에만 나타나 있는 것으로서 대단히 깊은 뜻을 갖고 있다.10)

이와 같이 청지기직에 특별한 의미를 부여하는 말씀은 베드로전서 4장 10절에서도 나타난다. "각각 은사를 받은 대로 하나님의 각양 은혜를 맡은 선한 청지기같이 서로 봉사하라." 여기서는 하나님께서 모든 청지기(성도)에게 은사를 주셨다고 강조하고 있다. 여기서의 은사는 성령께서 주신 각종의 은사를 의미하고 있는 것으로서(은사는 다양하다, 미국의 C. Peter Wagner 교수는 27가지라고 했고, 필자는 33가지 이상이라고 밝혔다.-본인의 저서 「청지기 훈련을 위한 성령론」 기독신보사 발행-참조 바람) 청지기는 자신의 재능을 동원하여 섬기고 충성해야 한다.

또한 '은혜를 맡은 청지기'란 각종의 직분을 의미하는 것으로 하나님께서 주신 직분을 명예나 계급, 훈장으로 착각치 말고

---

10) 톰슨성경편찬위원회 편, 톰슨 Ⅱ 주석성경(서울:기독지혜사, 1992).

자기 위치에서 충성하라는 것이다. 특별히 교회에서 은사와 은혜로 주어진 직분을 맡은 자들은 주의 종을 중심으로 충성하고 협력하는 청지기가 되어야 한다.

"가르침을 받은 자는 가르치려는 자와 모든 것을 함께 하라"(갈 6:6).

이처럼 신약의 청지기도 주인의 대리자요(마 20:8), 자기 재산으로 섬기는 자(눅 8:3)이며, 준비성 있는 자(눅 16:1-10), 지혜롭게 주인의 뜻대로 일하는 자(눅 12:42-43), 직책을 맡은 자(고전 4:1-2), 자신에게 주어진 은사를 가지고(직분, 재능) 충성하고 봉사하는 자이다(벧전 4:10).

위와 같은 내용을 살펴보건대 구약의 청지기와 신약의 청지기는 대동소이하다. 즉, 구약의 청지기는 주인의 재산과 사람을 관리하는 주인의 대리자이며, 신약의 청지기는 주인의 재산과 사람을 관리할 뿐만 아니라 받은 은사를 가지고 충성하는 봉사자이다.11)

3. 문자적 의미

성경에 인용된 청지기에 관한 용어를 종합한다면 정연한 계획과 설계에 따라 사명을 받은 자로서 관리와 책임을 가지고 위임된 일의 보호자요 감독자로서 집행을 하도록 전권을 위임받은 대리인으로서의 청지기를 뜻한다.

---

11) 호태석, op. cit, pp. 14-15.

4. 사역적인 의미

1) 손님을 인도하여 짐승을 잡고 음식을 준비하는 자이다(창 43:16, 19).
2) 양식을 분배하는 자로 주인을 대신하는 자이다(창 44:1, 4).
3) 주인을 대신하여 품삯을 주는 자이다(마 20:8).
4) 헤롯의 청지기가 있다(눅 8:3).
5) 유업을 이을 주인의 자손을 일정기간 동안 교육하는 자이다(갈 4:2).
6) 감독은 하나님의 청지기이다(딛 1:7).
7) 봉사하는 자이다(벧전 4:10).
8) 주인에게서 그 집 종을 맡아 때를 따라 양식을 나누어 주는 자이다(눅 12:42).

5. 청지기에 대한 주님의 교훈

1) 주님의 명령에 순종하여 보상하는 자이다(마 20:8).
2) 주님의 종들을 맡아 양육하는 자이다(눅 12:42).
3) 주님의 소유-영육간의 은사-를 맡은 자이다(눅 16:1).

4) 하나님의 유업을 이을 성도들을 맡아 양육하는 자이다(갈 4:1-2).

5) 하나님의 각양 은사로 봉사하는 자이다(벧전 4:10).

제3장
청지기는 어떤 사람인가?

청지기는 신임을 받은 자이다.
그러므로 하나님을 위해서 부지런히 일해야 한다.
우리의 육체, 우리의 생명,
재물 모두가 하나님의 것이요
하나님께로부터 온 것임을 명심해야 한다.

1. 주인으로부터 위임맡은 자(눅 12:42)

　청지기는 주인이 아니다. 주인의 가정 업무와 사업과 재산을 위탁받아 주인의 뜻을 따라서 감독하고 주인의 대리자로서 일하는 사람, 즉 관리자를 말한다(렘 25:33, 학 2:8, 눅 12:33-48). 청지기는 반드시 주인의 뜻을 중심으로 하여 충성을 다하고 지혜를 짜서 슬기롭게 일을 처리해야 한다. 그리고 주인 앞에서 보고와 결산을 하여야 한다. 현대적 술어를 빌리면 주인의 비서, 지배인 혹은 총무의 의미를 가지고 있다.[1]
　청지기는 바른 교훈으로 권면하고 거슬려 말하게 하는 자들을 책망하는 자이다(딛 1:7). 그리고 하나님의 각양 은사로 봉사하는 자인 것이다(벧전 4:10).
　하나님의 청지기는 하나님의 집인 교회 또는 하나님의 사업과 하나님의 재산을 맡아서 일하는 사람을 말하는 것이다.
　우리 예수님을 구주로 영접하고 믿는 사람은 예수님의 청지기임이 틀림없다. 주님의 청지기는 특별한 사람이 아니고 믿는 우리 하나 하나가 청지기인 것이다.
　청지기는 신임을 받은 자이다. 그런데 착하고 의롭고 충성된 청지기가 있는 반면에 하나님께서 원치 않는 악하고 불의한 게으른 청지기가 있다.

---

1) 이관식, 「제직 세미나 교재」 (서울:도서출판 영문, 1993), pp. 123-124.

2. 주인의 대리자(창 24:1-3, 39:4)

형들에 의해 애굽에 팔려간 요셉은 보디발 장군 집의 가정 총무로 위임받아 주인의 할일을 대신 맡아 다스렸다(창 39:4). 아브라함도 자기집 늙은 종 엘리에셀로 하여금 모든 소유를 관리케 하였다(창 24:2). 또한 이삭의 신부인 리브가를 데려올 때도 아브라함이나 이삭이 직접 가지 아니하고 늙은 종 엘리에셀을 대신 보냈다(창 24:3-4).

일을 대신 맡는다는 것은 어려움이 많다. 첫째는 주인의 맘에 꼭 들도록 일을 처리해야 한다. 그리고 잘못된 경우에는 본인이 그 책임을 져야 한다. 그래서 보통 사람들은 서로 어려운 일을 대신 맡기 싫어할 뿐만 아니라 불평하고, 원망하고, 거절한다.

그러나 주인이 가장 어려운 일을 대신 맡기는 것은 그 사람이 미워서가 아니라 그 사람을 가장 신임하고 믿기 때문이다. 그러므로 하나님의 일을 맡은 직분자들은 어려운 일을 맡을수록 오히려 감사해야 한다. 그 일을 충실히 감당하는 자가 되기 위하여 기도해야 할 것이다.

(1) 주인의 소유권을 인정한다.

주인이 내게 맡겼다고 해서 내 것으로 생각하면 도적이 된다. 주인이 내게 의탁한 것이면 주인의 소유권을 인정해야 된다. 내게 있는 전부가 하나님으로부터 위임받은 것으로 알아야 청지기로서 윤리를 깨닫고 있는 사람이다. 나에게는 관리권이 있으나 소유권은 없다. 소유권은 하나님께 있다. 이렇게 믿고 인식을 가지고 살아야 된다는 윤리관이 바로 서 있게 되면 두 가지 점이 서게 된다.

첫째, 자만에 빠지지 않는다. 많은 것이 내게 있어도 이것으로 인하여 교만해지지 않고 언제나 감사한 마음과 두려운 마음으로 겸손해진다.

둘째, 열등감에 빠지지 않는다. 참 성도는 잘 살아도 교만하지 않고, 못 살아도 부러워하지 않는 인격자이다. 그러므로 감사로 일관하며 가정과 사업이 어려워도 좌절감을 가지지 않고 언제나 만족한 생활을 하게 된다.

(2) 주인의 회수권을 인정한다.

주인이 필요할 때는 도로 찾아가기도 한다. 하나님께서는 필요해서 맡기기도 하지만 필요해서 가져가기도 하신다. 이러한 이치를 알고 살아가면 지혜가 생기게 된다.

첫째, 재물을 의지하지 않는다.

재물을 중요한 위치로 꼽을 수도 있으나 주인을 위한 재물이지 주인보다 더욱 귀한 자리에 놓을 수는 없다. 그러므로 참된 청지기는 주인의 명령에는 순종할 수밖에 없다.

둘째, 하나님께서 재물을 회수해도 불평하지 않는다.

언제든지 하나님께서 요구하시면 내놓을 수 있음을 인식하고 살아가는 것이 참된 청지기이다.

동방의 부자 욥은 일시에 자녀, 재산, 건강이 없어졌다. 이때에 욥의 고백을 들어보라. "내가 적신으로 왔다가 갑니다. 주신이도 여호와시요 도로 찾아가시는 이도 여호와시니 내가 무슨 불평을 하리요 찬송을 받으실 분은 여호와 하나님이십니다." 그 동안에 잘 보낸 것만으로도 우리는 감사할 일이다. 이것을 보면 동방의 욥은 믿음이 참으로 좋았다. 욥은 충성된 하나님의 청지기였음을 볼 수가 있다.

3. 주인의 뜻대로 일하는 자(마 26:39)

청지기는 자기가 소유하고 싶은 대로 일할 수 있는 자율자가 아니라 주인의 뜻을 따라 해야 하는 타율자이다. 그러기에 청지기는 주인의 뜻이라면 하기 싫어도 해야 한다. 교회에서도 마찬가지이다. 모든 청지기들은 하나님의 뜻을 따라해야 하며, 주의 종들의 뜻을 따라해야 한다.

4. 주인의 수입을 위해 일하는 자(창 25:14-30)

청지기는 반드시 이익 및 수입을 올려 주인의 수입이 되게 해야 한다. 이처럼 교회의 청지기들은 반드시 교회에 유익을 주어야 할 뿐 아니라 매사를 교회가 유익되게 해야 한다.

청지기는 자기 수입보다 주인의 수입됨을 기뻐해야 한다. 이처럼 교회의 청지기들도 항상 교회의 유익됨을 기쁘게 생각해야 한다.

주인에게 손해를 주는 청지기는 악한 자이듯 교회에 손해를 주는 직분자는 악한 청지기이다. 그러므로 항상 교회에 유익을 줄지언정 손해를 주는 일이 없도록 삼가야 한다.

5. 주인의 비밀을 알고 있는 자(창 9:20-27)

청지기는 주인의 재산 및 사생활을 알고 있는 자이기에 그는 주인의 비밀을 지켜줘야 한다. 이처럼 교회의 청지기들도 불신자나 평신도가 알아서 덕이 안되는 교회의 내막, 즉 교회에서 일어나는 불미스러운 일이나 덕스럽지 못한 일을 누설하지 말아야 한다. 교역자의 사생활, 특히 어떠한 실수가 있을 때 그 실수를 알고 있다 할지라도 입밖에는 내지 말고 덮어주어야 한다. 그렇지 않으면 초신자들이 상처를 받기 때문이다. 특히 주의 종에 대해서는 더욱 신경이 예민하다.

6. 그 집의 흥망성쇠를 책임지는 자(잠 31:10)

7. 평가를 받아야 하는 직책(마 25:19)

(1) 하나님은 하후하박이 없으시다.

하후하박이란 누구는 후대해 주고 누구는 박대해 주는 것을 말한다. 하나님께서 다섯 달란트 받은 자는 후대해 주고 한 달란트 받은 자는 박대한 것이 아니다. 그러므로 많이 배운 자는 못 배운 만큼 최선을 다하면 된다. 많이 가진 자도 많이 가진 만큼 많이 충성해야 되며, 적게 가진 자는 적게 가진 만큼 최선을 다하여 하면 되는 것이다.

(2) 받은 대로 충성해야 한다.

(3) 땅에 묻어두지 말아야 한다.

목사, 전도사, 장로, 권사, 집사, 권찰, 교사, 성가대, 구역강사, 구역장 등 우리의 책임과 의무를 잘했나 못했나 주님은 평가하실 것이다. 우리는 주님께 칭찬받을 만큼 충성했는가?

현재 당신은 주님께 칭찬받을 만한가?

현재 당신은 충성하는 교회에 그 직책을 100% 감당하고 있는가?

(4) 하나님의 사용권을 인정해야 한다.

재산의 일부를 하나님께서 사용하실 때가 있다. 청지기는 언제나 주인이 쓰시겠다고 할 때는 내어놓을 수 있는 마음의 자세가 필요하다. 누가복음 19:33 이하에 보면 나귀새끼를 풀어 끌고 오고자 할 때, 주인이 "왜 나귀새끼를 끌어 가려하느냐?"고 묻는다. 그때 "주께서 쓰시겠다"고 하니까 말없이 주었다. 용납하는 무명의 성도 나귀주인은 좋은 청지기의 본이 아닐 수 없다.

청지기는 자기가 맡은 일에 최선을 다하는 충성만이 자기의 의무요, 주님을 위하여 재산도 유지하고 더욱 불려나가는 것이다. 이러한 정신으로 살면 재산을 남용하지 않는다. 그리고 독점을 하지 않는다.

(5) 하나님 앞에 감사권을 인정해야 한다.

모든 일에 결과는 결산을 해야 한다. 웨슬레는 말하기를 우리가 하나님 앞에 결산 보고하는 날에 시간과 물질에 관해 보고해야 한다고 했다.

70년, 80년을 어떻게 살았는가? 시간과 날 도적놈이 되어 있지 않았는가? 하나님 앞에서 물질을 부끄럽지 않게 일해서 벌었으며 부끄럽지 않게 사용했는가? 이러한 것을 보고하는 날이 반드시 온다.

주인이 먼 곳을 떠나면서 한 종에게는 5달란트를 맡기고, 한 종에게는 2달란트, 한 종에게는 1달란트를 맡기고 갔다. 5달란트와 2달란트 받은 종은 그 손에 피가 마르기 전에 그 손에 땀이 마르기 전에 그 손에 힘이 없어지기 전에 최선의 노력을 다했다. 비지땀을 흘리면서 뼈가 휘도록 열심히 일한 결과 5달란트 받은 사람은 5달란트를, 2달란트 받은 사람은 2달란트를 남기어 주인 앞에 서서 보고하니 칭찬을 받고 축복을 받게 되었다.

그러나 1달란트 받은 사람은 1달란트를 땅에 파묻고 놀다가 주인이 와 회계하자고 하니까 이론이 많다. "당신은 굳은 사람이라 심지 않은 데서 거두고 해치지 않은 데서 모으는 줄을 알았으므로 땅에다가 파묻고 있다가 그대로 가져왔습니다." 주인이 책망을 한다. "이 악하고 게으른 종을 바깥 어두운 곳에 내어 쫓으라." 그리고 1달란트를 빼앗아 충성한 5달란트 받은 자에게 덤으로 주셨다. 주 앞에 무슨 변명이 필요하겠는가?

칭찬받는 종이 되도록 주 앞에 설 때에 아름다운 업적의 보고서를 들고 서야 하는 청지기임을 명심하자. 이러한 윤리적인 사상을 가지고 살면, 최대한으로 신용할 수가 있고 그날 그날을 성실하게 살 수가 있다.

소털같이 많은 시간이라고, 뱀 같은 긴 세월에 오늘 못하면 내일 하자는 정신이 아니다. 역대상 29:14처럼 모든 것은 하나님으로부터 온 것이다. 우리의 육체, 우리의 생명, 재물 모두가 하나님의 것이요 하나님께로부터 온 것이다.

그러므로 청지기는 하나님을 위해서 부지런히 일해야 한다. 그리고 아랫사람을 잘 다스려야 한다. 많이 받는 자는 많이 차지하게 된다. 청지기는 심은 대로 거두게 된다. 반드시 성공을 가져오도록 해야 한다.

제4장
청지기의 자세는 무엇인가?

청지기의 최대의 목적은
하나님의 영광을 돌리는 데 있다.
주님을 중심으로 하는 봉사이기 때문에
열심도 좋으나 순종은 더욱 좋다.
많이 일하는 것보다는 믿음의 봉사가 좋고,
큰 업적보다는 하나님 중심의 봉사가 귀한 것이다.

1. 청지기의 사명적 자세의식

청지기는 사명자이다. 마치 그릇이 담는 사명, 보존하는 사명, 쓰이는 사명이 있듯이 청지기들도 마땅히 가져야 할 사명적 자세가 있다.

(1) 맡은 일은 끝까지 책임적으로 감당해야 한다 (마 16:25, 삼상 17:26, 고전 4:2).
(2) 자기 위치를 떠나지 않아야 한다 (벧전 5:3, 마 20:28, 막 10:45, 롬 12:7).
(3) 하나님 앞에 무엇인가 남겨 놓아야 한다 (마 6:21, 요 2:17).
(4) 교회를 멀리 떠나지 말아야 한다 (민 35:6-32, 수 21:13).
(5) 선민적인 사명이 있어야 한다.

선민적인 사명이란 무엇인가? 요한복음 15:16은 "너희가 나를 택한 것이 아니요 내가 너희를 택했다."고 했다. 우리가 잘못 생각하면 내가 예수님을 택하고 믿은 것으로 생각하기 쉽다. 그러나 차차 믿어보면 나는 완전 무능하고 완전 부패한 자로서 멸망에 처해 있던 사람이지만 하나님이 나를 불쌍히 여기사 나를 선택하여 주신 것이라는 것을 알게 된다. 이 진리를 깨닫게 될 때 감사하는 마음이 생기게 되는 것이다.

창세기 24장을 보면 아브라함이 일생 동안 데리고 있던 늙은 종 엘리에셀이라는 사람이 나온다. 아브라함이 나이 많아 늙어서 아들을 결혼을 시킬 마음이 있어서 늙은 종을 불렀다. 그는 자신의 자부를 자기 고향 메소포타미아로 가서 구해 오라고 종에게 부탁했다. 이 늙은 종이 얼마나 신임을 받았는가를 짐작할 수 있다. 소 한 마리를 골라서 사오라는 것도 아니요, 좋은 마차 한 대를 사오라는 것도 아니요, 포크레인 기계를 한 대 사오라는 것도 아니다. 자기 아들 이삭이 일생동안 같이 살아야 할 배필을 그 집의 늙은 종에게 맡겼다. "자네의 눈에 들면 내 눈에도 들고 자네 마음에 합당하면 내 마음에도 합당할 것이요."

얼마나 충성된 종이었을까? 그의 마음과 행동이 일치했을 것이다. 우리는 아브라함이 그의 신앙의 인격을 얼마나 믿었는지 짐작할 수가 있다. 엘리에셀은 아브라함의 집에서 가장 충성스럽고 신임받는 청지기였다. 엘리에셀의 마음에는 자신을 택하여 그 가정을 맡기고 일하게 한 주인에 대해서 감사함이 항상 있었다. 그리하여 모든 일에 감사하면서 언제나 주인을 높이고 존경하고 사랑하며 감격에 싸여 충성을 다하는 청지기의 도를 다한 것이다.

(6) 봉사적인 사명이 있다.

봉사를 할 때에는 원망과 불평이 없어야 한다.

고린도전서 10:10을 통해 볼 때 원망은 멸망을 초래하는 도화선이 된다. 어려운 일을 당하면 괴로움을 느낄 때 원망이 나온다. 자기의 뜻으로 요구가 관철되지 않을 때 원망이 나오게 되고 영적인 안목이 어두워졌을 때 원망이 나오게 된다.

어려움이 닥쳐 왔을 때 인내하고, 내 뜻과 생각을 죽이고 하나님의 뜻에 순종해야 한다. 영적인 안목이 밝아 신앙적으로 실천하는 청지기가 되어야 하나님이 기뻐하시는 것이다.

"각각 은사를 받은 대로 하나님의 각양 은혜를 맡은 선한 청지기같이 서로 봉사하라"(벧전 4:10)고 했다.

은사는 각각 다르다고 하였다. 받은 바 은사를 가지고 봉사할 때에 내 힘으로 봉사하는 것이 아니다.

은사를 왜 주시는가? 겸손한 마음으로 분수를 넘지 않고(월권하지 않으면서) 서로 협력하여 조화를 이루기 위해서 각각 다른 은사를 주신 것이다. 봉사자는 언제나 충성된 정신으로 일을 해야 한다. 진실하고 충성된 청지기는 주인만을 위해 일한다.

온 우주를 창조하신 하나님, 독생자를 주신 하나님, 물질의 자본주가 되시는 하나님이 우리의 주인이다. 우리는 이 하나님을 위하여 일하는 일꾼이 되어야 한다.

2. 청지기의 기본적 자세의식

모든 예술적인 기능개발이나 운동 등에는 기초적인 기본자세가 있듯이 교회의 청지기도 갖추어야 할 기본적인 자세가 있다.

(1) 하나님께서 택하여 세워 주셨음을 감사해야 한다(렘 1:5).

하나님은 최상의 주인이시다. 하나님은 창조주로서 섭리하시는 분이요, 지배자요 소유자이시다. 그러한 하나님께서 인간을 이 세상에 그의 신실한 청지기로 두셨다. 택하여 그리스도의 피로 씻어주신 신실한 성도는 모두 청지기이다.

우리는 하나님으로부터 모든 것을 위탁받았다. 재물과 건강, 자녀, 사업 등 모든 것은 내 것이 아니다.

그러므로 하나님 앞에서 언제나 결산을 볼 수 있는 준비가 있어야 한다. 시간에 관하여, 우리 삶에 관하여 결산할 준비가 되어 있는가?

청지기의 최대의 목적은 하나님의 영광을 돌리는 데 있다.

주님을 중심으로 하는 봉사이기 때문에 열심도 좋으나 순종은 더욱 좋다. 많이 일하는 것도 좋으나 믿음의 봉사가 더욱 좋고, 큰 업적보다도 하나님 중심의 봉사가 귀한 것이다. 자만에 빠지지 않는 겸손한 청지기, 열등감에 빠지지 않는 절개 있는 청지기가 되자. 최선의 선용으로 그날 그날을 성실하게 살아 예수님 앞에 결산하는 날 시간에 관하여, 물질에 관하여, 맡은 사명에 관하여 부끄럽지 않고, 깨끗하고 떳떳한 보고서를 내어놓을 수 있는 청지기가 되어야 한다.

어떤 사람이 의사의 진단을 받았다. "당신은 앞으로 6년밖에는 살 수가 없습니다." 이 말을 듣고 보니 손발이 떨리고 낙심이 되었다. 그는 어떤 가게를 들어가 가게 주인 보고 "나는 6년밖에 못산다고 합니다." 하면서 팔자 타령을 했다. 그때 그 가게 아주머니는 "앞으로 6년이라는 기간이 있지 않소?"라고 말했다. 이 말을 듣고 보니 정신이 났다. 그는 '이제 6년에 주어진 시간을 무엇을 할 것인가?'를 궁리하게 되었다. 그리하여 그가 훌륭한 일을 했다고 한다.

미국에 한 팔을 잃은 소녀가 있었다. 그녀가 피아노를 치는 데 한 손 없는 사람이 아니라 한 손 있는 사람으로 피아노를 친다는 것이다. 왜 우리는 없는 것을 생각하는가? 있는 것이 있음을 기억해야 한다.

우리에게 없어진 것 중에 남은 것, 모르는 것 중에 아는 것, 없는 것 중에 가능한 것을 소중히 여겨야 할 것이다. 사람들이 할 수 있는 것은 시시해서 하지 않는가? 예수님은 적은 일에 충성한 자에게 칭찬과 상급을 주셨다. 사람들이 할 수 없는 것은 못해서 못하는가? 우리는 쉬운 것부터 찾아서 하여야 할 것이다. 지혜있는 사람은 할 수 없는 것은 기다리고 할 수 있는 것은 소중히 여겨 힘을 써서 한다. 가장 행복한 사람은 자기가 가지고 있는 것을 제일 소중한 것으로 아는 사람이다. 그 사람이 제일 부자이고 제일 강한 자이다. 남은 시간을 선용할 수 있는 값진 청지기가 되어야 할 것이다.

(2) 청지기의 사명을 어기면 하나님은 타인을 통해 그 일을 이루시고 본인은 망하게 됨을 알아야 한다(엡 4:13-16).

(3) 하나님의 뜻에 역행자가 될까 조심해야 한다(출 17:8-16, 18:13-27)

청지기들은 주의 종들을 돕고 협조하기 위하여 세움을 받은 자들이다. 그러므로 성경에 어긋나지 않는 한 주의 종의 의견에 반대하거나 대항해서는 안된다(삼상 15:22, 고후 1:17-20). 어떤 일을 시작하거나 처리할 때는 반드시 살펴보아야 할 것이 있다.

첫째, 성경에 어긋나지 아니하고 하나님께 합당한가?

둘째, 자기 한 사람의 유익보다 여러 사람에게 유익한가?

셋째, 육에도 해가 되지 아니하고 영에도 해가 되지 아니한가?

넷째, 하나님의 도우심으로 환경의 협조가 올 것인가?

다섯째, 충분히 기도해 보았는가?

(4) 자기가 맡은 순서나 할 일에 빠지는 자는 그 일을 파괴하는 사람이다(마 12:30).

(5) 신앙의 전과자가 되지 말아야 한다.

(6) 이단이나 사이비한 자들의 좋은 점이라도 말하지 않아야 한다(고전 5:6, 요이 1:10-11).

(7) 하나님을 상대로 일해야 한다(사 58:18, 계 2:23, 창 14:13-14).

(8) 하나님의 능력으로 일해야 한다(요 1:12, 마 10:1-2, 막 9:23, 출 4:1-5).

(9) 칭찬받음보다 책망받음을 감사해야 한다(창 27:21, 눅 6:26, 고전 4:5, 잠 9:8).

(10) 반성하는 자가 되어야 한다(마 7:3-5, 고전 9:27).

3. 청지기의 정신적 자세의식

청지기는 교회의 기둥이라 했다(계 3:12, 딤전 3:15, 갈 2:9). 좋은 청지기는 어떤 정신을 가져야 할까?

(1) 기둥은 곧아야 한다.
청지기는 불굴의 의지와 인내가 있어야 한다(단 3:14-18, 7:10-24).

(2) 기둥은 굵어야 한다.
청지기는 대담하고 관용이 있어야 한다(고전 15:58, 16:13, 벧전 4:11, 잠 17:1, 고후 5:18).

(3) 기둥은 튼튼해야 한다.
청지기는 확신과 신뢰가 있어야 한다(수 1:60, 히 6:19, 행 20:32, 엡 6:11-13, 고후 7:16, 딤전 3:13).

(4) 기둥은 베임을 당해야 한다.
청지기는 결단과 단절이 있어야 한다(롬 11:19-24, 약 1:15, 마 16:24, 눅 9:23, 고전 15:50).

(5) 기둥은 가지를 다듬어야 한다.

청지기는 경건과 훈련이 있어야 한다(사 18:5, 갈 1:17-18, 딤후 3:5).

(6) 기둥은 껍질을 벗겨야 한다.

청지기는 성화와 성결이 있어야 한다(엡 4:21).

(7) 기둥은 아름다워야 한다.

청지기는 마음이 아름다워야 한다(언행과 조화).

청지기는 행위가 아름다워야 한다(마 5:16, 계 19:8).

청지기는 품행과 복장이 항상 단정해야 한다(살전 4:12, 롬 13:13, 딤전 2:2).

청지기는 말씨가 아름다워야 한다(골 4:6).

4. 청지기의 모범적 자세의식

(1) 협력의 모범을 보여야 한다(롬 8:23).

① 교회마다 생리가 다르기에 협력해야 한다.

② 목회자의 목회방법이 다르기에 협력해야 한다.

③ 교회의 일이나 기관에 앞장서서 협력해야 한다.

④ 결의된 사항을 따르면 협력해야 한다.

⑤ 직원회, 당회의 결정이나 목회자의 지시사항에 협력해야 한다.

(2) 순종의 모범을 보여야 한다(삼상 15:23).

교회의 청지기가 말없이 순종하면 하나님의 모든 은혜를 받고 주의 종의 사랑을 받는다. 말없이 봉사하면 교인들의 사랑을 받고, 말없이 사랑하면 이웃의 사랑을 받게 된다.

(3) 용어 사용의 모범을 보여야 한다.

① 주일을 '일요일'이라고 하면 안된다.
② 예배 드리는 것을 '예배본다'고 해서는 안된다.
③ 하나님이나 예수님을 '당신'이라고 사용하는 것도 좋지 않다.
④ 거룩한 칭호에 꼭 '님'자를 넣어서 불러야 한다.

(4) 예배의 모범을 보여야 한다.

① 출석의 모범을 보여야 한다.
② 예배 드리는 중에 다리를 포개고 앉지 말아야 한다.
③ 예배시간에는 장난 또는 낙서 등을 하지 말아야 한다.
④ 어린이 단속도 잘 해야 한다.
⑤ 교회에서 사담이나 잡담 등을 하지 말아야 한다(히 11:6, 합 2:20).
⑥ 예배시간에는 서로 인사도 하지 말아야 한다.
⑦ 예배 전에 일찍 와서 마음의 준비를 위해 기도해야 한다.

(5) 축복받는 일에는 앞장서고, 선동하는 일에는 빠지는 모범을 보여야 한다(마 7:12, 행 20:35).

5. 청지기의 윤리적 자세의식

(1) 교회에 대한 윤리
① 주인의식을 가져야 한다(마 22:39).
② 주인행세는 하지 말아야 한다.
③ 교회를 비방하거나 박해하지 말아야 한다.
④ 교회 비품을 정하게 사용해야 한다.

교회비품은 아무나 손대는 것이 아니다(단 5:1-9, 25). 교회 비품은 가급적 제일 좋은 것으로 해야 한다(레 1:3-10, 3:1, 4:3, 말 1:6-8).

하나님의 말씀이 선포되는 강단에는 허락된 자 외에는 그 누구도 올라가서는 안된다. 특히 여자는 더욱더 올라갈 수 없으니(딤전 2:11-12, 고전 14:34-36) 특별히 허락되었다 해도 항상 두려워 떨며 기도하는 마음으로 올라가야 할 것이다.

(2) 교역자에 대한 윤리
① 교역자와의 관계를 바르게 가져야 한다.
② 교역자와 가까이 지낼수록 무례히 행치 말아야 한다.

가까이 지낼수록 서로 조심해야 한다. 교역자도 교인에게 속마음을 다 주어서는 안된다.

③ 교역자를 잘 대접해야 한다(딤전 5:17, 롬 16:2).

자기가 대접을 받는다는 자세로 겸손히 대접을 해야 한다.

주의 종을 동정하는 자세가 아니라 존경하는 자세로 대접해야 한다. 제일 좋은 것으로 대접하고(갈 6:6) 생신 때나 명절 때는 항상 선물을 해드려야 한다(딤전 5:17). 마음에 상처를 주지 않고 기도해 드리는 것도 대접하는 것이다(히 13:17).

④ 섬기기를 잘해야 한다(마 20:28, 요 13:1-11).
⑤ 영접과 배웅을 잘해야 한다.
⑥ 대적하거나 맞서는 자가 되지 말아야 한다.

대적하는 자들은 어떻게 되었나? 모세와 맞서려는 미리암은 문둥이가 되었다(민 12:1-10). 모세를 대적하던 고라의 일당들은 땅이 갈라져 그들을 삼켰다(민 16:31-33). 엘리사를 놀리던 아이들은 엘리사가 저주하니까 암콤 두 마리가 나와서 42명을 찢어 물어 죽였다고 했다(왕하 2:23-24).

왜 대적하지 말아야 하는가? 여호와의 기름부음 받은 자를 치는 것은 하나님이 금하셨기 때문이다(삼상 24:1-15). 또한 원수갚는 것은 하나님께 있기 때문이다(롬 12:19, 신 32:35). 그리고 선으로 악을 이겨야 하기 때문이다(롬 12:21).

그러면 어떻게 해야 하는가? 서로 용서하고(마 6:14-15, 18:22), 서로 이해하며 화해해야 하며(롬 12:17-18), 기도해 드리면서 일을 가만히 처리해야 한다(마 1:19).

⑦ 재정의 짐을 지우지 말아야 한다(행 6:2-5).
⑧ 사례금을 바르게 드려야 한다(마 10:10, 레 1:5).

(3) 성도간의 윤리

① 서로 인격을 존중해야 한다(롬 12:10).
② 서로 화목해야 한다(엡 2:12-13).
③ 파당을 짓지 말아야 한다(고전 1:10-17).

④ 서로 이용해 줘야 한다.
⑤ 분위기를 잘 맞추어야 한다.
⑥ 서로 양보하고 협력해야 한다.
⑦ 애경사시에 꼭 협조해야 한다.
⑧ 비판을 금해야 한다(마 7:1-5).
⑨ 금전거래를 삼가야 한다(딤전 6:10).

교우간에 고리대금을 하지 말아야 한다(출 22:25, 레 25:36, 잠 28:8) 교우간에 계모임을 하거나 보증을 서지 말아야 한다(잠 6:1-2, 11:15, 17:18). 또한 교회재정은 융통해서는 안되며 융통해줘서도 안된다.

제5장
청지기의 자격은 무엇인가?

청지기는 끝까지 쓰임 받는
귀한 그릇, 장한 그릇, 복된 그릇이 되어야 한다.
또한 하나님을 기쁘시게 하기 위하여
최선을 다해야 한다.

1. 선한 청지기가 되는 7단계

(1) 곧아야 한다(시 92:12).
1) 진실해야 한다(딤후 1:5, 딤전 1:5, 히 12:13).
2) 정직해야 한다(욥 1:1, 잠 21:8).
3) 의로워야 한다(잠 11:5, 요일 2:29, 행 13:39, 롬 3:26).

(2) 굵어야 한다(고전 16:13).
1) 견고함이다(히 11:38, 고전 15:58).
2) 힘이 있는 것이다(벧전 4:11, 엡 6:10, 골 1:11).
3) 원만함이다(잠 4:18).

(3) 튼튼해야 한다(수 1:6, 히 6:19).
1) 목질이 단단해야 한다(행 20:32, 9:31, 삼상 25:28).
2) 실력이 있어야 한나(엡 6:11, 13).
3) 배짱있는 (믿음)사람이어야 한다(수 1:6-9, 엡 3:12, 6:20, 빌 1:20, 히 10:35, 요일 5:14, 시 27:14, 잠 28:1, 고후 7:16, 롬 15:15).

(4) 베임을 당해야 한다(창 12:1-3, 렘 6:6).
1) 세상에서 끊어지는 것이다(롬 11:19-20, 23-24).
2) 자신을 부인하는 것이다(마 16:24, 막 8:34, 눅 9:23).

3) 혈과 육을 십자가에 못박는 것이다(고전 15:50).

(5) 가지를 다듬어야 한다(사 18:15, 대상 22:2, 딤후 3:6).
1) 육신의 소욕은 가지이다(갈 5:19-21).
2) 불신은 가지이다(롬 14:23).
3) 자기 소욕은 가지이다.

(6) 껍질을 벗겨야 한다(엡 4:21).
1) 옛 구습을 좇는 습관의 옷을 벗으라는 것이다(엡 4:21).
2) 하나님과 원수로 행하는 육신의 생각을 버리는 것을 의미한다(롬 8:5-7).

(7) 아름다워야 한다(딤전 2:8-10).
1) 마음이 아름다워야 한다(빌 2:2-5).
2) 행위가 아름다워야 한다(렘 11:16).
3) 말씨가 아름다워야 한다(골 3:25, 잠 12:25).

2. 청지기의 임무(사명)

청지기 성도는 명예로운 성도인 것이다. 청지기가 할 일이 무엇인가?

(1) 윗짐을 감당해야 한다(마 16:24).

1) 십자가를 져야 한다(마 16:24, 갈 6:4, 빌 2:4).
2) 섬기는 일을 해야 한다(마 20:28).
3) 주는 것이고 돕는 것이다.

(2) 썩지 않아야 한다(벧전 3:4).
1) 거룩한 행실이어야 한다.
2) 죄악과 타협치 않아야 한다.
3) 향락에 젖어들지 않아야 한다.

(3) 운명을 함께 할 의무가 있다(딤후 4:9-12).
1) 고락을 함께 하는 것이다.
2) 행동을 함께 하는 것이다.
3) 생사를 함께 하는 것이다.

하나님께 받은 사명에 관해 청지기가 명심할 것은 은사에 비해 "지극히 적은 일"(눅 16:10, 19:17)을 맡기신다는 사실이다. 그러므로 일에 겁내지 말고 담대하게 순종해야 할 것이다

3. 선한 청지기 선택의 7단계(쓰임받는 그릇의 단계)

집을 유지하며 지탱하는 데는 기둥으로서의 청지기 자격이 필요하다. 주께서 쓰는 그릇으로서의 자격 또는 주께서 선택하시는 표준 7가지를 깨닫고 갖춘다면 하나님 집에 유능하고 귀

한 그릇이 되어질 것이다. 청지기의 그릇은 끝까지 쓰임 받는 귀한 그릇, 장한 그릇, 복된 그릇이 되어야 한다. 그러면 어떤 그릇이 되어야 쓰임 받을 수 있는가?

(1) 예수님께서 만든 그릇이어야 한다(창 1:26-27).

하나님의 집에서 쓸 그릇은 하나님의 뜻에 맞게 만들어져야만 하는 것이다.

1) 우리의 형상을 따라 우리의 모양대로 만드셨다(창 1:26-27).

예수 그리스도께서 우리를 자신의 형상을 이루게 하기 위해 십자가에서 구속의 은총을 베푸셨다. 우리는 마귀의 소속에서 주님의 소속으로, 멸망에서 생명으로 옮겨졌고, 더러움에서 거룩하게 되어졌다.

2) 그리스도께서 만드신 그릇이 돼야 한다(사 45:9, 64:8, 롬 9:20-21).

진흙 되는 성도는 마땅히 예수 그리스도께서 만드시는 데에 자신을 전적으로 맡기고, 예수 그리스도께서 생각하시는 그릇으로 지음 받아야 하는 것이다.

3) 예수 그리스도의 소용대로 만들어져야 한다(롬 9:20-21).

그릇된 청지기들은 '나를 왜 이렇게 만들었나?'라고 하지 말고 '어떻게 자주 그리고 많이 쓰일까?'에 관심을 기울여야 한다. 그리고 자기의 은사를 확인하고 은사를 따라 쓰임받도록 만들어져야 할 것이다. 그러므로 성도는 예수 그리스도께서 소용대로 만드시게 자신을 맡기고 은사대로 순종해야 할 것이다.

(2) 연단 받은 그릇이어야 한다(딤후 2:3, 4:5).

성경의 쓰임받은 큰 인물은 모두가 연단받은 자들이다. 당연히 교회 청지기도 연단 받아 쓰여짐이 마땅하다. 그러면 "연단받는다"는 것은 무엇인가?

1) 고열처리가 되어진 그릇이어야 한다(사 48:10, 잠 17:3, 히 5:14, 벧전 1:7).

열처리가 안되면 즉 고난 속에서 연단되지 아니하면 그릇의 모양은 물론 값도 깎이게 마련이다. 고난 속에서의 연단은 지적인 시련에서 견디게 된다. 또한 사소한 사건 등으로 마음이 흔들리고 괴롭 당하는 고난에서 굳건한 마음이 되게 한다(사 26:3). 그러므로 외적인 어려움에서 능히 견고케 하는 것이다.

2) 시험에서 연단된 자여야 한다(슥 13:9, 잠 17:13).

사람의 그릇은 시험을 통해서 연단되는 것이다. 이는 학교 학생들이 시험을 통해서 실력이 굳혀지고 확인되며 성장해가는 것과 같다. 그릇으로 쓰임받을 기간에 모든 시험을 이기기 위하여 하나님께로부터 시험에서 연단받은 인격자로 인정받아야 한다.

3) 환난 가운데서 연단된 자여야 한다(벧전 1:5-6, 롬 5:3-4, 시 119:71).

시험에서 연단되어 거기에 빠지지 않고 빠진 자들을 도울 수 있는 청지기는 또한 환난에서 연단 받아야 한다. 그래야만 환난을 이기며 환난받는 자들을 도울 수 있기 때문이다.

(3) 예수께 택함받는 그릇이어야 한다(요 15:16).
주께서 어디서 어떻게 택하시는가를 알아보자.

1) 주님이 세상에서 택하신다(요 15:16, 19, 고전 1:27, 엡 1:4, 벧후 1:10).

우리를 골라낸 곳은 세상이라 하셨다. 이 세상은 죄악과 어둠이 가득한 곳이요, 흑암의 권세자가 사망권세를 행하는 곳이요, 저주받고 절망적인 곳이다. 바로 이러한 세상에 주님이 찾아오셔서 골라 뽑아주신 것은 놀라운 은혜인 것이다. 주님은 주님의 마음에 합한 자와 주님의 쓰심에 합당한 그릇을 택하시는 것이다(딤후 2:21, 골 1:10, 시 93:5, 살후 1:11, 행 13:22).

2) 환난 중에 택하여 내신다(사 43:1).

인생의 삶은 곧 환난의 삶이다. 그러나 주님께서 이 환난 중에서 구원하시고 지명하여 불러내어 택하신 것이다. 그러므로 주님이 쓰시는 그릇은 지명하여 택함 받은 것임을 명심하자.

3) 시련 가운데서 택하여 내신다(약 1:3-4, 12, 벧전 1:7, 사 41:8-10).

시련과 환난, 여러 시험을 거쳐서 주께서 택하신 그릇이 바로 청지기인 것이다. 우리의 소유권은 예수 그리스도에게 있다.

(4) 깨끗한 그릇이어야 한다(고후 7:1, 11:3, 벧전 1:22, 딛 1:15).
온갖 더러운 것에서 깨끗함을 받은 자만이 주님께서 귀히 쓰는 그릇이 된다. 교회는 거룩한 하나님의 집이며 거룩하신 주님께서 거룩한 일을 위하여 거룩한 그릇을 쓰는 곳이다.

1) 예수님의 보혈로 깨끗함 받아야 한다(사 1:18, 43:25, 44:22).

교회의 청지기인 쓰임받는 그릇은 언제나 그리스도의 이름으로 죄사함을 받는 자로 깨끗하게 자기를 보존해야만 한다. 더러운 그릇에는 쉬파리가 모이고 구더기가 생기고 악취가 난다.

그리스도의 보혈로 깨끗함 받은 청지기는 더러운 그릇이 되어서는 안된다.

2) 말씀으로 깨끗함을 받아야 한다(사 38:17, 요일 1:8).

3) 성령 안에서 씻음 받아야 한다(딤후 2:20-21, 살후 2:13, 고후 7:1).

예수님의 보혈로 죄용서 받으며 성령으로 거듭나서 계속 죄를 자백하므로 거룩해져야 한다. 또한 말씀으로 영이 계속 새로워져가며 육체를 영의 생명의 뜻에 맡기어 깨끗함을 보존해야 한다. 자신을 깨끗하게 보존해야만 귀히 쓰임을 받게 된다.

(5) 좋은 것을 담은 그릇이어야 한다.

청지기는 그릇이다. 어떤 그릇이 보배로운 것인가?

1) 우리 몸은 성령께서 거하시는 곳이다(고전 3:16, 6:19).

2) 보배를 담은 그릇이 되어야 한다(고후 4:7, 시 139:17-18, 벧전 1:19).

3) 예수를 모신 그릇이 되어야 한다(요 15:1-10).

성도의 육체는 마음을 담는 그릇이요, 우리의 마음은 생각을 담는 그릇이다. 성전 청지기 그릇도 예수님의 마음을 품어야 한다(빌 2:5).

청지기된 그릇 사명자들이여!

그리스도를 영접했는가? 성령의 전이 되었는가? 보배를 간직하고 있는가? 성령의 열매를 담고 있는가? 예수님의 마음을 담은 그릇이 되어 있는가? 은혜와 사랑과 평강과 능력이 넘치는 그릇이 되었는가?

(6) 깨어지지 않은 그릇이어야 한다(빌 2:5, 살전 5:23, 벧후 3:14).
깨끗하고 귀한 보화를 담았다고 해도 만일 금이 가거나 깨어지거나 하면 보화는 옮겨지고 버림받게 되는 것이다. 청지기된 그릇이 금이 가고 깨어지면 버림받는다.
 1) 양심이 파손되지 않아야 한다(딤전 1:19).
 2) 신앙이 화인 맞지 않아야 한다(딤전 3:9).
 3) 거짓 없는 믿음이어야 한다(딤전 4:1-2, 벧전 3:7).

(7) 아름답고 합당한 그릇이 되어가야 한다(엡 4:13-16).
 1) 정직한 그릇이다(왕하 22:2).
 2) 합당한 그릇이다(행 13:21-22).
 3) 순종하는 그릇이다(삼상 15:22, 사 1:19).
 4) 슬기로운 그릇이다(마 25:4, 눅 16:8).

계속 성숙해 가는 그리스도의 인격형상을 닮아 조화를 이루는 그릇이 되는 것이 아름다운 것이다(롬 8:29, 엡 4:13-16).

4. 택함 받은 그릇의 임무

청지기로서의 사명에 대하여 다시 한번 더 살펴보자.

(1) 담는 사명을 다해야 한다.

청지기 그릇에는 아무것이나 담아서는 안된다. 오직 하나님께로부터 온 선물만 담아야 한다.

1) 말씀을 담아야 한다(마 28:19, 요 15:7, 16:13, 롬 10:17).
2) 은혜를 담아야 한다(잠 22:1, 행 13:43, 벧후 1:2).
3) 사랑으로 채워야 한다(고전 13:1-4, 요일 2:10, 4:7, 11, 12, 살전 4:9, 요 15:12).

(2) 보존해야 할 사명이 있다.

어느 때에 그릇에 담긴 것이 쏟아지는가? 상하 좌우로 흔들거나 뒤집어지는 때, 깨지는 때에 그렇게 된다.

1) 변질을 막을 사명이 있다.

변하는 것은 퇴보하는 것이요, 아름다움을 잃은 것이요, 가치가 떨어지는 것이다. 그러면 무엇이 변질되는가?

신앙의 변질을 막아야 한다(히 13:8, 갈 1:6, 딤전 4:1, 약 1:17). 복음이 변치 말아야 한다(갈 1:7, 계 22:18-19). 사랑이 변치 말아야 한다(엡 6:24, 요삼 2, 롬 8:28).

형제사랑, 주님 사랑, 교회 사랑이 변치 밀아아 한다.

2) 계속 성장해야 할 사명이 있다(엡 4:13, 15, 빌 3:21, 롬 8:29).

3) 보존시켜야 한다(마 28:20, 딤후 2:2, 골 3:16, 고전 4:17, 행 11:26, 18:11).

(3) 주님께 쓰일 사명이 있다.

청지기는 주님의 것이다. 주님의 사명자이므로 주님께 쓰임 받을 사명이 있다.

1) 순종하여 쓰임 받을 사명이 있다(고후 1:17-20, 2:9, 약 4:7, 히 13:17).

무엇을 하든지 복음에 합당한 일에는 아멘하여 순종할 의무가 청지기에게 있다.

2) 협동할 사명이 있다(요일 1:7, 벧전 5:5, 약 5:16, 10:24, 엡 6:2).

온 교회와 주 안에서 동거동락 하는 삶을 살아야 할 사명이 있는 것이다. 이것은 성숙한 인격자만이 할 수 있는 축복이다.

3) 주님을 기쁘시게 해야 한다(히 11:6, 히 13:16, 고전 1:12).

하나님이 원하시는 일은 하나님을 기쁘시게 한다. 하나님의 뜻을 이루면 하나님을 기쁘시게 하는 것이다. 하나님의 법대로 살면 하나님을 기쁘시게 한다. 청지기는 하나님을 기쁘시게 해야 한다. 그것이 곧 내가 행복한 길이요 교회가 부흥되며 축복받는 길이다.

제6장
청지기의 직무는 무엇인가?

청지기는 3방을 통해 실력을 쌓아야 한다.
책방을 통해 지식을 얻고, 골방을 통해 영력을 얻고,
심방을 통하여 성도를 얻어야 한다.
장로, 권사, 집사 등 이름이 다르지만
그들의 직무는 오직 하나님을 위한 일이다.

1. 청지기로서의 사명자

(1) 사명자인 청지기로서의 인격과 생활상의 준비

사명자는 특별히 인격으로 갖춰야 할 것이 있다.

1) 집념이 강해야 한다(살후 3:13, 갈 6:9).

2) 소망을 가지며 소망을 주는 자여야 한다(살후 2:16-17, 딤전 4:10).

3) 용기와 정열을 불태우는 자여야 한다(엡 6:19, 히 10:35, 신 31:16, 롬 12:11).

청지기는 열정적으로 최선을 다해 열심내는 자가 되어야 한다. 이는 창조주 하나님이 그러하시기 때문이며 이 열정이 모든 하나님의 뜻을 이룰 수 있기 때문이다. 미치도록 일하라! 미친 것 같이 일하라! 미쳤다는 말을 듣도록 일하라(고후 5:13).

4) 진실된 생활자여야 한다(신 32:4, 시 33:4, 왕상 17:24, 눅 12:42).

5) 청지기는 실력이 있어야 한다.

사명자는 3방을 통해서 실력을 쌓아야 한다. 곧 책방을 통하여 지식을 얻고, 골방을 통하여 영력을 얻고, 심방을 통하여 성도를 얻어야 한다. 그럼으로써 개인 실력, 영적 실력, 교회 실력을 쌓아야 한다.

6) 칭찬을 잘 해주는 자여야 한다(시 85:2, 잠 17:9, 약 5:20, 벧전 4:8).

교회는 칭찬을 하는 것보다 험담할 일이 더 많을지도 모른다. 그러나 험담은 결코 하나님의 뜻이 아니다. 뿐만 아니라 험담은 꼬리를 물고 일어나 인간을 실패케 하고 아울러 목회의 실패도 가져온다. 칭찬은 더 좋은 점을 갖추는 힘이며 칭찬은 업적을 높이 평가하는 것이다. 칭찬은 하는 자나 듣는 자 모두를 기쁘게 해준다. 칭찬은 좋은 점을 보상하는 것이다.

7) 위로를 줄 수 있는 자여야 한다(슥 1:13, 시 86:17, 119:50, 사 66:11).

위로는 자신을 성숙시키며, 사랑을 완성하며, 자신을 부모 같은 위치에 있게 한다. 위로는 친근케 하여 주며 고통을 치유하며, 절망을 소망으로 바꾸어주며, 마음의 평화와 천국을 이루게 한다.

8) 성도들의 자랑거리가 되는 자여야 한다(시 20:7, 시 34:2, 고전 1:31, 갈 6:14, 빌 1:26, 2:16, 3:3).

자랑 있는 곳에 마음이 시원하고, 기분이 좋고, 건강이 좋아진다. 그러나 자랑 없는 곳에는 절망이 있고, 기쁨이 없고, 소망이 없다.

9) 성도의 욕망을 바로 파악하라(창 16:11, 시 31:22, 요 10:27, 요일 5:14).

사명자는 다음을 확인해야 한다.
① 내가 원하는 것이 무엇인가?
② 가정이 원하는 것이 무엇인가?
③ 교회가 원하는 것이 무엇인가?
④ 사명자 자신이 원하는 것이 무엇인가?
⑤ 영육간의 소원이 무엇인가?

자기 멋에 도취해서 일방통행 하는 패도는 금물이다. 사명자는 들을 줄 알아야 한다.

10) 말하는 것과 책망을 더디 하는 자여야 한다(약 1:19-20, 출 34:6, 잠 19:11, 사 48:9).

책망은 귀한 것이지만 사랑이 없을 때는 폭력이 됨을 명심하라. 책망자는 책망할 것이 없이 말씀의 가르침을 그대로 행해야 한다. 책망의 효과는 금고리와 정금장식이다. 노함과 책망을 분리시켜야 한다. 책망은 더디 하면 할수록 유익하다.

책망할 때 다음을 유의하여야 하라.
① 상대방이 온정, 사랑을 느끼게 하라.
② 상대방에게 의도를 정확히 인식시켜라.
③ 순종의 모범과 보상을 정확히 제시하라.
④ 소망을 불일게 하라.
⑤ 칭찬으로 격려하라.
⑥ 주님을 기억하고 주 안에서 하라.

(2) 사명자의 자질 7단계

사명자는 교회에서, 사회에서, 가정에서 청지기로서 모순 없고 차질 없는 삶을 위하여 7가지 자질을 갖추어야 하겠다.

1) 영적 자질

사명자는 3가지로 목회할 수 있다. 첫째는 성령님의 도움 없이 전적으로 육에 속하여 하는 경우이다. 이는 필요할 때마다 성령님의 도움을 요청하는 것이다. 둘째, 내 할 일 내가 하고 성령님이 할 일 성령님이 하면서 동업하는 형식으로 하는 것이다. 셋째는, 성령님께 전적으로 순종하는 목회의 경우 등이다(요이 8-9).

그러면 어떻게 해야 그런 수준에서 살 수 있나?
① 의로워야 한다(히 12:1-2, 요일 3:8).
영으로써 몸의 행실을 죽이고 의로워져야 한다.
② 성령님의 충만함을 받아야 한다(행 1:4, 2:16-18, 눅 11:13).
뜻대로 구하고 약속 이행을 염려하지 말아야 한다. 주님의 신실하심을 믿고 충만받을 것으로 믿고 행동해야 한다.
③ 은사를 받고 봉사해야 한다(고전 12:4-11).
영적 능력의 충만을 받은 것은 주님의 성업을 맡은 청지기가 갖추어야 할 하나님의 약속하신 은혜이지만 성령님은 각자의 유익을 위하여 은사를 나누어 주시는 것이다.

2) 지적인 자질
청지기는 가르치는 일과 전하는 일을 해야 한다. 마태복음 28:19-20에 의하면 가르치는 것은 주님의 명령이다. 사명자인 청지기는 성령께서 직접 가르쳐 주시는 고도의 영적 경지에 들어가야 함을 명심하자(요일 2:27).

3) 인격적 자질(마 11:29, 롬 14:19, 엡 4:29, 벧전 2:9, 벧후 1:5).
사명자가 갖추어야 할 것 가운데 중요한 부분이다. 하나님은 인격이시다. 이 신격은 주님의 형상을 닮는 가운데(롬 8:29) 인간에게 인격화 되어진다. 하나님의 나라에서 부름 받고 사명 다하는 청지기는 하나님의 표준에 맞는 인격이면 된다.

4) 행동적인 자질(고전 4:16, 빌 3:17, 살전 1:7, 딤전 4:12-13).
사명자에게 들어오는 유혹은 물욕, 신비적인 명예, 정욕 등이다. 그러므로 사명자는 돈 조심, 명예 조심, 여자 조심을 해야 한다. 사명자는 모든 성도의 모범이요, 사회의 모범이요, 시대의 모범이 되어야 한다. 주님께 대한 충성 뿐 아니라 모든 것에 모범적이요, 시범적인 삶을 사는 것이다.

5) 대인관계에서의 자질
어떤 자가 되어야 대인관계에서 성공할 수 있는가?
① 모든 사람에게 기쁨을 주는 인격이다(고후 1:24, 2:3, 요 15:11).
② 사랑함으로써 상대방이 함께 있고 싶어하는 인격이다(골 2:2, 살전 5:13).
③ 모든 사람에게 유익을 줄 수 있는 자질이 있어야 한다(고전 12:28, 13:5, 히 2:18, 고후 1:11, 딛 3:).

6) 지도자적인 자질
권위를 가지려면 권위를 지켜야 하고, 자기 위치를 지킬 것이며, 실력을 갖추어야 한다.
① 권위와 실력으로 자기 위치를 지켜야 한다(벧전 5:5-6, 겔 21:26, 잠 4:8).
② 지위를 얻으면 지켜야 한다(딤전 3:1, 2-7).
③ 영적 실력이 있어야 한다(요일 2:27).
항상 자신을 확인하여 겸손으로 높임 받는 권위를 갖자. 그리고 감독의 자격을 구비한 지위와 영적 실력을 갖추고 있어야 한다.

7) 가정에서의 자질
① 한 아내의 남편이 되어야 한다(딛 1:6, 딤전 3:2).
남편은 사랑하고 보호하고 같이 할 의무가 있다.

② 자녀들의 아버지이다(딤전 3:4, 시 103:13, 엡 6:4, 잠 3:12, 17:6).

아버지로서 성경이 교훈하는 바를 준행하는 것이 하나님이 인정하는 아비가 되는 것이다.

③ 가정이 사랑과 화평과 행복한 곳이 되어야 한다.

교회가 천국의 분국이 되어야 함과 같이 사명자의 가정은 교회의 시범적이며 모범적인 천국이 되어야 한다. 사명적인 청지기가 완전자는 아니다. 그러므로 그리스도의 표준에 계속 자신의 성장을 맞추어 나가야만 한다. 영력 충만, 말씀 충만, 원숙한 인격, 모범적 인물, 유용한 인물, 자격 갖춘 겸손과 권위의 소유자, 행복한 천국 가정을 이루어 가는 자로서의 자질을 성장시켜야 한다.

(3) 확신과 실천, 책임 있는 사명자

목회는 십자가의 길, 고난의 길의 연속이라고 할 수 있다.

1) 사명자는 지도자이며 행정가로서 특별히 좌절하지 않는 확신을 가지고 있어야 한다(고후 1:15, 2:3, 3:4-5, 롬 8:38, 14:14, 15:14, 빌 1:6).

사명자는 지도자요, 인도자요, 행정적인 모든 면에서 또는 그가 하는 전생애에 사도 바울과 같이 확신있는 생애를 사는 것이 필요한 것이다. 이 확신은 의심을 물러가게 하며 낙관적인 삶을 약속한다. 소망을 견고케 하며 하나님의 약속을 현실화시키게 되며 불행을 행복으로 바꾸는 힘이 된다. 멋있는 자로 만들며 강한 인생이 되게 하며 패배를 모르는 사명자가 되게 한다.

2) 실천력 있는 사명자여야 한다(전 7:13, 롬 2:6-7, 약 1:22, 25, 3:13, 마 16:27, 시 101:2, 사 46:11, 행 10:35, 갈 6:9).

말로만 하고 실천능력이 없는 것은 무능이며 조소꺼리가 되고 만다. 사명자는 자기가 주고 있는 꿈을 실천할 능력이 있어야 한다. 그러므로 행동하는 사명자여야 한다. 다른 사람을 시켜놓고 비판을 가하는 자가 아니고 모든 계획을 실천할 수 있는 능력자여야 한다. 만일 실천능력이 없다면 위선자나 거짓말쟁이가 될 것이다. 또한 믿을 수 없는 인격자로 호칭되며, 말쟁이가 되고, 무능한 사명자라고 낙인이 찍히게 될 것이다. 하나님이 돕지 않는 자로 인정되며, 급기야는 입만 필요로 하는 것으로 쫓겨가게 된다.

그러므로 성경을 통해 은혜를 받고 은사를 구해야 한다. 말하는 것보다 먼저 행하는 자, 실천하는 자가 되어야 한다. 행동으로 말하는 자가 되어야 한다. 말이 보증수표같이 믿을 수 있는 것이어야 한다.

3) 책임자는 사명자여야 한다.

사명자가 여러 가지로 분주할 때 무책임한 행동과 말을 하여 과오를 범하기 쉽다. 자기 문세에 대한 것은 물론이고 교회에서의 잡다한 문제들의 책임 또한 져야 한다.

4) 목사의 축복

목회자가 주님께 봉사하고 순종할 때에 놀라운 보상이 마련되어 있다.

하나님은 어떤 축복을 약속하고 계신가?

① 원수를 위한 사랑과 기도와 큰 상을 받는다(마 5:44).

② 천국의 열쇠를 받는다(마 16:18-20).
③ 보좌에 앉는다(마 19:27-28).
④ 지극히 적은 일에 충성한 자에게 많은 것을 맡기신다(마 25:21-23).
⑤ 모든 권세 소유자 주님이 함께 하신다(마 28:18-20).
⑥ 목양권을 받는다(요 21:15-20).
⑦ 생활을 보장한다(고전 9:14).
⑧ 먹을 것을 보장하신다(딤전 5:18).
⑨ 의의 면류관을 받는다(딤후 4:7-9).
⑩ 영광의 면류관을 얻는다(벧전 5:4).

2. 청지기로서의 장로

하나님의 집이요, 그리스도의 몸이며 성도들의 모임인 교회의 장로 직분은 권력직이 아니다. 명예직이나 이권적 계급직 또한 아니다. 그렇다고 해서 목사직보다 낮고 집사보다 높은 직도 아니다. 장로는 하나님 앞에서 성도이며 교회의 교적상 교인이다. 교회에서 선출되었다는 점에서 교회의 대표격이며, 주님께로부터 받은 바 영적 사업을 위임받은 자로서는 봉사자로 충성이 요구되는 자이다. 사명적인 면에서 종일 뿐이다. 특히 봉사자로서의 종이다.

장로는 교회의 택함을 받고 치리회원이 되어 목사와 협력하여 행정과 권징을 관리하며 교회의 신령상 관계를 살핀다. 또한 교인들이 교리를 오해하거나 도덕적으로 부패하지 않도록 권면하며 회개하지 않는 자가 있으면 당회에 보고한다.

(1) 장로의 개인적 성품상(인격)의 자격
1) 선한 일을 사모해야 한다(딤전 3:1).
2) 책망할 것이 없어야 한다(딤전 3:1).
3) 절제해야 한다(딤전 3:2).
4) 근신함이 있어야 한다(딤전 3:2).
5) 아담해야 한다(딤전 3:2).
6) 술을 즐기지 않아야 한다(딤전 3:3, 딛 1:7).
7) 구타하지 않는 성품이어야 한다(딤전 3:3).
8) 다투지 않는 성품이어야 한다(딤전 3:3, 딛 3:2).
9) 관용한 자라야 한다(딤전 3:2).

(2) 가정적인 자격
1) 한 아내의 남편이어야 한다(딤전 3:2).
2) 자기 집을 잘 다스려야 한다(딤전 3:4).
3) 자녀들로 모두 단정함으로 복종케 해야 한다(딤전 3:4).

(3) 사회적인 자격
1) 나그네를 잘 대접해야 한다(딤전 3:2).
2) 외인에게도 선한 증거를 얻어야 한다(딤전 3:7).

(4) 경제적인 면의 자격
1) 돈을 사랑치 않아야 한다(딤전 3:3).
2) 더러운 이를 위하여 일하지 않아야 한다(벧전 5:2).

(5) 장로의 직무

1) 교회에 대한 직무

① 교회의 신령적 관계를 총괄한다.

치리 장로는 교인의 택함을 받고 교인의 대표자로 목사와 협동하여 행정과 권징을 관리하여 지교회 혹은 전국 교회의 신령적 관계를 총괄한다.

② 교리 오해나 도덕상 부패를 방지한다.

주님께로부터 부탁받은 양떼가 교리를 오해하거나 도덕상 부패에 이르지 않도록 하기 위하여 당회로나 개인으로 선히 권면하되 회개하지 아니하는 자가 있을 때에는 당회에 보고한다.

③ 주의 피로 샀으므로 잘 보호해야 한다(행 20:28).

④ 주의 뜻으로 해야 한다(벧전 5:2).

⑤ 자원하는 마음으로 봉사해야 한다(벧전 5:2).

⑥ 부득이함으로 하지 말아야 한다.

⑦ 즐거운 뜻으로 한다(벧전 5:2).

2) 교인 곧 성도 상호간의 직무

① 말씀으로 교육해야 한다(행 6:2-4).

② 양떼를 위해 삼가야 한다(행 20:28).

③ 주장하는 자세로 하지 않는다(벧전 5:3).

④ 양무리의 본이 되어야 한다(벧전 5:3).

⑤ 교우를 심방하여 위로, 교훈, 간호한다.

교우를 심방하되 특별히 병자와 초상자를 위로하며 무식한 자와 어린 아이들을 가르치며 간호한다. 장로는 평신도보다 신분상 의무상 직무상 책임이 더욱 중요하다.

⑥ 특별히 심방할 자를 목사에게 보고한다.

병환자와 슬픔을 당한 자와 회개하는 자와 특별히 구조받아야 할 자가 있을 때에는 목사에게 보고한다.

⑦ 교인을 권면해야 한다.

장로는 교인의 대표자가 될 뿐만 아니라 교인의 인도자가 되며 권위자가 되어야 한다.

⑧ 교인의 사정을 당회에 보고해야 한다.

교인들을 권면하였으나 회개하지 않는 자가 있으면 당회에 보고해야 한다.

3) 목사에 대한 직무

① 목사가 기도하는 것과 말씀 전하는 일을 전무케 한다(행 6:4).

② 목사와 함께 마음을 같이하여 기도한다(롬 15:30).

③ 목사를 위하여 간구하므로 돕는다(고후 1:11).

④ 사랑 안에서 가장 귀히 여기고 서로 화목한다(살전 5:13, 요일 4:7).

(6) 장로의 축복

① 가장 귀히 여김을 받는다(살전 5:13).

② 배나 존경함을 받는다(딤전 5:4).

③ 온전케 하며 강하고 굳게 하며 터를 견고케 하신다(벧전 5:10).

④ 금 면류관을 주신다(계 4:4).

3. 청지기로서의 권사

권사란 직분이 성경에 나타난 곳은 분명치 않은데도 한국 교계의 각 교파마다 대부분 권사가 있다. 권사의 구체적 직분에 관해 확인하기가 대단히 힘들다. 현대 교계의 현실은 교파마다 조직구성이 다르므로 통일시킬 수는 없지만 권사는 집사 직무를 성실하게 수행한 노련한 성도에게 주어지는 직분이다.

권사는 교회의 택함을 받고 제직회 회원이 되어 교역자를 도와 궁핍한 자와 환난 당한 교우를 심방 위로한다. 그리고 교회에 덕을 세우기 위해 힘쓰며, 교우를 심방한다.

(1) 성경의 근거

성경에 '권사'라는 말은 없다. 그러나 '권위자, 권위하는 자'라는 개념은 있다(행 4:36, 롬 12:8).

(2) 권사의 임무

성경이 나타내 주는 일은 다음과 같다.
1) 기도하는 일이다.
2) 불러서 만나고 대화하는 일이다.

'곁으로 부르다', '호출하다', '말을 걸다', '이야기하다' 등의 의미가 있음을 보아 화해의 대화와 친교의 대화 등을 미루어 알 수 있다. 그러므로 권사는 마땅히 대인관계에 있어 말을 잘해야 할 것이다.

3) 경고와 권고의 사명이 있다.

잘못된 길로 행할 때에 경고하고 잘못되거나 나태하게 될 때에 선한 일을 위하여 열심을 위하여 권고하는 일을 해야 한다.

4) 위로하고 격려하며 위안을 주는 일이다.

위로는 슬픔 당한 자, 고통받는 자, 어려움을 당하는 자, 병든 자, 불편한 자, 실패한 자, 사고를 당한 자에게 필요하다. 또한 격려는 실망한 자, 낙망한 자, 자포자기한 자에게 힘을 북돋우게 한다.

5) 신앙을 굳게 하는 일이다.

성도가 굳건한 신앙에 서지 못하고 믿음이 흔들리는 때에 믿음에 굳게 서게 하는 일이 권사의 일이다.

6) 담대하게 하는 일이다.

마음이 약하여 쓰러지는 자들에게 강하고 담대케 해야 한다.

7) 훈련하며 가르치고 양육하는 일이다(딛 1:6).

권사는 성도들을 방문을 하거나 불러서 가르치는 일을 해야 한다. 부모가 자녀에게 선생이 제자에게 하듯 권면과 훈계와 교훈을 해야 하는 것이다. 이는 어린 성도들을 양육함을 포함한다.

8) 심방하는 일이다(갈 1:18).

권사의 개념에서 교시하는 위로나 안위, 교훈. 격려, 교육 등은 불가피하게 성도들의 가정을 방문해야만 가능한 경우가 발생한다. 그러므로 이 임무를 수행하기 위하여 권사들은 방문에 필요한 건강을 소유하고 교육받아야 한다.

심방에 따르는 주의사항이 있다. 물질적인 해가 없도록, 인격적인 해가 없도록 한다. 권사는 제직회 회원이 되어 안수집사의 직무를 도와 같은 직무를 담당한다.

9) 권사의 직무상 재정적인 후원을 하는 일이다.

위로하거나 격려하거나 또 다른 각도에서 복지와 진흥을 위해 투자하는 일이 필요하다. 마치 바나바가 밭을 팔아(행 4:36) 구제하는 일에 투자한 경우와 같다.

(3) 권사의 자격

성결 교단에서는 집사로 7년 이상 된 자와 그 교회에서 4년 이상 근속한 남녀 집사로서 나이 45세가 넘은 이면 된다. 당회장의 재량에 따라 시무년회에서 투표로 선정할 수도 있고, 재적 과반수 이상 득표해야 한다.

1) 집사의 일반적 자격을 구비해야 한다.
2) 믿음이 돈독하며 체험적 신앙자이어야 한다.
3) 성도의 모범이 되어야 한다.
4) 고난에 동참할 수 있을 만한 각오가 되어야 한다.
5) 생활 속에서 성도들이 인정할 만한 식견이 있으며 겸손해야 한다.
6) 어느 정도 통솔력이나 지도력이 영적으로 있어야 한다.
7) 즐거워 하는 자들과 같이 즐거워하고 슬픈 자와 같이 슬퍼할 줄 알아야 한다.
8) 확신에 넘쳐야 한다.
9) 인내의 은사, 특히 말을 자제할 수 있어야 한다.
10) 말씀의 실력이 있으며 너그러워야 한다.
11) 매사에 낙관적이며 긍정적이어야 한다.
12) 주님의 이름으로 범사에 주님 뜻대로 살아야 한다.

13) 육의 일에 매이지 않고 영의 일에 전념할 수 있어야 한다.
14) 덕이 있되 화목의 은사를 갖추어야 한다.
15) 비밀을 지킬 줄 알아야 한다.
16) 기도하며 영교하는 성실한 자여야 한다.
17) 목회자와 잘 조화되며 순종해야 한다.

4. 청지기로서의 집사

집사란 말은 희랍어 '디아코노스'(diakonos)에서 왔다. 디아코노스란 말이 집사라고 번역되지 않았을 때는 일꾼(minister)이나 종(servant)으로 번역되었다.

우리말 성경의 집사의 뜻은 '섬기는 자'란 뜻이다(롬 12:7).

(1) 집사의 기원

구약시대는 이 직분을 세웠다는 기록이 없다. 그때는 성전에 대한 일체(재정포함)를 레위족속과 제사장이 관리했다.

<유대사기>란 유대인의 역사책을 보면 주전 수백 년부터 예루살렘 성전 외에 각지방 촌리에 성경을 교육하는 회당에 있었다. 이 회당에 장로 외에 집사라는 직분이 있어서 성경과 예식책과, 회당 그릇(기명)을 보관하고 구제비와 기타 모든 재정을 관리하였다고 한다.

사도들이 이를 이용하여 신약교회에 집사 직분을 세웠다. 성경에 나타나는 첫 기록은 사도행전 6:1-6이다.

(2) 집사의 뜻

1) 하인이다.

주로 식탁 봉사를 전담했다(요 2:5). 그는 동작이 기민하고, 띠를 띠고 수종 들었다(눅 17:7). 그리고 주인의 식사가 끝날 때까지 대기했다.

2) 사환이다(마 22:13).

3) 섬기는 자이다(막 10:35-44).

4) 종이다(고후 6:4).

5) 일꾼이다(살전 3:2, 골 1:25).

6) 사역자이다(고전 3:5, 롬 13:4).

7) 청지기이다(고전 4:1, 딛 1:7, 벧전 4:10, 눅 16:1).

(3) 집사의 분류

1) 장립집사(안수집사)

3년 이상 무흠한 남자 입교인으로 공동의회에서 투표하여 선출한다(3분의 2이상 투표). 그 후에 3개월 이상 당회 아래서 교육받고 당회가 사취하여 안수받은 집사로 항존직이다.

2) 서리집사

1년직으로 당회장의 임명으로 교회를 봉사하는 임시직이다.

(4) 집사의 자격

1) 영적인 자격(행 6:1-6)

① 성령이 충만해야 한다(행 6:3, 롬 9:9).

② 지혜가 충만해야 한다(고전 2:6-7, 눅 16:1-13).

③ 믿음이 충만해야 한다(행 6:5, 막 4:40).
④ 정신을 차리고 근신하며 기도하는 자이어야 한다(벧전 4:7).

2) 사회적인(도덕적) 자격(딤전 3:8)
① 단정해야 한다(딤전 3:8).
② 일구이언을 하지 않아야 한다(딤전 3:8).
③ 술을 먹지 않아야 한다(딤전 3:8).
④ 칭찬 듣는 자이어야 한다(행 6:3-5).

3) 개인적인 자격(딤전 3:9-11)
① 참소(이간질)하지 말아야 한다(딤전 3:11).
② 절제할 줄 알아야 한다(딤전 3:11).
③ 모든 일에 충성스러워야 한다(고전 4:2).
④ 깨끗한 양심의 소유자여야 한다(딤전 3:9).
⑤ 책망할 것이 없어야 한다(딤전 3:10, 고전 1:8, 골 1:22).
⑥ 선한 청지기같이 서로 봉사해야 한다(벧전 4:10).
⑦ 선한 양심을 가져야 한다(벧전 3:16).

4) 가정적인 자격(딤전 3:12)
① 한 아내의 남편이어야 한다(딤전 3:12).
② 자녀와 집을 잘 다스려야 한다(딤전 3:12).
눈에 보이는 자녀와 가정을 잘 돌보지 못하는 자가 어찌 눈에 보이지 않은 하나님을 섬긴다 할 수 있겠는가?
③ 남편에게 순종하는 자이어야 한다(벧전 3:1-6).
④ 부모를 공경하는 자이어야 한다(엡 6:1-4, 마 15:4).

(5) 집사의 직무

1) 개인적인 직무
① 주일 성수를 잘 하여 본을 보여야 한다.
② 제직 회원으로 제직회에 참석해야 한다.
③ 십일조를 이행해야 한다(말 3:10-12).
④ 헌신과 봉사를 해야 한다(행 16:11-15).
⑤ 교역자를 협조해야 한다(롬 16:1-2, 빌 2:25).

2) 집사의 공적인 직무
① 공궤하는 일을 한다(행 6:2).
② 구제하는 일을 한다(롬 12:8, 행 6:1).
③ 복음 전하는 일을 한다(행 21:8).
④ 재정 수납을 담당한다(행 6:1-3).
⑤ 열심히 서로 사랑한다.
⑥ 허다한 일을 덮어준다(고전 13:).
⑦ 서로 봉사를 한다(벧전 4:8-11).
⑧ 교회를 위해 기도한다.
⑨ 인화에 힘쓴다(신구교인, 노소빈부).
⑩ 다투지 아니한다.
　하나님과 다투지 말고(시 45:9), 주의 종과 다투지 말고(딤전 5:17, 겔 34:18), 형제와 다투지 말아야 한다(마 5:23-24).
⑪ 목회자를 도와야 한다.
　근심이 되어서는 안되며(히 13:17), 마음을 평안하게 해주어야 한다(고전 16:18). 순종해야 하고(히 13:17), 세심한 배려를 해주어야 한다(건강생활, 자녀교육, 환경 등). 그리고 위하여 기도해 주어야 한다(살전 5:25).

(6) 집사의 위치와 자세

1) 교회와 집사

① 하나님께서 내게 직분을 맡기심으로 알아야 한다(딤전 1:12).

자기가 잘나서 맡기심이 아니다. 잘하라고 주신 줄로 알아야 할 것이다.

② 감사함으로 죽도록 충성해야 한다(고전 4:2).

자기가 하나님을 돕고 있는 줄로 알거나, 자기가 없으면 안 되는 줄로 아는 자세를 가져서는 안된다. 오히려 자기 같은 것을 하나님께서 써주시는 것이 고맙고, 자기 같은 것에서 하나님의 영광과 축복받을 기회를 주신 것이 고마워 항상 감사한 마음으로 충성해야 한다.

③ 고난을 각오해야 한다(빌 1:29).

사도 바울은 말하기를 자기는 "비천에 처한 줄도 알고, 풍부에 처할 줄도 알아 모든 일에 배부르며 배고픔과 풍부한 궁핍에도 일체의 비결을 배웠다"고 했다(빌 4:12). 집사도 항상 고난을 당할 때마다 주님의 고난에 동참하는 것이 훗날에 큰 영광이 되는 줄로 알아야 한다. 환난과 핍박, 그리고 고통 가운데서도 기쁨으로 일해야 한다.

④ 반드시 상급이 있음을 확신해야 한다(고전 15:18).

⑤ 손님 대접에 힘써야 한다(롬 12:13, 히 13:2).

⑥ 열심을 품고 주를 섬겨야 한다(롬 12:11).

⑦ 은혜를 잘받고 또한 받은 은혜를 잘 감당해야 한다(벧전 4:9).

2) 목사와 집사
① 목사는 하나님이 세우신 사자임을 알아야 한다(마 10:40).
② 자기 영혼을 맡은 분이다(히 13:17).
③ 영적인 부모이다(고전 4:15).
④ 믿음의 아버지이다(갈 4:19).
⑤ 축복권을 소유한다(롬 15:29).
⑥ 권면도 하고 책망도 할 수 있는 자다(딛 2:15).
⑦ 주의 종께 대적치 말아야 한다(딤후 4:14).
⑧ 모든 것을 함께 한다(갈 6:6).
⑨ 배신하지 말아야 한다(딤후 4:10-14).

3) 장로와 집사
장로는 교훈장로(목사)와 치리장로(교회를 다스리는 자)가 있다(딤전 5:17).
여기서는 둘 다 포함하여 말하려 한다.
① 마음으로 존경해야 한다(골 2:2, 딤전 5:17).
② 공손한 말로 문답을 해야 한다(골 4:5, 잠 20:15).
③ 머리를 숙이는 태도를 가진다(딤전 3:2, 잠 16:31).
④ 물질로 대접한다(벧전 5:5).
⑤ 온전히 순복해야 한다(벧전 5:5).

4) 성도와 집사
① 모든 교인에게 모범으로 덕을 세워야 한다(롬 14:19, 고전 14:4)
② 모든 교인들과 화평을 좇아야 한다(롬 14:19).
③ 모든 교인들에게 칭송을 받아야 한다(롬 14:19).

④ 교인들을 판단하지 말아야 한다(롬 14:13, 빌 2:4).
⑤ 짐을 서로 진다(갈 6:2).
⑥ 남에게 누를 끼치지 말아야 한다(살후 3:8).
⑦ 서로 용서할 줄 알아야 한다(딤전 3:12).
⑧ 자기 친족을 구원하도록 노력해야 한다(딤전 5:8).

(7) 집사의 축복

1) 경건한 자녀를 두게 된다(행 21:8-9).
2) 아름다운 지위를 얻는다(딤전 3:13).

그러므로 집사직을 부끄럽게 여겨서는 안된다. 집사직을 자랑해야 한다. 집사직을 잘하면 더 큰 지위를 얻게 되기 때문이다. 주를 위한 직분은 아름다운 것이다.

3) 믿음의 큰 담력을 얻게 된다(딤전 3:13).

기쁨이 일어나고, 보람이 있고, 말의 담력을 얻는다(행 4:13). 기도의 담력을 얻게 되고, 순교의 담력을 얻게 되고(행 7:60), 전도의 담력을 얻는다(행 8:26-40).

(8) 성경에 나타난 모범적인 집사들

성경에 나타내 주신 시범적이며 모범적인 집사들을 살펴봄으로써 정상적인 집사로 성장하기를 바란다.

1) 순교자 스데반 집사(행 6:8-7:60)

스데반은 성령 충만(행 6:3), 지혜 충만(행 6:3), 칭찬 충만(행 6:3)한 자였다. 또한 믿음이 돈독하고(행 6:5), 권능 충만(행 6:8), 은혜 충만(행 6:8), 말씀 충만(행 7:)한 자였다. 또한 사랑 충만(행 7:60), 담력 충만(행 7:51)하고 기도에 항상 힘쓴 자였다(행 7:59-60).

2) 전도하던 빌립 집사(행 6:5, 8:5)
그는 천국과 예수 그리스도의 이름에 관하여 전파했다(행 8:5, 12). 표적과 큰 능력을 나타내었고(행 8:13), 병자를 고치고(행 8:7), 귀신을 쫓아내었다(행 8:7). 또한 큰 기쁨으로 생활하고(행 8:8) 전도자를 도왔다(행 21:8).

3) 교회 설립자 루디아 집사(행 16:11-15)
루디아는 주일성수, 기도열심, 하나님을 잘 공경했다. 주께서 마음을 열어주셔서 바울에게 세례받았으며 주의 사자를 극진히 대접하고(행 16:15) 교회를 설립하였다(행 16:40).

4) 보호자가 된 뵈뵈 집사(롬 16:1-2)
뵈뵈는 남을 감독하는 여자, 여자 보호인, 여자 후원인이었다.
이외에도 진실한 집사 두기고(엡 6:21-22, 골 4:7), 교역자를 돕는 집사 에바브로디도(빌 2:25, 4:18) 등 많은 집사가 있었다.

5. 청지기로서의 권찰

(1) 권찰의 기원 및 의의
1) 권찰의 기원
"구브로에서 난 레위족인이 있으니 이름은 요셉이라 사도들이 일컬어 바나바(번역하면 권위자)라 하니 그가 밭이 있으매 팔아 값을 가지고 사도들의 발 앞에 두니라"(행 4:36-37). 바나바, 즉 권위자라는 이름은 "선지자의 아들"이라는 뜻이다.

구약의 선지자는 남을 가르치고 권면하고 위로하는 일을 했다. 바나바 자신도 선지자의 일을 수행했다. 바나바의 본 이름은 유대인에게 있어서 흔히 있는 '요셉'이었다. 이 이름은 바나바가 할례를 받을 때 주어졌을 것이다.

바나바의 이름은 사도들로부터 불려진 이름이었다. "안위의 아들"이란 뜻도 있는 바나바는 사도들에 의해서 예수 그리스도를 믿으므로 얻어진 첫 번째 레위인이었다.

바나바는 기독교의 개종을 통해 유대교 교권주의의 무섭고 어려운 장벽을 최초로 뚫은 사람이었기에 사도들과 초대 교회에 큰 위로와 용기를 주었을 것임에 틀림이 없다.

다시 말하면 그 이름이 뜻은 "예언의 아들" 혹은 "선지자의 아들", 그리고 "안위의 아들" 등으로 해석된다.

바나바는 초대 예루살렘 교회에 있어서 중요한 위치에 있었고 유대인 교회의 중간 역할을 하는 인물이기도 하였다. 그는 회개한 사울을 사도들에게 소개하여 위대한 전도자의 길을 걸을 수 있도록 주선하였고, 안디옥 교회에서 봉사하다가 바울과 함께 세계전도 여행을 하였다(행 13:1).

바나바는 제 1차 전도를 성공적으로 마치고 바울과 함께 예루살렘 총회에 참석하였고(행 15:1), 그후 그의 조카인 마가 때문에 바울과 심히 다툰 일도 있었다.

제 2차 전도 여행 때에 바울은 실라와 함께 떠났으나 바나바는 마가와 함께 전도의 장도에 올랐다.

바나바의 특징은 그의 관용성에 있었다. 바나바의 관용성에 대해서는 바울도 그를 따르지 못했던 것 같다. 철저한 믿음을 가지면서도 관용의 미덕도 겸했던 바나바는 초대 교회에 없어서는 안될 보배로운 인물이었다.

그의 이름의 뜻이 말해주는 것처럼 바나바는 성령의 위로 중에 생활하며 항상 기쁨으로 살았던 그리스도인이었다. 그러므로 가난한 자를 구제하는 일에 관대했고, 앞장서서 유대인 중에 개종한 사람들을 위하여 그의 밭을 팔아 사도들에게 내어놓고 구제하게 하였다.

그는 백성들을 위로하며, 상처받고 고통 당하는 자들의 마음에 평안을 심어주는 일을 했다. 그의 밭은 구브로의 비옥한 땅이었을 것이고 그 금액도 거액이었을 것이다. 따라서 그의 신앙의 행위에서 초대 교회는 큰 힘을 얻었고, 개종한 교인들에게 위로와 기쁨을 주었을 것이다.

사도 바울이 써보낸 로마서 12:6-8에 보면 "우리에게 주신 은혜대로 받은 은사가 각각 다르니 혹 예언이면 믿음의 분수대로, 혹 섬기는 일이면 섬기는 일로, 혹 가르치는 자면 가르치는 일로, 혹 권위하는 자면 권위하는 일로, 구제하는 자는 성실함으로, 다스리는 자는 부지런함으로, 긍휼을 베푸는 자는 즐거움으로 할 것이니라"고 하였다.

모든 그리스도인들의 생활의 터전은 교회이다. 주님의 몸된 교회에서의 그리스도인들은 봉사의 직분을 갖고 있다. 그리고 주님의 교회를 섬기기 위하여 하나님께서는 각각 다른 은사를 주셨다. 그리스도를 머리로 하고 모든 그리스도인들은 그 지체로서 그 임무가 각각 다르다.

이 말씀에서 우리는 그리스도의 위대한 교회를 발견할 수 있다. 하나의 찬연한 우주적 교회(the universal church)와 수많은 지방적 교회(local church)의 관념을 본다.

신적이며 초자연적이며 완전한 그리스도의 몸된 교회는 "하나"이다. 그러나 인간적이며 역사적이고 불완전한 이 땅에 존재하는 인간의 교회는 "여럿"이다.

그러나 이 보이는 교회, 곧 완전하지 못한 인간들이 모이는 교회가 해야 할 일은 피차 협력하고, 보충하며, 각자가 맡은 지체의 사명을 다하는 가운데 보이지 않는 "그리스도의 하나된 교회" 곧 "우주적 교회"에 이바지하며 형성하는 것이다.

보이지 않는 교회가 형성될 때에 가장 중요한 것은 자기에게 주어진 믿음의 분량대로 주님을 섬기는 동시에(롬 12:3), 남을 소중히 여기는 것이다. 남이 받은 은사도 존중히 생각하는 겸손한 신앙이 절대로 필요하다.

그러한 의미에서 하나님의 교회에는 각각 다른 은사 즉, 예언과 섬기는 일과 가르침, 구제, 다스리는 자, 긍휼을 베푸는 자와 함께 "권위자"도 중요하고 필요한 직분이다. "권위하는 자"는 근면하는 직분이다.

고린도전서 14:3에 "예언하는 자는 사람에게 말하여 덕을 세우며, 권면하며, 안위하는 것"이라고 하였다. "권면"이란 말은 '곁으로'(παρα), '부르다'(καλεω)라는 뜻으로 "위로나 격려"를 의미한다.

성령의 별명은 "보혜사(οπαρακλητος)로서 이 "권면"이란 헬라말과 같다. "보혜사"라는 성령의 별명의 뜻은 훈계하고 위로하는 자(訓慰者 Comforter), 곧 "위로하는 자", "상담자"라는 뜻이다.

"위로한다"는 말은 육체와 정신에 힘을 주어 새롭게 한다는 뜻이다(창 18:5, 사 19:5, 8, 마 5:4, 행 9:31, 롬 1:12). 슬플 때 위로하는 것은 자기 백성을 사랑하시는 하나님의 사랑이었다.

"너희 하나님이 가라사대 너희는 위로하라 내 백성을 위로하라"(사 40:1).

그 하나님의 사랑과 위로는 그리스도의 은혜와 성령의 중보로서 우리에게 미치는 것이다. 하나님의 위로는 인간의 마음과 생활에 여러 가지 고통과 하나님을 섬기는 데 당하는 어려움을 극복하는 힘이 된다.

구약 시대의 이스라엘의 위로자들은 선지자들이었고 그들이 예언한 모든 예언과 모든 축복의 실현은 정의와 평화의 영원한 위로자이신 메시아가 오심으로 성취되는 것이다. "권위하는 자", 곧 "권면하며 위로하는" 직책은 믿음이 약한 형제를 돌보고 격려하는 직분으로서 분명히 오늘의 "권사"와 "권찰"에 해당하는 직분이다.

고린도전서 14:3 "안위하는" 직책은 '곁에서(παρα) 하는 말(μυθος)'로 부드러운 말과 위로하는 태도로 빌립보서 2:1의 "그리스도 안에 무슨 권면이나 사람에 무슨 위로"를 할 때는 "겸손한 마음으로 각각 자기보다 남을 낫게"(빌 2:3) 여기는 자세로 하라고 하셨다.

"권찰"의 직책은 그 기원을 구약의 선지자에게서 찾을 수 있다. 초대교회에서 필요한 직책으로 인정을 받아 확고한 위치를 차지했으며, 교회에서 크게 활동한 직책임을 볼 수 있다. 동시에 복잡한 현대의 생활 중에서 믿음으로 생활을 하는 오늘의 교회에 있어서 가장 중요한 직분이 권찰이라 하겠다.

2) 권찰의 의의

권찰은 구역 내의 교인들을 심방하고 위로하는 선한 청지기이다(고후 5:20, 골 1:28). 심방하여 교인들의 가정형편을 살펴보고(갈 1:18), 교인들을 예수 잘 믿도록 권하고 돌아보아야 한다(골 1:28).
즉 교인들을 "위로하고 보살피는 자"란 뜻이다(롬 12:8, 고후 7:7).

(2) 권찰의 자격
구원의 확신을 가지고 매사에 의욕이 있는 세례교인이어야 한다. 그리고 활동성, 융통성, 인내심이 있어야 한다(사 52:7).

(3) 권찰의 직무
권찰은 구역을 바탕으로 주간 심방 결과를 구역장과 권사에게 보고하여 어려운 가정을 돌보게 하는 일을 한다.

1) 심방하는 일
교인들의 안부를 아는 일과 위로하고 권면하는 일과 교회로 인도하는 일이다.
2) 보고하는 일
교우들의 형편을 구역장에게 알리고, 교우들의 형편을 교역자에게 알리고, 교역자와 심방하도록 중간 역할을 하는 일이다.
3) 주님 사업에 동참하는 일
손님 대접과 수종드는 일, 그리고 자선사업으로 교회를 빛내는 일을 한다. 또한 교역자를 기도와 손발로 돕는 일이다.

(4) 권찰의 사명
1) 구역에 흩어져 있는 양무리를 돌보는 선한 목자의 사명(마 10:6-8, 요 10:11-15)
2) 그리스도의 일꾼으로 선한 청지기의 사명(고전 4:1-2, 벧

전 4:10)
  3) 구역 내의 신실한 파수꾼으로 복음의 전령자(겔 3:17, 사 52:7)

(5) 권찰의 역할
1) 교역자의 눈의 역할
교역자가 미처 살피지 못한 곳까지 살피는 직분이다.
2) 교역자의 귀의 역할
교인들의 어려운 일과 좋은 소식을 다 듣고 목사에게 보고해줌으로써 목회에 도움을 주는 직분이다.
3) 교역자의 손발의 역할
목사는 많은 일로 바빠서 교인들의 가정을 일일이 심방하지 못한다. 그 때 권찰이 대신 찾아가 기도로 위로하고 신앙을 지도하는 직분이다.

(6) 권찰의 할 일
1) 구역과 구역원을 위해 기도해야 한다(마 10:6-8).
2) 전도 대상자를 찾고 정하여 기도한다(마 9:35-38).
3) 힘써 복음을 전해야 한다(눅 7:47, 마 28:20, 행 1:6).
4) 자기 구역을 최소한 배로 확대시켜야 한다(마 25:23-24).
5) 구역심방을 철저히 한다.
출석 잘 하는 자는 문전 심방하고, 결석하는 자는 확인 심방한다. 만나지 못한 가정은 흔적을 남기고 다음날 전화로 심방하고, 유고 사항을 즉시 보고한다.
6) 권찰의 새신자 육성방안
① 하나님의 말씀으로 육성해야 한다.

성경을 읽고 배우는 자는 그 영혼이 다시 사탄의 노예, 옛 사람으로 돌아가지 않는다. 그것은 성경이 인간을 자유케 하는 무한한 능력을 갖고 있기 때문이다. 또한 성경을 가르치시는 분은 권찰이나 다른 교인이 아니고 위대한 교사이신 성령께서 친히 선생이 되시기 때문이다. 하나님의 말씀은 영혼의 양식, 곧 생명의 양식이다.

"갓난 아이들같이 순진하고 신령한 젖을 사모하라 이는 이로 말미암아 너희로 구원에 이르도록 자라게 하려 함이라"(벧전 2:2)고 하셨다. 새신자들이나 오래 믿은 모든 성도들에게 있어서 하나님의 말씀 외에 영혼을 자라게 할 다른 양식은 없다.

② 기도로 육성해야 한다.

전능하신 하나님을 의지하게 한다. 그의 신앙이 성장하며 자신과 세상을 이길 수 있는 힘은 하나님을 의지하는 길임을 가르친다. 성령의 도움을 바라는 기도 없이 살 수 없음을 가르치고 기도하게 해야 한다. 그리고 이제부터는 그리스도 안에서 풍성한 삶을 누리며, 주님과 동행함을 바라며 축복의 생활을 영위하는 길이 기도에 있음을 체험케 해야 한다. 이를 위해서는 스스로 기도하게 하며 또한 기도의 도움을 주어야 한다.

③ 신앙을 위한 육성 교재와 서적으로 양육해야 한다.

교회에서 준비된 육성 교재와 신앙의 첫걸음을 지도하는 신앙 서적 등을 받아서 새신자에게 전하고 가르쳐야 한다. 적어도 1-2개월 매주 한 번씩은 심방하여 그 가정에서 기도와 찬송 후에 교육한다면 이보다 더 효과적인 방법이 없을 것이다.

(7) 권찰의 기본자세

1) 주일성수를 잘해야 한다.

2) 예배를 중요시해야 한다.
3) 봉사하는 일에 힘써야 한다.
4) 전도를 본 의무로 삼아야 한다.
5) 교육에 관심을 두어야 한다(새신자).
6) 기도에 불을 붙여야 한다.
7) 목회자의 협조자가 되어야 한다.
8) 금전 거래를 조심해야 한다.
9) 가정형편을 빨리 파악해야 한다.
10) 성경 찬송을 항상 휴대해야 한다.
11) 평화로운 표정과 안정된 몸가짐을 해야 한다.
12) 생활로 본을 보여줘야 한다.

(8) 권찰이 갖추어야 할 예의
1) 몸가짐과 복장은 단정해야 한다.
2) 인사는 항상 정중히 해야 한다.
3) 대화는 조용하고 겸손히 해야 한다.
4) 바쁜 집은 오래 있지 말고 원하는 집은 머물러 줘야 한다.
5) 대접은 감사히 받되 예의를 지켜야 한다.
6) 대화는 친밀히 하되 사담이나 험담은 절대로 피한다.
7) 예배는 간결하고 간략하게 드린다.
8) 어두운 얘기나 다른 사람의 험담을 절대로 피한다.
9) 심방자 자신의 곤란한 입장이나 사정을 얘기하지 않는다.
10) 어른을 존경하고 어린이는 칭찬해 줘야 한다.
11) 심방시 물건을 소개하거나 판매해서는 안된다.

(9) 권찰의 심방 후에 할 일

1) 계속하여 그 가정을 위해 기도한다.
2) 그 가정의 사정 이야기를 함부로 옮기지 않는다.
3) 어려운 사정을 즉시 보고한다.
4) 어려운 사정(재난, 실패, 질병)에 대하여 함부로 속단하거나 평론하지 말아야 한다.

(10) 권찰의 보고 방법
1) 긴급한 사정은 전화로 한다.
2) 보통 사정은 보고서로 한다.
3) 자세하게 매회 보고해야 한다.

(11) 좋은 권찰과 구역장, 강사의 자격
1) 깊은 영적 체험이 있어야 한다.
2) 자기 구역원의 이름을 외워야 한다.
3) 날마다 위해서 기도해야 한다.
4) 작은 일로 오해하거나 화를 내어선 안된다.
5) 구역원들에 대한 관심을 기울여야 한다.
6) 화해자가 되어야 한다.
7) 동고동락 정신을 가져야 한다.
8) 소박하고 소탈해야 한다.
9) 주님의 입장에서 생각하고 일해야 한다.
10) 주님 안에서 자신이 살아가야 한다.
11) 항상 성경공부에 힘써야 한다.
12) 기도생활을 잘 해야 한다.
13) 교인들의 친구가 되어줘야 한다.
14) 믿음에서 떠나지 아니하고 끝까지 충성해야 한다.

(12) 권찰과 구역장, 강사의 관계

1) 청지기와 목사와의 관계
① 목사의 협조자가 되어 도와주고 동역해야 한다.
② 항상 목사의 입장에 서서 일해야 한다.

신약에서 가장 아름다운 부부는 브리스길라와 아굴라이다(행 18:18, 롬 16:3). 이들은 사도 바울을 돕고 동역한 부부인데 권찰도 이 부부와 같이 교역자와의 좋은 관계를 가져야 한다.

③ 목사보다 앞장서도 안된다.
④ 목회에 방해가 되지 않게 늘 조심해야 한다.

2) 권찰과 구역장과 강사의 관계
① 같은 사명을 가지고 한 마음이 되어야 한다.
② 구역장은 권찰의 협조가 필요하고 권찰은 구역자의 동역자가 되어야 한다.
③ 서로 미루지 말고 긴밀한 연락이 되어야 한다.

3) 교인과의 관계
① 금전 관계에 특별히 유의해야 한다.
② 교인끼리 계를 하지 말아야 한다(이해관계로 신앙 손해보고 마음 상하게 됨)
③ 편파적인 행동을 삼가야 한다.
④ 모든 교인을 폭넓은 사랑으로 대해야 한다.

4) 지역 사회와의 관계
① 이웃과의 울타리가 낮아야 한다.
② 이웃에 경건생활로 칭찬을 들어야 한다.

③ 사회와 교회와의 다리 역할을 하여 주님과 불신자와의 접촉이 되게 해야 한다.

5) 직원회의와의 관계
① 권찰은 직원과 밀접한 관계에 있다.
② 직원회에는 교역자의 허락이 있을 때만 참석할 수 있다.

6. 청지기로서의 사모

(1) 교회에 있어서 사모의 역할

1) 교회 여성들의 지도자이다.
교회의 성도 중 적어도 반 이상은 여성도가 차지하고 있다. 때에 따라서는 절대 다수의 여성인 경우도 있을 수 있다. 이러한 특수한 상황에서 사모의 역할은 절대적으로 이들을 지도하고 편달하고 어루만지는 일이다. 또 이끌어나가는 여성 지도자의 역할을 하지 않을 수 없다.
여성도들은 목회자나 지도자들의 말씀에 순종하고 잘 따르는 특성을 보이지만, 한편으로는 말도 많고 남의 잘잘못을 잘 집어내는 등 사소한 문제를 일으키기도 한다. 따라서 사모가 이들의 지도자로서의 역량을 잘 발휘하여 교인과 교회에 덕을 세워야 한다. 또한 복음을 증거하며 소명을 다하는 데 커다란 지주의 역할을 맡아야 하는 것이다.

일반적으로 여성들은 타인과 비교하는 비교의식이 발달되어 있기에 교회에서의 사모들의 언행도 상당히 조심스럽다. 성도들은 남들보다 한 번이라도 더 칭찬을 듣고 싶고, 인정을 받고 싶은 경쟁의식이 강하기 때문에 사모는 이러한 특성들을 염두에 두고 지도자적 역량을 발휘해야 할 것이다.

2) 신앙생활에 있어서 본이 되어야 한다.

사모는 모든 여성도들의 시선을 받는 위치이기에 성도들에게 보여지는 생활태도에서부터 신앙생활이 성도들에게 알게 모르게 영향을 미친다. 따라서 성실하고 성령이 충만하며 신앙의 본을 몸소 보여주는 역할을 해야 한다.

3) 가정 주부로서의 본이 되어야 한다.

사모도 자녀를 둔 어머니이다. 자녀를 키울 때 한 사람의 모범적인 어머니로서의 역할을 성도들에게 보여주어야 한다. 성도의 양육은 영적인 생활에서 끝날 수 없다. 오히려 자연인으로서 한 가정의 주부로서도 여러 면에서 성도들을 이끌어 갈 수 있어야 할 것이다.

4) 교사가 되어야 한다.

사모는 여성도들을 주축으로 한 모임에서 성경말씀도 가르쳐야 하는 입장에 서야 한다. 주일학교의 반사로서 혹은 청소년들을 맡아서 여러 면에서 지도하고 가르쳐야 할 역할이 있다.

5) 상담자가 되어야 한다.

세상 사람들이 기독교인들에게 이기주의자이고 욕심쟁이, 거짓말쟁이, 나쁜 짓만 골라서 하는 사람이라고 비난한다. 그래서 자신은 교인이 되지 않겠다고 한다. 이 사람들은 하나님을 믿으면 하나님처럼 온전한 사람이 되어 있어야 하는 것으로 생각하기 때문이다.

그러면 교회에 다니는 사람은 하도 죄를 짓고 못났기 때문에 좀 새사람이 되어보자는 생각으로 나오는 것이라고 변명한다. 그래도 그들은 들으려고조차 하지 않는다. 크리스천들이 말만으로가 아닌 행동으로 무엇인가를 보여주면 그때는 믿어보겠다는 사람들이나 초신자들, 그리고 신앙생활을 하다가 좌절하고 실망하고 넘어지는 사람들의 상담을 해주는 것이 사모인 것이다.

(2) 사모의 품격

1) 언행일치가 있어야 한다.

사모로서의 역할을 해내려면 타인이 볼 때 이상적이라고 할 수 있는 언행일치를 보여주어야 한다. 말만으로써는 어느 누구에게도 영향을 미칠 수가 없는 것이다.

2) 다른 사람들을 높여주어야 한다.

목사 사모가 교회 평신도들에게 모든 면에 있어서 최고라는 찬사를 받는다면 물론 사모 개인으로서는 기분이 좋겠지만 사모의 입장으로서는 빵점자리 사모인 것이다.

사모가 교회 행사 때나 어떤 모임에서 제일 선두주자로 나서서 일하기보다는 성도 한 사람 한 사람에게 개발되지 않은 숨겨진 능력을 발견하여 발휘할 수 있도록 뒤에서 밀어주어야 한다. 그래서 능력있는 일꾼으로 성장시키는 것이 유능한 사모인 것이다.

3) 늘 배우는 생활이 되어야 한다.

지식적인 면에서나 신앙적인 면에서 완벽하다는 생각은 사실 교만이다. 사모에게도 무엇인가 부족한 점이 있다는 것을 보여주어야 한다. 그럴 때 성도들도 편안한 마음으로 사모를 찾게 된다. 사람도 완벽한 사람보다는 무엇인가 허점이 있는 사람이 더 정이 가는 것과 같다.

4) 상대방을 칭찬해줄 줄 알아야 한다.

상대방에게 칭찬을 할 때는 상대방이 그 칭찬을 들음으로 해서 자신에게 이런 면이 있었구나 하고 놀라서 깨닫는 그런 칭찬을 해야 한다. 자부심을 느끼게 해 주는 그런 칭찬 말이다. 그런데 세상 사람들은 입에 발린 칭찬을 너무나 많이 한다. 그러한 칭찬은 도리어 하지 않은 것만 못한다. 그렇기 때문에 사모는 상대방이 칭찬을 들음으로써 진정으로 즐거워하고 힘이 되어 주는 그런 칭찬을 해야 한다.

5) 먼저 섬겨야 한다.

타인으로부터 섬김을 받으려면 모든 면에 있어서 본이 되어야 하겠지만 이보다 앞서야 하는 것은 겸손한 마음이라고 생각한다. 그리고 섬김을 받기만을 기다리기보다는 먼저 남을 섬겨야 한다고 생각한다. 이것은 곧 솔선수범하라는 의미이다. 그러면 어떻게 솔선수범을 보여야 할까?

성령의 9가지 열매를 우리들의 일상생활을 통해서 맺는 것이다. 그런데 이 열매는 인간의 인격과 노력에 의해서 맺어지는 것이 아니다. 반드시 성령님께서 도와주셔야만 가능한 것이다. 성령의 9가지 열매 중 사모에게 가장 중요한 열매는 사랑, 즉 사랑을 실천하는 것이다.

6) 기도해야 한다.

한국 사람들은 사랑을 해도 마음 속으로만 하지 겉으로 잘 표현을 하지 않는다. 마음 속 깊이 사랑하는 마음을 지니는 것도 좋지만 이제는 그 사랑을 자꾸 말로써 표현하고 행동으로써 실천하는 것이 좋다. 더 나아가서는 사랑하는 상대방의 신상에 대해서 관심을 두고 생각하면서 기도를 해 주는 것이다. 사실 기도만큼 큰 사랑은 없다고 생각한다.

제7장
구역예배와 심방 봉사

구역은 교회의 세포 조직이라고 할 수 있다.
구역장을 중심으로
구역 성도들이 하나되어 함께 위로하고
기도해 준다면
교회에 좋은 영향력을 줄 수 있다.
그리고 심방은 구역에 생기를 불어넣는 역할을 한다.

1. 구역예배

(1) 구역 예배 봉사에 유의할 사항

1) 매주간 금요일에 모인다.
2) 구역예배를 위해 기도한다.
3) 장소를 예정하고 시간과 장소를 알려준다.
4) 예배는 한 시간 이내에 드린다.
5) 구역 설교자는 말씀 전파를 위해 특별히 기도한다.
6) 구역예배 헌금은 경건하게 관리한다.
7) 모이는 가정에 경제적 부담을 주지 않는다.
8) 성경공부(행 17:11)와 기도, 사랑의 친교를 중점적으로 하여 천국 가족의 결속을 돈독히 해야 한다.
9) 구역장은 구역원 가정과 권속을 위하여 목자적 사명을 다한다.
10) 구역의 가정 증가를 위하여 전도 대상자를 찾고 기도한다.
11) 결석 교인의 가정을 심방하고 위로하며 격려한다.
12) 구역원들이 모일 수 있는 좋은 분위기를 조성해 주 안에서 서로 친해지도록 한다.
13) 위의 모든 것 위에 성령님께서 친히 역사하시도록 해야 한다.

(2) 구역 집회의 목적

1) 하나님께 예배드리기 위함이다.

신앙생활에 있어 첫째 되는 중요한 일은 예배드리는 일이다. 그러므로 성경에 이 일에 대하여 많은 명령이 기록되어 있다. 그 예를 보면 "모이기를 폐하는 어떤 사람들의 습관과 같이 하지 말고 오직 권하여 그 날이 가까움을 볼수록 더욱 그리하자"(히 10:25)했고, "때를 따라 돕는 은혜를 얻기 위하여 은혜의 보좌 앞에 담대히 나아갈 것이니라"(히 4:16)고 하였다.

예수님도 말씀하시기를 "아버지께서는 이렇게 자기에게 예배하는 자들을 찾으시느니라"(요 4:23) 하셨고, 또 "두세 사람이 내 이름으로 모인 곳에는 나도 그들 중에 있느니라"(마 18:20)고 하셨다.

주님의 임재하심과 은혜 베푸심의 역사는 교회는 물론이요 각 구역 성도들의 모임에도 있는 것이다.

2) 기도하기 위함이다.

구역 성도들에게 어려운 일이나 걱정스러운 시험이 있을 때 당하는 사람 혼자서는 감당하기 어렵다. 만일 그 문제가 해결되지 않고 오래 지속될 때 믿음이 약해지기 쉽고 시험에 빠질 염려도 있는 것이다.

그러나 그러한 때, 구역장이 중심이 되어 구역 성도들이 함께 모여 위로하고 격려해 주며, 위하여 기도해 주면 큰 힘과 믿음을 얻어 문제를 이길 수 있게 되고 해결하게 되는 것이다.

아직 믿음이 약한 성도일지라도 구역 성도들이 우는 자와 함께 울고 웃는 자와 함께 웃어 주는 동지가 되어 줄 때 괴로움과 슬픔을 이길 수 있고 담대하게 되는 것이다.

3) 친목을 도모하기 위함이다.

신앙 세계는 하나님과 사람, 사람과 사람의 사귐의 세계이다 (요일 1:3). 같은 믿음의 사람끼리 주 안에서 교제하고 사귈 때 피차간 많은 유익을 얻는다. 말씀 중심으로 대화를 할 때 몰랐던 것을 알게 되고, 모든 일을 하는 데 필요한 지혜를 얻게 된다.

그리고 은혜를 체험한 분들의 신앙 간증이나 깨달은 바 진리의 말씀을 들음으로써 큰 감화를 받게 되는 것이다.

4) 복음을 전하기 위함이다.

구역은 복음 전도의 최전방이다. 많은 가족 중 한두 사람만 믿는 가정이라도 구역 성도들이 모이는 장소로 정하고 모이기를 힘써야 한다.

그런 가정에는 구역에서 믿지 않는 호주를 위하여 간단한 선물이라도 준비하여 호감을 사는 것이 좋을 것이다.

기독교를 핍박하여 자기 가족의 신앙 생활에 자유를 주지 않는 분이 있으면 그 구역에서 그런 분의 생신 때 선물도 하고, 명절 때 찾아가면 큰 효과가 있을 것이다. 그리고 구역 모임에 믿지 않는 분들이나 믿을 가능성이 있는 이들을 초청하여 서로 사귀고 교회 출석을 권유하기도 해야 한다.

또한 구역 성도들이 짝을 지어 불신 가정을 찾아 전도하고, 가난한 가정의 구제도 한다. 병들어 앓고 있는 분을 찾아 위로하고 적은 것이라도 사랑으로 도와주는 일을 힘쓰면 그 구역은 크게 확장이 되는 것이다.

5) 성경을 공부하기 위함이다.

믿는 사람은 우선 많이 알아야 한다. 그러므로 구역원 스스로가 성경을 알기 위해 힘써야 하고 구역장은 그들의 지식욕을 채워주기 위해 바른 교육을 하도록 해야 한다. 따라서 구역장이나 권찰 스스로가 깊은 성경 지식을 갖고 있어야 하므로 스스로 먼저 교회에서 갖는 수련회 등에 적극 참여하여 실력을 기르는 것이 중요하다.

또한 각 구역에선 구체적인 계획을 짜서 구역원 성경공부를 행하는 것이 바람직하다고 본다. 즉 성경 통신교재나 그밖에 교역자가 만든 교재로 체계있게 공부하는 것이 좋을 것이다.

성경에 입각한 성숙한 신앙은 어려움을 이길 수 있는 힘이 되므로 구역의 성경 공부는 매우 중요하다고 하겠다.

(3) 구역 조직의 필요성

지상에 생명을 가진 모든 존재는 최하 단위 조직인 세포로 되어 있다. 세포 조직을 통하여 기관이 형성되고 기관은 질서가 유지되어야 그 자체가 생명체로서 성장하고 번영, 번식함으로써 그 소기의 목적을 달성하게 된다.

지상 교회는 그리스도의 생명체요, 성삼위께서 내재하시며 능력으로 지배하신다. 그러므로 교회는 특별한 생명을 가지고 움직이는 기관이다. 그렇기 때문에 교회는 세밀한 조직체로 구성되어진다. 마치 우리 몸이 심장으로부터 동맥이란 굵은 핏줄로, 그리고 보다 가는 여러 핏줄로, 또 그 가는 핏줄 하나에서 작은 혈관으로 나누어지고, 마지막으로 모세 혈관이란 아주 가느다랗고 셀 수 없이 많은 혈관으로 나누어지듯 교회조직도 이렇게 되어야 한다.

또한 각 군 사령부 산하에 군단, 사단, 연대, 대대, 중대, 소대, 분대로 조직되어 있듯 교회 조직도 이렇게 되어야 한다. 교회의 이런 조직은 지역별로는 교구로 나누고, 한 교구에서 여러 구역으로 세밀하게 나누어 운영하는 것이다.

이렇게 나누어 운영할 때 종적으로는 모든 성도들이 당회의 지도를 받게 되고, 횡적으로는 성도들끼리 화친, 단결, 협력의 미를 가지는 것이다. 이렇게 함으로써 성도의 의무를 이행케 되고 교회가 부흥하고 성장하게 되는 것이다.

그러나 만일 교회의 전지역 중 어느 한 지역이 구역으로 조직되지 않게 되면 그 지역에는 허점이 생기고 구멍이 뚫어진 격으로 발전도 성장도 있을 수 없는 것이다. 그러므로 구역 조직은 교회의 성장 발전에 중대한 열쇠가 되는 것이다.

구역은 성도간에 서로 사랑을 나누는 교회의 기본 세포이다. 구역 조직은 성령의 은사를 나타내며 세포, 그물, 신경, 혈관과 같은 역할을 한다.

구역은 두세 사람으로 시작하고, 성장하면 자꾸 분할한다.

각 지역 책임은 교구는 교역자가 담당한다. 구역은 구역장이 맡는다. 구역전체의 심방은 권찰이 맡는다. 반(조)은 반장(조장)이 관리한다.

(4) 구역 조직의 중요성

1) 구역 조직은 성도간에 사랑을 나누는 기본 단위이다.
2) 구역 조직은 목회자의 목회 사역을 위임받은 기본 단위이다.
3) 구역 조직은 성령의 은사를 활용하여 서로 봉사할 수 있는 기본 조직이다.

(5) 구역 조직의 역할

1) 구역은 교회의 기본 조직체로서 세포 조직의 역할을 한다.

2) 구역은 교회의 전도를 위한 전초 기지로서 그물의 역할을 한다.
3) 구역은 교회의 의사 소통의 기능으로써 신경의 역할을 한다.
4) 구역은 교회의 생명 공급의 기능으로써 혈관의 역할을 한다.

(6) 구역 조직의 범위 임무

1) 구역 조직의 수적인 범위는 두 명에서부터 열두 명까지로 한다.
2) 구역 조직의 지역적인 범위는 행정 구역 단위로 조직한다.
3) 구역 조직의 기본 임무는 예배, 말씀, 교제, 전도이다.

(7) 구역장의 자격

1) 인격적인 면

① 온유하고 겸손한 성품을 가져야 한다.

누구를 만나든지 친절한 태도로 대해야 할 것이다.

② 말에 덕이 있어야 한다.

"유순한 대답은 분노를 쉬게 하여도 과격한 말은 노를 격동하느니라"(잠 15:1)고 했다.

③ 예절에 밝아야 한다.

신자든 불신자든, 신분이 높든 낮든, 연로한 분이나 연소자나 항상 예절 바르게 대해야 한다.

④ 고상한 품위를 가져야 한다.

다른 사람에게 얕보이거나 가치 없이 보여서는 안될 것이다. 바울 사도는 디모데를 향하여 "네 연소함을 업신여기지 못하게 하고 오직 말과 행실과 사랑과 믿음과 정절에 대하여 믿는 자에게 본이 되어"(딤전 5:12)라고 했다.

⑤ 화목형의 사람이어야 한다.

　화목을 깨뜨리는 사람은 교회를 망치는 사람이다. 성도들을 멀리 추방하는 사람이다. 그러므로 구역장은 언제나 어느 사람이나 서로 화목하도록 해야 한다.

⑥ 신임을 두텁게 받는 사람이라야 한다.

　사람들은 신용 없는 사람, 덕 없는 사람을 싫어한다. 그러므로 구역장은 한 번 말한 것은 꼭 그대로 지키고, 약속했으면 변함없이 실행하여 틀림없는 사람으로 신임을 받아야 한다.

2) 신앙적인 면
① 구역장은 신앙 생활을 누구보다도 열심히 해야 한다.
② 성경 말씀을 부지런히 상고하여 말씀을 많이 알아야 한다.
③ 뜨겁게 기도하는 사람이라야 한다.
④ 누구를 대하든지 전도하기를 힘쓰는 사람이어야 한다.
⑤ 교회 봉사에 모범적이며 충성해야 한다. 봉사적 지도자로 자기 위치를 지킬 뿐 아니라 구역 성도에게 봉사를 통한 즐거움을 맛볼 수 있도록 유도해야 한다. 봉사로 인한 신앙 향상도 가르쳐야 한다.
⑥ 성령이 충만함으로써 심령이 뜨겁고 믿음의 담력이 강해야 한다.

3) 생활적인 면
① 모든 일에 태만하지 말고 부지런해야 한다.
② 여러 가지 일을 세밀하게 관찰하고 적절히 봉사해야 한다.
③ 매사에 적극적이며 덕이 있게 받들고 수고를 아끼지 말아야 한다.

④ 주님의 영광을 위하여 또는 선한 일이 이루어지기 위하여 자기를 기쁨으로 희생하는 사람이어야 한다.

(8) 구역장의 자세에 따른 네 가지 「씨」

1) 마음씨

어머니와 같은 사랑의 마음씨로 대해야 한다. 똥 싸고 오줌 싸고 밤이면 칭얼거리는 자식을 계모가 못 기르는 것은 좋은 여자가 아니어서가 아니다. 친모와 계모의 차이란 본능적으로 사랑하는 마음의 차이에서 나타난다. 부모님은 사랑의 안경을 통하여 자식을 본다.

구역을 돌볼 때 이러한 사랑이 없다면 견디기 어려운 일이 많으리라 믿는다. 예수를 믿으려 하는 사람들은 대부분 영육간에 병든 사람들이 많다. 생활·환경·육신 등이 병들면 괜히 오해하며 조건을 걸어 시비하고 상대를 삐뚤어진 안목으로 보게 된다. 이들을 오직 예수 그리스도의 사랑으로 보살피고 바라보아 주어야 한다. 상한 갈대를 꺾지 아니하시고 꺼져가는 심지도 끄지 아니하시는 예수님의 큰 사랑을 잊지 말아야 한다.

이와 같은 주님의 사랑의 마음씨를 잊으면 구역의 양 무리를 이끌고 나갈 수 없다.

2) 말씨

마음씨가 아무리 좋아도 말씨가 사나우면 안된다. 사람은 말로써 상한 갈대와 같은 영혼을 꺾기도 하고 북돋아 주기도 한다. 말 한 마디로 천냥 빚을 갚는다는 속담은 정말 좋은 말이다. 또 등 뒤에서 타인을 비평하는 말은 대개 사람을 죽인다. 설사 그것이 옳은 비판이라 해도 삼가야 한다. 듣기 좋고 칭찬할 수 있는 아름다운 말씨만 쓰도록 노력해야 한다.

3) 맵시

이왕이면 맵시 있는 좋은 첫인상을 보이도록 해야 한다. 그것이 바로 좋은 맵시다. 좋은 인상은 오래도록 기억에 남게 된다. 그렇다고 구역장이나 권찰이 값비싼 옷으로 단장하라는 뜻은 아니다. 단정하고 깨끗하고 품위있게 몸가짐을 가지라는 것이다.

4) 솜씨

질서있고 정연한 솜씨는 누구나 좋아한다. 언동과 사물의 질서 정연한 솜씨는 보기에도 좋고 듣기에도 아름답다. 사람의 솜씨는 그 사람의 정신 상태를 나타내 보이는 것이다.

구역을 돌보는 일은 마음에서 우러나는 참된 언동으로 하되 과연 예수 믿는 사람은 마음씨가 곱고, 말씨가 아름답고, 맵시도 좋고, 솜씨도 가지런 하구나 하는 네 가지 씨로 인하여 만인에게 그리스도의 향기를 풍기는 소중한 기회가 되고 구역을 돌보는 데 귀중한 비결이 되기를 바라마지 않는다.

(9) 구역장의 사명과 책임

"내가 너희를 택하여 세웠나니 이는 너희로 가서 과실을 많이 맺게 하려는 데 있다"(요 15:16)고 했다.

첫째로 구역장은 구역을 잘 돌보고 이끌어 나가야 할 책임을 하나님께서 주셨다. 다시 말하면 구역장을 믿고 구역원을 전적으로 맡기셨음을 기억해야 한다.

이 놀라운 일은 감격스런 은총이면서도 한편으로는 무거운 책임이 따른다는 것을 명심해야 한다.

  1) 구역장의 염두사항
  ① 구역원이 예배에 출석하고 있는가?
  ② 영적으로 병든 자는 없는가?
  ③ 육신의 병으로 고생하고 있는 자는 없는가?
  ④ 이단 사설에 미혹이 되지는 않았는가?
  ⑤ 실망과 낙담치는 않았는가?
  ⑥ 혹 가정 불화는 없는가?
  ⑦ 근심에 싸인 가정은 없는가?
  ⑧ 사업의 실패로 실의에 빠진 가정은 없는가?
  ⑨ 핍박을 당하는 자는 없는가?
  ⑩ 가난으로 고생하는 형제는 없는가? 등 등.
  하나님께서는 결코 사람이 할 일까지 해 주시지는 않는다. 구역장이 할 일은 구역장이 해야 한다.
  둘째로 구역장은 구역을 성장시켜야 한다. 구역 성장에는 질적 성장과 양적 성장이 있다. 양적 성장을 위해서는 무엇보다도 전도에 힘써야 하고, 질적 성장을 위해서는 열심히 성경을 가르쳐야 한다.

  2) 구역장의 역할
  ① 유모의 역할을 해야 한다.
  많이 기도하고 말씀을 공부하고 읽어서 구역에 속한 모든 성도들을 깨우치고 가르치며 갓난아이를 돌보듯 자주 돌아보아 영적 사고나 그외 아무런 피해가 없도록 잘 길러야 할 것이다.
  ② 영적 간호사 역할을 해야 한다.

언제나 구역원 한 사람 한 사람의 신앙 상태와 그 생활을 살펴 상처나 아픈 곳을 치료해 주고, 강건한 영혼을 갖도록 신령한 것을 소개하고 공급해야 한다.

혹시 범죄하여 근심하는 자가 있으면 회개하는 길로 이끌어 고백하고 용서받도록 지도해야 한다.

③ 파수꾼의 역할을 해야 한다.

죄악의 세력과 세속의 풍습은 우리 성도들을 부패케 하고 타락케 하려고 역습한다. 그리고 이단과 신학적 불신앙 사조가 팽창해지는 세대이므로 믿음이 연약한 성도들은 미혹되기 쉽다. 그러므로 구역장은 자주 구역원 한 사람 한 사람을 자세히 돌아보고 살펴 악령의 세력에 휩쓸려 가지 않게 잘 지켜야 한다.

④ 길잡이(안내자)의 역할을 이행해야 한다.

교회 출석을 잘 하지 않는 구역원들을 잘 나오게 격려하고, 기도하는 사람이 되도록 지도하고, 영적으로 건전한 은혜의 체험을 갖도록 이끌어 주어야 한다.

그리고 성경 말씀을 매일매일 읽는 방법과 말씀에 대한 관심을 깊게 가져야 할 것을 가르쳐 준다. 또한 신앙 생활을 달리기 경주하듯 전력을 기울여 달려가는 모습으로 하도록 격려하면서 인도해 주어야 한다.

⑤ 상담자가 되어야 한다.

어린 교인들은 교역자 대하기를 매우 어려워 한다. 그렇기 때문에 간혹 어려운 문제를 혼자 가지고 고민하는 경우가 있다. 그러므로 구역장은 언제나 구역원과 건전한 대화를 할 수 있는 기회를 만들어야 한다. 그리하여 기탄없이 말할 수 있는 친밀한 분위기를 조성하며 우정을 가지고 대해야 한다.

⑥ 중재인의 역할을 해주어야 한다.

구역장은 구역 모든 성도들과 친절한 사이가 되어 구역원의 모든 사정과 형편을 잘 알고 잘 들어서 문제를 해결하도록 돕되, 자체 내에서 수습 또는 해결할 수 없을 때에는 담당 교역자에게 보고해야 한다.

담당 교역자는 보고를 받은 구역장과 함께 수습 해결할 수 없는 일이면 당회장에게 보고해서 교회적으로 기도하며 해결하도록 힘쓸 것이다.

(10) 구역 부흥의 방법

1) 전 구역원들이 모이기를 힘쓴다.

숯불이나 장작불도 해치면 꺼지고, 모으면 맹렬히 붙는 것처럼 구역 성도들이 함께 모이기를 힘쓰면 반드시 그 구역원들이 힘을 얻고 구역이 부흥될 것이다.

2) 예배를 은혜롭게 인도한다.

기도나 설교를 너무 길게 하면 모인 분들이 싫증을 느끼게 되어 흥미를 잃게 된다. 예배에 싫증이 나면 모이기를 싫어하게 된다.

기도는(교회적이거나 구역적인 문제) 3분 혹은 4분이면 적당하고, 설교는 15분에서 20분 정도면 좋을 것이다. 설교 후에는, 어려운 문제가 있을 때 이를 해결하기 위하여 합심으로 기도하는 시간을 가지면 좋을 것이다.

3) 개인의 특별한 소원을 위해 함께 기도한다.

심방할 때 특별히 알게 되었거나 신자의 입을 통해 알게 된 어려움이나 문제를 놓고 모든 구역원이 마음을 묶어 기도한다.

심정을 잘 파악한 기도자(구역장이나 권찰)가 "아무개가 이러한 이러한 어려운 일이 있으며……", "아무개 가정에 이러한 시험된 일이 생겼으니……", "언제 어디서 누가 어떠한 일로……" 등등의 구체적이고 실제적인 기도를 하게 되면 그 당사자들은 고마워서 감격할 것이다. 하나님은 이러한 구체적인 기도에 구체적이고 분명하게 응답해 주시는 것이다. 그러므로 기도할 때 언제나 분명한 제목으로 똑똑히 기도해야 함을 명심해야 될 것이다.

4) 서로 동정하고 사랑하기를 힘쓴다.
한 구역 성도들이 그리스도 안에서 친형제 이상 다정한 사이가 되어질 때 나누어지거나 서로 떨어지기 싫어할 것이다.
여기서 상부상조하고, 경사(慶事)나 상사(喪事) 때 전 구역원들이 함께 기뻐하며 함께 슬퍼하고, 도울 일을 돕게 됨으로써 큰 위로와 힘이 될 것이다.

5) 구령 운동을 한다.
아직 예수 믿지 않는 이웃의 구령 목표를 정하고 그 일을 위해 전 구역원이 힘 쓸 것이다.
모든 구역회원은 전도 책임량을 정한다(한달에 1명 혹은 2명씩). 그리고 자기가 전도하고자 하는 그 사람을 위하여 매일 기도한다.
각자 자기 전도 대상자를 친밀히 교제하며, 어려운 일에 협력하고 권유한다. 그래서 대상자를 구역예배 때 인도할 수 있도록 최선의 방안을 강구한다.

2. 심방 봉사

(1) 심방의 의미

심방이란 말은 무속 신앙에서 무당이 단골집을 방문하는 때에 사용된 말이기도 하다. 성경에는 단 한 곳에 나타나는데, 바울이 게바를 심방한 기록이 있다.

"그 후 3년 만에 내가 게바를 심방하고 예루살렘에 올라가서 저와 십오 일을 유할 새"(갈 1:18).

'심방하다'(ιστορεω)라는 말은 '질문하다, 조사하다, 질문이나 조사에 의해 알다, 배우다'라는 뜻이 있다.

그러므로 심방은 가정이나 개인을 방문해서 형편이나 문제점 등을 질문하거나 조사하여 아는 것이다. 더 나아가 해결책을 찾고 친숙하게 되어 얼굴을 면대하여 사귐을 갖게 하여 그리스도의 형상을 닮는 일을 돕는 일이다.

(2) 심방의 유익점

심방의 시범적 모범자는 예수님이다. 천상에서 지상의 성도를 방문하신 일, 즉 지상생활의 다양한 환경과 문제들로 고난당하는 자들을 방문하시어 문제를 해결하시고 가르치고 양육하신 데서 그 모범을 찾을 수 있다. 그러면 과연 심방에서 얻어지는 유익점이 무엇인지 찾아보자. 이 유익점은 심방자의 사명을 굳게 하는 데 필요하다.

1) 교인들의 실정을 파악할 수 있다.
2) 심방자와 피심방자 간에 좋은 교제가 된다.
3) 구체적 기도 제목을 얻게 된다.
4) 예배 불참 교인을 접촉하여 격려할 수 있는 기회가 주어진다.
5) 발생될 교회 문제를 사전에 방지할 수 있는 기회가 주어진다.
6) 목회 자료의 수집을 할 수 있다(목회자인 경우).
7) 성도의 가정과 개인을 도울 수 있는 기회가 주어진다.
8) 악령의 역사를 중단하거나 물리칠 수 있다.
9) 주님의 사랑을 실천할 수 있다.
10) 예수님의 형상을 닮는 기회가 된다.
11) 일대일의 교육과 상담의 기회가 된다.
12) 축복을 하여 심령의 평안과 친교가 무르익게 된다.

(3) 심방의 종류

심방은 성도들을 방문하여 위로와 교훈하는 것이다. 병자인 경우는 간호위문까지 포함하는 업무이다. 이 심방을 통해 무식한 자를 교육도 시키고 상을 당한 자를 위로하고 회개한 어린 심령을 선도하며 함께 기도하고 개인이 헤어날 수 없는 가난이나 어려움을 당한 자를 파악하여 대책을 세우는 것이다. 이제 심방의 종류를 알아보자.

1) 대심방(1년에 1-2차 봄, 가을로)
2) 구역심방
3) 유고심방
4) 환자심방

5) 직장심방(개업 등)
6) 특별심방(백일, 돌, 생일, 회갑 등)
7) 새 신자 등록 심방
8) 기도심방
9) 전화심방
10) 기타 특수심방(사명자 초청 목적)
11) 전도심방
12) 육심방
13) 문의심방(출석 잘하는 성도의 가정)
14) 확인심방(결석자에 대해 이유 확인)

(4) 심방시 유의할 일들

심방은 대인관계이므로 여러 가지 면에서 고려해야 할 일들이 있다. 아래 사실은 꼭 준수해야 한다. 어떤 때는 심방 후 시험드는 일도 있으므로 유의해야 한다.
1) 복장은 단정히 한다.
2) 인격자다운 몸가짐을 갖춘다.
3) 설교 중심은 금물이다.
4) 자기 주장은 피한다.
5) 자기 자랑을 하지 않는다.
6) 남의 험담은 절대 엄금이다.
7) 시간 낭비 또는 시간 약속 불이행을 하지 않는다.
8) 교만은 절대 안된다. 겸손한 자세로 한다.
9) 식사시간을 피한다.
10) 환자 심방시 슬픔, 실망의 표정을 금한다.
11) 세속적이고 육적인 것을 말하지 않는다.

12) 이겨도 져도 손해인 토론은 하지 않는다.
13) 직설적 책망과 권면 면책은 피한다(신중을 기해야 함).
14) 바쁜 집에 오래 있지 않는다.
15) 여성만 있는 집에 남자 심방은 삼간다.
16) 심방자 개인의 사정, 곤란한 이야기 등을 삼간다.
17) 구역 예배 후에 장사하지 않는다.
18) 구역원이나 교인끼리 계 조직하는 심방은 절대 하지 않는다.
19) 피심방 가정의 비밀을 누설하면 안된다.
20) 인사 때나 대화시는 정중하고 경어를 사용한다.
21) 대화는 조용하며 진지하고 온정적이게 한다.
22) 대접은 감사히 받되 감사와 칭찬의 예의를 잃지 않는다.
23) 심방예배는 그 가정에 맞게 간절히 드린다.
24) 어른들을 존경하고 자녀들의 좋은 점을 칭찬한다.
25) 피심방가정에서 다른 집 좋은 살림살이에 대해 이야기하지 않는다.
26) 어려운 사정의 보고는 철저히 한다.
27) 이간이 되는 말은 절대로 옮기지 않는다.
28) 고난과 재난에 대하여 선입 관념으로 정죄 또는 속단하지 않는다.
29) 믿음, 소망, 사랑이 보이게 한다.
30) 모든 심방이 피심방 가정에 유익이 되게 한다.
31) 주 안에서 성령의 은사로 행동한다.
32) 즐겁고 기쁜 방문이 되도록 한다.
33) 주님의 임재를 의식 동행한다.
34) 심방시 만나지 못했으면 흔적을 반드시 남기고, 다음에

다시 확인한다.

(5) 심방자들의 자세

모든 유의사항을 갖추고 구비하게 된 다음에는 아래와 같은 자세로 심방을 하고 주님을 영화롭게 해야 한다.

1) 목사의 자세 — 영혼을 사랑하는 자세, 주님이 동행하는 것을 믿는 자세

2) 동행자의 자세 — 안내의 자세, 예의를 갖춘 자세, 질서 있는 자세, 덕있고 화목한 대화의 자세

3) 심방 받는 가정의 자세(눅 9:48, 행 10:23-27) — 예수님을 영접하는 마음의 자세, 심방을 기다리며 기쁘고 환영하는 자세(마 25:31-46), 온 가족이 모이는 성의 있는 자세, 성령님의 은혜를 감사하는 자세이어야 한다.

(6) 심방할 때에 영접하고 대접한 가정에 대한 복

심방을 받는 가정이나 개인은 예수님을 영접하는 심정으로 한다(눅 9:48, 행 10:23-27). 푸대접하거나 어색하게 덤덤히 탐탁치 못하게 불쾌하게 영접하지 말고 기쁘게 순종해야 한다. 이렇게 될 때에 하나님께서 보상하신다(눅 10:7, 행 10:33).

1) 말씀 충만의 복이 열린다(암 8:11, 눅 10:38-42).
2) 죄가 되지 않고 의가 된다(마 25:45).
3) 그리스도를 영접한 것이 된다(마 25:31-46).
4) 그리스도를 대접한 것이 된다(마 25:31-46).
5) 물질의 축복이 온다(왕상 17:10-16).
6) 가정 생명의 축복 받는다(왕상 4:8-).
7) 하나님이 기뻐하신다(빌 4:18).

8) 순종의 은혜가 된다(고전 9:11).
9) 생명책에 기록된다(빌 4:3).
10) 축복의 문이 열린 성경의 실례적 사건
① 엘리사를 대접한 수넴 여인(왕하 4:8)
② 엘리아를 대접한 사렙다 과부(왕상 17:10)
③ 예수님을 영접한 마르다와 마리아(눅 10:38-42)

제8장
지도자로서의 청지기

화평케 하는 지도자는
하나님의 아들답다는 존경을 받는다.
그리고 모든 문제를 해결하기 위해
무릎으로 일한다.
주님의 약속을 바라보며 기도하는 지도자는
성공한다.

1. 훌륭한 지도자가 되는 비결

(1) 판정승으로 하지 말아야 한다.
상대방이 실수했을 때 K.O로 승리하지 말아야 한다.
상대방이 스스로 깨닫고 돌아설 때까지 기도하여 승리한다. 잘못된 때 치명타를 가하면 사람 잃고 패배하니 위로와 용기를 주어야 한다.

(2) 생활 수준을 높여야 한다.
애경사엔 인색하지 말고 최선의 기회를 삼아야 한다. 성도의 생활 향상을 기뻐해야 하고, 최선을 다하여 향상을 기도해야 한다.

(3) 마라톤으로 계획을 실행해야 한다.
지도자는 단거리 계획을 경계해야 한다. 꾸준한 인내로 장기적인 계획을 세워야 한다. 열심히 그리고 부지런히 앞만 보고 달려야 한다.

(4) 죽는 밀알이 되어야 한다.
지도자는 날마다 자신을 죽이는 생활을 해야 하며, 희생, 헌신, 봉사로 성도들의 밑거름이 되어야 한다. 30배, 60배, 100배의 성장적 결실을 하는 충성을 해야 한다.

(5) 주님 편에서 일하는 자가 되어야 한다.

하나님께 인정받는 충성을 해야 하며, 항상 하나님이 기뻐하시는 편에서 모든 일을 진행해야 한다. 또한 성경이 지지하는 바를 따르는 지도자가 되어야 한다.

(6) 사랑의 눈으로 해야 한다.

상대방을 살펴서 흠을 드러내려고 하지 말고 사랑으로 덮어 줘야 한다. 모든 사건과 문제는 사랑을 심는 밭과 기회로 보고, 사랑의 안경으로 오직 아름답고 귀하게만 보고 일해야 한다.

(7) 화평으로 해야 한다.

싸우면서 일하는 지도자는 백전 백패하고, 화평케 하는 지도자는 백전 백승한다. 화평케 하는 지도자는 하나님의 아들답다는 존경을 받는다.

(8) 어버이같이 해야 한다.

독불장군식으로 군림하려는 자세와 사장같이 외골수인 지도자는 주님의 도움을 받지 못한다. 매사에 시간만 메꾸려는 지도자는 실패하고, 부모의 심정으로 어버이의 희생으로 하는 지도자만이 성공한다.

(9) 사명감을 뺏기지 않고 보존해야 한다.

충성할 사명감을 사탄에게 침범당하지 말며, 충성의 사상, 신념, 권위를 잃지 않는다. 한 명의 회원도 잃지 않고 이끄는 지도자가 훌륭한 지도자이다.

(10) 뱀과 비둘기 같이 해야 한다.

뱀은 계절에 속지 않고, 장소에 속지 않으며, 상대에 속지 않는다. 넓은 길에 나오면 맞아 죽으니 제 갈길(좁은 길)로만 다닌다. 뱀은 기어다니나 뛰는 개구리와 나는 새를 잡아 먹는다.

이처럼 지도자는 겸손과 지혜가 있어야 자기보다 날고, 뛰는 자를 이끌어 지도할 수 있다.

비둘기는 눈에는 항상 눈물이 고여 있고(회개와 감사), 온순하다. 또한 기쁜 소식을 전해주고, 사랑과 화평을 상징하고, 순결하다.

(11) 덮어주고 드러내는 지도를 해야 한다.

사랑으로 허다한 죄를 덮어주고, 성도의 허물(실수, 고통, 불명예)을 덮어 줘야 한다. 또한 성도의 미담은 시기하지 않고 드러내어 함께 기뻐해야 한다.

(12) 상은 빨리 주고 벌은 늦게 주는 방법으로 해야 한다.

상은 속히 줄수록 효과적이고 벌은 더디 줄수록 효과적이다. 그러니 때를 잃지 말고 서두르지 말아야 한다.

(13) 한 가지만 생각하고 충성해야 한다.

청지기는 하나님 사업의 일꾼이다. 청지기는 세상 기업을 위해 세운 자가 아니다. 오로지 교회와 지도하는 기관의 부흥만 생각하고 미친 듯이 뛰어야 한다.

(14) 외유 내강으로 해야 한다.

양보는 사랑이고 복종은 순종이다. 청지기는 육적 이익을 지혜롭게 양보하되 청지기의 사명은 절대 양보하지 않아야 한다. 겉으로는 항상 부드럽고 속으로는 강한 의지가 있어야 한다.

(15) 형편에 매어서는 안된다.

자기 가정 일에 매여 충성 못하면 지도자의 지도력을 잃게 된다. 소외 당한 자를 찾아주는 지도자는 얻는 지도자이고, 약자와 낮은 자를 도와주는 지도자는 거두는 자이다.

(16) 무릎으로 해야 한다.

모든 문제를 해결하기 위해 기도하며, 주님 약속 실현을 위해 기도해야 한다. 또한 사랑과 헌신 봉사를 위해 기도하는 자가 되어야 한다.

(17) 영광을 돌리는 지도자가 되어야 한다.

모든 영광을 하나님께 돌리는 청지기는 영광 받는 자가 된다. 또한 돌아오는 칭찬을 주의 종과 교인에게 돌리는 지도자는 칭찬을 받게 된다. 그리고 모든 책임을 자기가 지고자 하는 자는 협력을 받게 된다.

(18) 평강의 지도자가 되어야 한다.

놀거나 다방에만 다니는 지도자는 외모 좋고 부러워 보이나 괴로운 자이다. 일하는 자는 업적이 남기 마련이다. 주님 뜻대로 하면 보상받는 평안한 지도자가 된다. 놀면 육적, 영적, 정신적으로 썩어 망신당하기 쉽다.

(19) 지위 명예를 돌같이 여겨야 한다.

높아지는 지도자는 낮아지게 된다(벧전 2:3, 마 11:29).

대접받고자 하는 자는 천대받게 되고(마 7:12), 살기 위한 지도자는 사망의 길로 가고, 죽고자 하는 자는 살게 된다(마 10:39, 16:25).

(20) 꿈과 집념으로 밀고 나가야 한다.

꿈은 미래적 예언적 소망적인 상세도이다. 집념을 포기하지 않는 저력과 원동력을 가지고 도전으로 실천하여 난관을 정복해야 한다.

2. 성공하는 지도자가 되는 비결

(1) 기회 포착을 잘해야 한다.

교회의 사활은 지도자의 손에 좌우된다. 성공은 한순간에 좌우될 수 있으므로 한순간의 기회도 놓쳐서는 안된다. 현재의 시간 속에 위대한 업적, 성공이 순간순간 흘러가니 기회 포착을 잘 해야 할 것이다(잠 15:23, 전 3:1).

(2) 교회 일에 전 교인을(회원) 참여시켜야 한다.

혼자 잘한다는 만능의 소리를 듣는 것보다 상대방에게 참여의 기회를 주어 신앙을 성장시키는 것이 좋다. 교인이나 회원에게 하나님의 축복 받는 기회가 되게 하고, 인재를 발굴하여 큰 일꾼이 되게 한다.

혼자 어렵게 하는 것보다 여럿이 협조하여 목적을 달성하고, 성공의 기쁨을 함께 나누면 더욱 친근해진다.

(3) 교회 및 기관조직을 강화해야 한다.

조직은 통일성이 있어야 한다. 통일된 목표를 향하여 함께 실천하고 모든 명칭 표어들로 통일되도록 신중을 기한다. 새조직은 전 조직을 보안시키는 방향으로 하되 전에 있던 조직을 붕괴시켜서는 안된다.

(4) 확신, 실천, 책임있는 지도를 해야 한다.

지도자는 어려운 고난이 많이 따른다. 어려울 때 지도자가 약하게 보이면 주님도 약한 분으로 여기게 되므로 지도자는 항상 확신과 담대함으로 나가야 한다

또한 지도자 및 행정가로서 좌절하지 말아야 한다. 큰집 살림을 하다 보면 그릇도 깰 수 있고, 계산 착오도 날 수 있고, 욕도 먹고 말도 듣게 된다. 교회일도 마찬가지이다. 그러므로 낙심과 좌절하지 말고 용기와 확신으로 인내하며 나가야 한다(고후 1:15, 롬 8:38).

실천력있는 지도를 해야 한다. 실천없이 말로만 하거나 계획만 거창하게 세우고 실행치 않으면 위선자와 거짓말장이가 되어 신임을 잃게 된다. 무능한 자로 낙인찍혀 하나님이 돕지 않는 자로 인정된다. 믿을 수 없는 인격자로 호칭되어 결국은 입만 살은 자로 인정받게 될 것이다.

책임있는 지도를 해야 한다. 아무리 자기 입장이 불리해도 타인에게 책임을 증가시키지 않는다. 모든 기관이나 교회의 문제는 자기 책임으로 알고, 교인이나 회원이 잘못된 것은 자기

가 잘못 지도한 때문으로 알아야 한다. 교인이 시험에 드는 것은 (회원) 보호의 책임을 다하지 못했기 때문이다. 또한 철저히 관리할 책임을 다하지 못했기에 탈선하거나 이단에게 넘어가는 줄 알고 회개해야 한다.

(5) 교회의 한 분야만이라도 전문적인 자가 돼야 한다.

자기의 소질이나 은사를 통하여 한 분야의 전문자가 되든지 한 분야에 오랫동안 충성한 경험과 지식으로 그 방면의 밝은 자가 돼야 한다.

(6) 슬기롭고 융통성있게 집행해야 한다(고전 4:7).

매사를 지혜롭고(고후 6:1, 약 1:5) 융통성있게 처리하고(잠 19:6), 언제나 받으려는 자세보다 주는 생활을 익혀야 한다.

만일 그렇지 않고 주는 데 인색한 지도자가 되면 회원도 인색해진다. 지도자가 손이 크고 대담하면 회원도 그렇게 된다. 또한 나그네(손님) 대접을 잘해야 된다.

(7) 상담을 잘하는 지도자의 요령

1) 성도나 회원들의 문제나 주변과 기관에서 일어나는 모든 문제는 주님 형상을 닮아가는 기회임을 말해주어 실망치 않게 한다.

2) 모든 불행은 자신만의 불행이 아님을 증거해 준다.

3) 고난당한 자에게는 교만하지 않고 겸손케 해주시는 유익이 있음을 강조한다.

4) 교회에 대한 불평불만은 교회에 관심과 사랑이 있다는 증거라고 받아들이고, 남의 이야기를 전하지 않는다.

5) 또한 상담할 때는 상대방의 심정이 후련해지도록 인내하며 들어줘야 한다.

6) 문제 해결은 주께서 해주신다는 약속 있는 말씀을 계시하여 주님께 간구하도록 한다.

7) 모든 교제는 교회에 봉사할 수 있는 기회, 초청의 기회로 삼고 믿음, 소망, 사랑을 불러일으켜 주어야 한다.

8) 관심과 인내 등에 대하여 칭찬을 아끼지 말고 비밀은 절대 지켜줄 것을 보장한다.

9) 오늘 만나게 된 것과 상담하게 된 것이 매우 유익되고 감사했다고 전한다. 서로 기도할 것을 약속한 후 진심으로 기도해 주고, 계속 기도와 협조를 부탁하고 헤어져야 한다.

3. 청지기의 충성과 상급

교회의 모든 신자는 청지기이다. 그 이유는 하나님께서 주셨기 때문이다(벧전 4:10-11, 창 1:28). 청지기직의 충성목표는 오직 하나님께 영광이다(고전 10:31).

교회의 모든 청지기는 감사한 마음으로 충성할 뿐이다(고전 4:1-2, 딤전 1:2).

(1) 교회 안의 청지기들의 종류

1) 구경꾼

교회에 관심이 없이 다니는 자이다. 교회의 조직에 속하지도 않고 자신의 신앙을 유지하는 것으로 만족하는 자가 구경꾼에 속한다.

2) 말썽꾼(요삼 9-10:디오드레베, 악한 말)
교회에서 문제를 일으키는 자이다. 이런 자들은 말로써 교역자에게 상처를 주고 일하는 자의 사기를 떨어뜨리며 남에게 상처만 준다.

3) 싸움꾼(민 16:1-3:31-33)
이런 자들은 서로 파당을 짓는 특징이 있다. 교회는 예수 안에서 '하나'이다.

4) 사기꾼
교인들에게 위선자로 나타났다가 정신적, 물질적인 손해를 입히고 슬그머니 사라진다.

5) 방해꾼
방해꾼은 자기는 못하면서도 남이 하려면 못하게 훼방을 놓는다. 어느 구역장 집사가 십일조를 바치지 않아 구역원들에게 덕이 되지 못했다. 그런데 초신자가 은혜 받고서 십일조 생활을 하려고 하니까 너무 서두르면 못쓴다고 만류를 했다고 한다. 자신도 실천하지 않을뿐 아니라 남도 하지 못하게 하는 방해꾼이 있다.

6) 일꾼(고전 4:1, 요삼 2-3, 잠 25:13)
자신의 맡은 일에 충성하는 자들이다. 이들은 자신의 몸, 시간, 물질, 정성을 다하여 맡은 일에 최선을 다하는 선한 청지기들이다.

(2) 청지기의 충성 구분
1) 악한 청지기(렘 47:10, 마 25:26)
주인(하나님)의 뜻을 외면하고 직무를 유기한 자이다. 또한 은사(재능)의 효율성을 낮춘 유명무실한 자로서 주인(하나님)에게 손해를 입힌 자이다. 악한 청지기는 있는 것까지도 빼앗긴다.

2) 선한 청지기(벧전 4:10, 마 25:21-23)
주인(하나님)의 뜻을 깨달은 지혜자이다. 자기의 직분을 최대한으로 감사히 여기며 바로 가서 장사를 해서 많은 이익을 남긴 자이다. 이들은 받은 은사로 최대의 효용가치를 나타낸다. 그리고 주인에게 충성심을 보여 주므로 주인의 인정을 받는다. 그러므로 금생의 축복과 영생의 약속을 받는다.
이와 같이 충성으로 악한 청지기와 선한 청지기가 규명되어진다. 우리는 전자에 속하는 자, 아니면 후자에 속하는가?

(3) 청지기의 상급
성경은 청지기들의 충성을 강조한 만큼 영광스러운 상급과 축복도 약속해 주셨다.
바울은 "상을 위하여 좇아가노라"고 빌립보서 3장 14절에서 말했고 "의의 면류관"을 얻을 확신을 가졌다(딤후 4:8).
모세 역시 세상의 부귀 영화를 저버리고 하나님께서 주신 사명에 하늘나라의 상급을 바라보고 충성하였다(히 11:26).
이렇게 성경의 곳곳에서는 충성하는 청지기에서 돌아갈 영광스러운 상급을 약속해 주셨다. 그리고 충성자들에게 현실적으로도 복을 주시고 계신다(마 25:20-25, 계 2:10, 14:13, 22:12).

1) 현세(현재)의 상급
  · 은혜와 평강을 얻는다(빌 1:1-2:4).
 은혜는 하나님께서 주시며 아울러 충성하는 자에게 마음의 기쁨과 평안을 주신다(요 14:27).
  · 위로를 주신다(고후 1:4-5, 사 66:13).
 어렵고 가난한 중에서도 충성한 것을 주님께서 기억하시고 계신다.
 "내가 너희와 친히 함께 하리라 내가 너를 도와 주리라"(사 41:10).
  · 아름다운 지위를 얻는다(딤전 3:13).
 평신도의 최고의 영예는 남자는 장로, 여자는 권사이다. 이미 이러한 직분맡은 자들은 천국의 24장로 반열에 들도록 충성하자.
  · 다시 흥하게 하신다(욥 22:23).
 하나님의 일을 태만히 하게 되면 정신적, 육체적, 물질적으로 어려움에 직면하는 경우가 있다. 그러나 충성할 때에 다시 흥하게 하신다.
  · 믿음의 담력을 얻는다(딤전 13:13).
 믿음으로 구원을 얻고 믿음으로 능력을 얻는다.
  · 병을 고쳐 주신다(사 38:1-9, 빌 2:25-27).
 충성하는 자에게는 하나님께서 건강도 주신다.
  · 기도의 응답을 주신다(요 14:14;15:15).
 기도는 천국 보고의 열쇠가 된다. 구하고, 찾고, 두드리자!

- 자녀에게 축복을 주신다(눅 1:13-16).
- 성령 충만한 은혜를 주신다(엡 5:18, 행 4:31).
- 본인과 자손의 일이 형통한다(시 37:25).
- 가정의 번영과 축복을 주신다(시 128:1-6).
- 교회를 통한 기쁨을 맛보게 한다(사 66:10-13).
- 형통하게 하신다(행 12:5-14, 16:24-26).
- 큰 기쁨을 얻게 하신다(행 8:4-8, 요 16:22).
- 교회의 부흥을 주신다(행 8:12-13).
- 자녀들의 신앙계승을 축복해 주신다(행 21:8, 딤후 1:3-5).
- 물질의 번영과 축복을 주신다(말 3:10).
- 자손의 번창을 주신다(시 115:12-15).
- 하나님께 영광이 된다(고후 9:13).
- 갑절로 받는다(마 25:23상, 욥 42:12).
- 주인의 즐거움에 참예하게 된다(마 25:23하).
- 주님 영접하는 영광을 받는다(마 25:21).
- 심는 대로 거두게 하신다(갈 6:7-9).
- 세상 끝날까지 보호를 받는다(마 28:20).

2) 내세(천국)의 상급
- 수고의 눈물을 씻겨주신다(계 7:17).
- 안식의 축복을 주신다(계 14:13).
- 수고를 기억하신다(고후 15:58).
- 별처럼 빛나게 하신다(단 12:3).
- 생명책에 이름을 기록해 주신다(눅 10:13).
- 천국에서 하나님께 영광의 찬송을 부르게 된다(계 4:7-11).
- 영생이 보장된다(막 10:29-30).

- 행한 대로 보상받는다(계 22:12).
- 생명의 면류관을 얻는다(계 2:10).
- 영광의 면류관을 얻는다(벧전 5:4).
- 의의 면류관을 얻는다(딤후 4:8).
- 썩지 않는 면류관을 얻는다(고전 9:25).

제9장
청지기가 알아야 할 기본 교리

청지기는 주님이 세우신 일꾼이다.
주님의 뜻을 깨닫고 행하기 위해서는
우선 바로 알아야 하는 것이다.
나태와 게으름, 무지는
하나님의 영광을 가릴 수도 있기 때문이다.

1. 인간의 죄란 무엇인가?

죄의 기원은 낙원에서의 아담과 하와의 시대로 거슬러 올라간다. 사탄이 뱀으로 가장하여 시험함으로 죄가 발생된 것이다. 선악과를 먹은 것은 하나님께서 명하신 것을 거역하고 인간이 자기의 뜻을 따라 행한 결과이다. 그러므로 그것은 불신앙이다. 자만심에서 하나님과 같아지려는 욕망으로 인하여 생긴 것이다.
〔연구할 성구〕
· 창 3:19, 요 8:44, 롬 5:12, 16:20, 23, 고후 11:3, 계 12:9

(1) 원죄

아담의 죄로 인하여 그의 죄가 우리에게 전가되었다. 그로 인하여 우리는 죄책을 가지며 심령이 부패하고 죄를 향하여 우리의 마음을 거절할 수 없는 상태가 된 것이다. 그러므로 인간은 본질상 전적으로 타락되었다.
〔연구할 성구〕
· 시 51:5, 사 48:8, 롬 5:12, 5:19, 고전 15:21-22, 렘 17:9, 롬 7:18, 8:5

(2) 본죄

본죄란 외적으로 나타나는 죄뿐 아니라 원죄로 인해 일어나는 의식적인 죄된 생각, 욕망, 결심 등을 말하는 것이다. 원죄로 인해 각양의 본죄가 나타나는데 교만, 질투, 증오, 사기, 도적, 살인, 간음 등 내적으로 외적으로 나타난다.

〔연구할 성구〕
· 마 5:22, 28, 5:19, 요일 3:4, 엡 2:3, 롬 1:29-31
  딤전 1:9-11, 골 3:5-8, 갈 5:19-21, 막 7:20-23

죄란 헬라어에서 '하말티아'(αμαρτια)로 과녁을 맞추지 못하고 빗나감으로 위반이란 의미이다. 히브리어 "하티아"(חטאה)는 방법을(습관적인 죄악) 말한다. 죄의 형벌, 범법자를 의미하며 불법을 말한다(crime). 교회 법을 어긴 행위는 불신으로 죄다. 도덕적으로 그릇된 것(sin)도 죄이다(창 4:7).

2. 하나님은 어떤 분이신가?

(1) 인간이 하나님을 완전히 알 수는 없다.

인간이 하나님에 대한 그 어떤 지식도 가질 수 없다는 말은 아니다. 인간은 하나님을 부분적으로나마 알 수 있는데 그것도 하나님이 나타내주신 계시에 의해서이다(마 11:27).

말하자면 하나님이 만드신 창조물과 그것을 섭리하시는 모양을 보고(일반계시) 하나님을 알 수 있다는 것이다. 구약에서와 같이 하나님께서 직접 나타나신 것과 그 기적들, 그리고 예수 그리스도의 오심과 그의 기적과 교훈, 무엇보다 하나님 자신이 직접 상관하여 기록하신 성경을 통해(특별계시) 인간은 하나님을 알 수 있는 것이다.

하나님은 우주에 한 분밖에 계시지 않기 때문에 하나님이라고 부른다. 하느님, 하늘님 등은 범신론적인 말이다. 하나님이란 말은 "전능하신 자, 능하신 자"라는 뜻이다. 출애굽기 3:14에 보면 하나님께서 자기 이름을 밝히실 때 "나는 스스로 있는 자"라고 하셨다. 하나님은 누구에게나 무엇에게 의존치 않고 계셔 왔고 계시고, 계실 것이다.

〔연구할 성구〕
· 일반 계시 ⇨ 시 8:1, 19:1, 2, 롬 1:19, 20, 2:14, 16
· 특별 계시 ⇨ 민 12:6-8, 요 5:39, 히 1:1, 벧후 1:21

1) 하나님은 영이시다.

하나님이 순수한 영이시다. 이 사실은 하나님은 어떤 종류의 육체를 가지셨거나 인간의 눈으로 볼 수 있는 분이 아니라는 것이다.

〔연구할 성구〕
· 요 4:24, 딤전 6:16, 눅 24:39

2) 하나님은 인격적이다.

하나님이 인격이신 고로 우리와 교제하시고, 우리가 의지할 수 있고, 우리 인간 생활 속에 들어와 인간의 어려움을 도우시는 것이다. 그러므로 하나님은 예수 그리스도 안에서 자신을 인격적인 존재인 지정의(知情意)로 이 땅에 나타나신 것이다.

〔연구할 성구〕
· 말 2:10, 요 14:9, 렘 10:10-16, 왕상 8:23-26

3) 하나님은 완전하시다.

하나님은 완전하신 참신이신 고로 피조물과 구별되신다. 그는 한계나 제한이 없으시다. 그 뿐 아니라, 도덕적 완전성과 영광스런 존엄으로 모든 피조물 위에 뛰어나신 분이시다.

〔연구할 성구〕

· 출 5:11, 시 147:5, 마 5:48

(2) 하나님이 가지신 것

1) 하나님의 독립성(獨立性;自存性)

인간과는 달리 자기 자신 외에 그 어떤 것에도 의존하지 않으신다는 것이다. 하나님은 그의 존재하심에 있어서 독립적이시며 그의 모든 덕과 행위에 있어서 독립적이시므로 모든 피조물 즉 우리들로 하여금 자신을 의존하도록 하신다.

〔연구할 성구〕

· 요 5:26, 시 33:11, 115:3, 사 40:18, 롬 11:33-36

2) 하나님의 불변성(不變性)

하나님은 언제나 오늘이나 그리고 영원토록 변하지 않으신다. 그의 목적과 약속에 있어서도 언제나 동일하신 분이시다.

〔연구할 성구〕

· 말 3:6, 히 6:17, 약 1:17, 민 23:19

3) 하나님의 무한성(無限性)

하나님은 제한을 받지 않으시는 분이다. 그의 지식, 지혜, 선, 사랑, 의, 거룩함에 있어서도 제한을 받지 않으시며 시간에서도, 장소에서도 제한을 받지 않으신다.

〔연구할 성구〕
· 욥 11:7-10, 시 90:2, 102:12, 27, 139:7, 145:3, 왕상 8:27, 렘 23:23-24

4) 하나님의 단일성
하나님은 영과 육으로 구분되는 분이 아니시므로 나누어지지 않는 분이시다.
〔연구할 성구〕
· 요 4:24, 딤전 1:17

(3) 하나님이 보편적으로 가지신 것

하나님의 보편적 속성(공유적 속성)은 인간에게서도 유사한 것을 찾아볼 수 있는 것이다. 그러나 인간에게 있는 것은 유한하며 하나님의 것은 무한하고 완전하다.

1) 하나님의 지식(知識)
하나님의 전지(全知)라고 하는 이 아심은 과거, 현재, 미래의 모든 것을 포함한다. 이러한 지식은 외부에서 얻으시는 것이 아니다. 스스로 소유하고 계신다. 그러므로 하나님은 사람의 생각과 모든 것의 되어질 일과 미생물의 그 결국에 이르기까지 아신다.
〔연구할 성구〕
· 왕상 8:29, 시 139:1-16, 사 46:10, 겔 11:5, 요 21:17

2) 하나님의 지혜(智慧)
하나님의 지혜는 최고의 가치 있는 목적을 스스로 정하시고 그 목적을 달성하시기 위해 최선의 방법을 택하심으로써 드러내신다.

그러므로 우리는 하나님께서 자신의 목적을 위해 하시는 모든 일들을 볼 때 오로지 감사와 감탄을 할 수밖에 없다.

〔연구할 성구〕
· 롬 11:33, 고전 2:7, 엡 1:6, 13, 14, 골 1:16, 시 104:24

3) 하나님의 선(善)

하나님은 그 자신이 선이시다. 즉, 완전히 거룩한 선이시다. 그의 선은 그의 지으신 인간을 비롯한 창조물에 대해 친절과 관대함으로 나타나는 완전한 선이다.

〔연구할 성구〕
· 시 36:6, 86:5, 118:29, 145:8, 9, 16, 마 5:45, 행 14:17

4) 하나님의 사랑(愛)

흔히 하나님은 사랑이시라고 하여 하나님이 가지신 것 중에 제일 중심적인 것으로 생각하기도 한다. 그러나 꼭 그렇게 차등을 둘 필요는 없지만 그 사랑으로 인해 우리에게 죄를 용서하시는 은혜를 주셨다. 또한 죄의 결과를 씻기려는 자비를 베푸시고, 우리가 죄의 길에서 방황할 때에라도 돌아오게 하심으로 관용하시는 것이다.

〔연구할 성구〕
· 은혜 ⇨ 엡 1:6, 7, 2:7-9, 딛 2:11
· 자비 ⇨ 눅 1:54, 72, 78, 롬 15:9, 9:16, 18

5) 하나님의 거룩하심(聖)

하나님의 거룩은 모든 피조물들과 절대적으로 구별되신다. 그러므로 하나님의 거룩하심 앞에 인간이 설 때 죄를 깨닫게 되는 것이다.
〔연구할 성구〕
· 출 15:11, 사 6:3, 57:15, 욥 34:10

6) 하나님의 의(義)
하나님의 의(義)란 자신의 거룩성에 위배되는 모든 것에 대해 나타나는 공의(公儀)로써 피조물을 의로 인도하시고 진노하시는 것을 말한다. 그러므로 자기 백성을 모든 불의로부터 보호하시고 구원해 내는 일로써 자신의 의를 나타내신다.
〔연구할 성구〕
· 시 99:4, 145:17, 사 33:22, 롬 1:32, 벧전 1:17

7) 하나님의 진실성(眞實性)
하나님께서 그의 계시에 있어서 참되시며 그의 백성과의 관계에 있어서 신실하셔서 약속을 이행하신다. 그러므로 우리가 절대적으로 의뢰할 수 있는 분이요, 그 약속을 믿고 따를만한 참 신이신 것이다.
〔연구할 성구〕
· 민 23:19, 고전 1:9, 딤후 2:13, 히 10:23

8) 하나님의 주권(主權)
하나님의 의지(意志)와 전능(全能)으로 나타내시는 주권은 절대적이시다. 그의 주권은 인간의 죄된 행위까지도 주권적 의지 작용에 달려 있는 것이다. 절대적 주권에 의해 지으신 인간의 얼마는 구원하시고 또 얼마는 버리시기도 하신다. 하나님은 못 하실 것이 없으신 분이신다. 다만 거짓말을 하실 수 없으시며, 죄를 지으실 수 없으시며, 자신을 부인하실 수 없으시다.

〔연구할 성구〕
· 엡 1:11, 계 4:11, 신 29:29, 욥 42:2, 눅 1:37, 민 23:19

(4) 아버지이신 하나님

예수님은 하나님을 아버지라고 부르고 있다(마 11:25, 막 14:36). 이것은 아들, 즉 자녀에 대하여 책임을 지고 의지와 계획을 갖고 계신 분이라는 뜻이다. 시편 68편 5절에는 '고아의 아버지'라고 했다.

아버지라는 표현은 사랑의 표현이다. 누가복음 15장에는 탕자(집을 나간 둘째 아들)가 재산을 다 탕진하고 돌아왔지만 사랑으로 용서해 주고 아들의 지위를 회복시켜 주셨다. 이와 같은 심정으로 하나님은 아들인 우리를 사랑하신다.

(5) 창조주 되신 하나님

창조하신 재료는 말씀과 흙으로 만드셨고 만물의 영장이 되게 하셨고 다른 피조물을 다스리는 주관권을 주셨다. 이것은 하나님께만 복종해 살도록 하신 것이다.

(6) 삼위일체의 하나님

아버지(하나님)께서는 섭리·계획·선택하신다. 그리고 아들(예수님)께서는 우리를 위해 십자가를 지시고 아버지의 계획대로 이행하시고, 성령께서는 우리를 인도·지도·보호하신다. 이 삼위를 우리는 한 하나님이라고 부른다. 창조하실 때부터 이

삼위의 하나님께서 함께 일하셨다.

성경에서 가르치는 것은 하나님은 본질상 한 분이시나 이 한 분 안에 성부, 성자, 성령이라 불리우는 삼위가 계신다고 말하고 있다. 삼위란 세 개의 다른 신이 합해진 것이 아니다. 세 가지 양상과 형태로 나타남이며 서로 각기 다른 형태를 유지하고 계신 것이다.

〔연구할 성구〕
· 구약의 증거 → 창 1:26, 11:7, 사 48:16, 61:1, 63:10
· 신약의 증거 → 마 28:19, 고후 13:13, 눅 3:21, 22, 고전 12:4-6, 벧전 1:2

(7) 하나님의 작정과 예정

1) 하나님의 작정

하나님의 작정이란 하나님께서 장차 발생할 모든 일들을 미리 정하시는 그의 영원하신 계획 혹은 영원하신 목적이라고 정의한다.

하나님의 작정은 그의 창조와 구속을 위한 모든 하시는 일에 적용되고 있으며, 모든 피조물의 행위까지도 포함되고 있지만 인간의 죄는 아니다. 다만 그것은 오히려 하나님의 허용된 작정이라고 말할 수 있는 것이다.

〔연구할 성구〕
· 엡 1:11, 시 33:11, 사 46:10

2) 하나님의 예정

하나님의 예정이란 도덕적인 피조물을 향한 하나님의 계획과 목적인 것이다. 즉 선한 사람과 악한 사람에 관한 것, 천사와 마귀, 그리고 그리스도까지 포함하고 있다.
〔연구할 성구〕
· 시 2:7, 엡 1:4, 5, 롬 11:5, 9:13, 9:18
① 택하심
선택이란 하나님께서 인류 중 얼마를 예수 그리스도 안에서 예수 그리스도로 말미암아 구원하려는 하나님의 영원한 목적으로써 이는 전적으로 하나님만이 갖는 권한이다.
〔연구할 성구〕
· 마 22:14, 롬 11:5, 엡 1:4, 신 18:5, 삼상 10:24
② 버리심(유기)
하나님께서 누구를 선택하셨다는 것은 자연 누구는 버리셨다는 것을 암시하고 있다. 일부만을 구원하신다는 말은 나머지는 버리시기로 하셨다는 것이다.
〔연구할 성구〕
· 마 11:25, 롬 9:13, 17, 18, 21, 22, 11:7-8, 벧후 2:9

3. 예수 그리스도에 대하여

(1) 출생

유대 땅 베들레헴에서 출생하셨다(눅 2:4, 아 5:2). 하나님이신 분이 마리아의 육신을 빌어 사람으로 출생하셨다.
성경 이사야 7:14에는 "처녀가 잉태하여 아들을 낳을 것이요, 그 이름을 임마누엘이라 하리라" 하였다. 인간의 보통 생육법에 의하여 출생된 것이 아니고 성령으로 된 것이라고 하셨다 (마 1:21). 그는 우리와 같은 죄가 없는 분이시다(히 4:15, 9:14, 벧전 2:22, 요일 3:5).

(2) 성장

예수님은 참 하나님이신 동시에 참 사람이시기 때문에 우리와 같은 생활을 하며 성장하였다. 자라며 강건하여지고, 지혜가 자라고, 문제를 물으며, 순종을 배우며, 시험을 당하시고, 수난을 통하여 완전에 달하셨다(눅 2:40, 46, 49, 52, 히 5:8, 2:10, 18). 피곤, 기갈, 수면, 사랑, 긍휼, 노하시고 우시고 민망히 여기시는 경험도 하셨다(마 4:2, 8:24, 9:36, 14:22, 막 3:5, 눅 22:44, 요 4:6, 11:35, 12:27, 15:11, 19:28, 30, 히 5:7). 그 뿐 아니라 성장하여서는 복음을 전파하며 제자들을 택하셔서 선지자의 사명을 행하셨다.

(3) 십자가와 부활

십자가의 형벌은 로마 제국의 최고형이었다. 하필 왜 이런 형틀에 죽으셨을요? 그리스도께서 한번 죄를 위하여 죽으사 의인으로 불의한 자를 대신하셨으니 이것은 우리를 하나님 앞으로 인도하기 위한 것이다(벧전 3:18).

부활은 예수님께서 십자가에 죽으셨다가 사흘 되던 날 새벽 미명에 사신 것이다(마 28:1, 요 20:1). 예수님께서 생명 자체이시니 자신이 부활하는 것은 어려운 일이 아니다(요 11:25-26).

(4) 재림

예수께서 세상 끝날에 세상의 선과 악의 심판주로 다시 오심을 말한다. 성경에는 재림의 비유에 대해서 언급하는 곳이 많이 있다. 열 처녀 비유(마 25:1-43), 양과 염소의 비유(마 25:31-46)에서 잘 보여준다. 그리고 재림 때와 형편에 대해서 마태복음 24장에서 말해주고 있다. 예수께서 재림하시게 되고 세상의 종말이 되면 성도는 영원한 천국에 들어가므로 이것을 기다리는 것이다.

(5) 그리스도

1) 하나님의 아들

그리스도는 하나님의 아들로서 삼위 중 제 2위이시며, 자신이 하나님이시며, 기름부음을 받은 메시야, 즉 자기 백성을 건지실 구세주이시며, 성령으로 나시었다.

〔연구할 성구〕

마 11:27, 24:36, 수 1:1, 히 4:8, 슥 3:1, 눅 1:35

2) 그리스도의 신성

그리스도께서 완전한 신이신 것은 성경에 명확히 증명되고 있는데도 이를 부인하는 무리들이 있음은 매우 위험한 일이다.

〔연구할 성구〕

· 구약의 증거 → 사 9:6, 렘 23:6, 미 5:2, 말 3:1

· 신약의 증거 → 마 11:27, 16:16, 26:63-64, 요 1:1, 18, 롬 9:5, 고전 2:8, 고후 5:10, 빌 2:6, 골 2:9 히 1:1-3

3) 그리스도의 인성

예수님의 인성은 신성만큼 문제시 되지 않으신다. 그는 종의 형체를 가지시고 이 땅에 오셨다. 그 스스로도 증거하시고 계신바, 우리와 같은 고통과 번민을 하셨다. 그러나 다만 우리와 같이 죄는 없으신 분이시다. 그의 인간 되심은 우리를 대신하여 고난을 받아 죽기 위해서였다.

〔연구할 성구〕

· 요 8:40, 행 2:22, 롬 5:15, 고전 15:21, 마 4:2, 8:24, 26:26, 38 눅 24:39, 히 2:14

(6) 그리스도의 속죄

속죄는 전적으로 하나님의 사랑에 의한 은혜로 그리스도를 대리자로 하여 이루어졌다. 그리스도는 죄 없으신 분으로 우리의 죄의 형벌을 짊어지시고 인간을 위해 영원한 구원을 이루셨던 것이다.

〔연구할 성구〕

· 구약의 희생 → 레 1:4, 4:20, 31, 35, 5:10, 16, 6:7
· 그리스도의 속죄사역 → 요 1:29, 히 9:28, 막 10:45, 갈 1:4, 벧전 3:18

4. 성령이란?

(1) 구약의 의미

성령은 히브리어로 '루아흐 엘로힘'(רוּחַ אֱלֹהִים)-하나님의 영(창 1:2, 41:38, 출 31:3, 35:31, 민 24:2), '루아흐 에호와'(רוּחַ יהוה)-여호와의 영(삼상 16:14, 사 3:10, 6:34, 11:29, 13:25, 14:6,

19, 15:14), '루아흐 고데쉬'(רוּחַ קֹדֶשׁ)-거룩한 영(성령, 시 51:11, 사 63:10, 11)이다. 한글판 개역에는 '주의 성신'이라 번역했다. '루히'(רוּחִי)-나의 영(창 6:3, 겔 36:27, 37:14, 39:29, 수 6:8) 혹은 '루하르'(רוּחַ)-영(민 27:18, 민 11:25-26)으로 각기 본래의 의미와 뜻이 있다.

특히 성령의 기본단어 '루아흐'(רוּחַ)란 히브리어 단어는 구약에서 378회나 사용된 바 의미는 크게 넷으로 구분되어 있다.[1]

첫째는 바람이다(창 8:1, 호 13:5, 출 10:13, 14:21, 잠 25:23, 슥 6:5). 둘째는 호흡, 바람, 콧김이다(욥 4:9, 출 15:8, 삼하 22:16, 욥 9:18, 시 104:29, 146:4). 셋째는 힘, 능력이다(삼상 16:14-16, 사 19:14). 넷째는 하나님의 영, 성령이다(창 1:2, 삼상 16:13-14, 사 19:14). 하나님의 영은 구약에서 다양하게 명시하였다.

구약에서의 성령 사역은 하나님의 신으로 창조 때에 이미 있었다(창 1:2, 욥 33:4). 또한 이스라엘 백성의 윤리적 삶을 주관하셨으며(시 51:10-12), 기술적인 재능을 주시기도 하였으며(출 28:3), 백성의 지도자들에게 능력을 주셨으며(민 11:17-25, 27:18-20, 삿 3:9-10, 삼상 10:6) 사람 구원에 역사하셨음이 나타나 있다(창 5:24, 6:9). 구약의 성령 역사는 특별한 경우는 아니고 잠정적으로 역사하심을 보게 된다.

즉 신약에서처럼 확신, 거듭난다는 직접적인 문자는 없으나 영적인 체험을 한 것으로 보아 구원 사역을 부정할 수 없다.

구약의 성도들도 성령을 통해 중생하고 신약의 성도들처럼 성령의 내주가 있었다.[2]

---

1) 정규남 "구약에 있어서의 성령사역" 「성령과 신학」 제 4권, 1990. p. 165~168.
2) 정규남, p.188~193.

(2) 신약의 의미

성령은 헬라어로 '프뉴마'(πνευμα)인데 이는 히브리어로 '루아흐'(רוח)에서 유추하여 헬라어 동사 프네오(πνεω), 즉 숨쉰다, 혹은 '불다'로부터 유래된 말이다. 신약의 성령은 하나님의 영, 주의 영, 아버지의 영, 그리스도의 영으로 묘사되고 있다.3)

성경에는 성령의 칭호가 다양하게 나타나 성령으로 206회, 성신으로 7회, 신으로 64회, 영으로 22회 나타나 있다.4)

성령이 여러 칭호로 나타난 곳을 살펴본다면 너희 아버지의 영(너희 아버지의 성령, 마 10:20). 그 아들의 영(갈 4:6), 예수의 영(그리스도의 영, 행 16:7, 롬 8:9, 빌 1:19, 벧전 1:11) 등이 있다.

신약에서 두드러진 성령은 중생의 주체자(요 3:3-5)로서 영적 생명을 주시며 중생된 신자가 하나님께 예배드리도록 역사해 주신다는 것이다(요 4:24).

예수께서는 성령의 성격을 말씀하실 때 보혜사로 말씀하셨으며(요 14:16), 진리의 영이라고 하셨다(요 14:17, 15:26, 16:13). 사도행전에서는 신자의 체험을 보여주고 있다(행 1:4, 5, 8, 2:1-3). 바울 서신에는 성령을 받지 않고서는 그리스도의 사람이 될 수 없다고 하였으며(갈 3:2), 그리스도의 영을 가짐은 그리스도께 속한 자라고 말하고 있다(롬 8:9).

청지기의 생활은 성령을 좇아 행하는 생활로써(갈 5:16), 신자의 몸은 성령의 전이라고 말하고 있다(고전 3:16). 성령은 청지기들에게 은사를 베풀어 주시고 계신 것으로써 성령의 역사를 말해주고 있다.

---

3) 기독교 대백과사전 「성령」 기독교 교문사, 1983, p.1300.
4) 원세호, 성경조직신학, 국제신학연구소, 1990. p.299.

이와 같이 신약의 성령은 구약에서보다는 확실하게 역사하심을 보여주고 계심이 두드러지고 있다.

(3) 성령은 누구이신가?

성령은 삼위일체 하나님의 제3위이시다. 성부와 성자로부터 보내심을 받지만 그의 권능과 영광은 같다. 그는 인격을 가지신 분으로 지정의(知情意)를 지니셨다. 그래서 말씀하시고 인도하시고 명령하시고 사랑하신다. 그러므로 하나님으로부터 나온 어떤 힘이나 능력이 아니다. 그 분도 성부와 성자와 함께 모든 사람들로부터 영원토록 믿고 사랑하고 복종하여 예배를 받으신다. 그리고 하나님의 영, 그리스도의 영이며, 영적으로 보시고 감화하신다.

〔연구할 성구〕

· 롬 8:5-11, 26, 고전 2:10, 12:11, 엡 4:30, 계 2:7, 요 14:26, 15:26, 16:13, 행 13:2, 딤전 3:16

(4) 성령의 하시는 일

성령은 성부와 성자와 함께 천지와 만물과 생명을 창조하시고 하나님의 말씀을 인간을 통해 기록하셨다.

복음 전파를 준비하시고 감화를 주셔서 받아들이게 하신다. 변화를 받게 하시며, 죄를 발견케 하시며, 참회하도록 마음을 움직이신다. 또한 믿음으로 예수 그리스도를 영접하게 하신다. 신자들을 그리스도와 결합되게 하시어 위로하시며, 도와주셔서 성화되도록 하신다.

〔연구할 성구〕

· 창 1:2, 2:7, 욥 26:13, 딤후 3:16, 벧후 1:21, 요 3:6, 6:63, 14:16-17, 15:26, 16:13, 고전 12:3, 행 5:32, 롬 8:9, 16, 26-27, 딛 3:5, 엡 3:16, 롬 8:11, 고후 3:6

1) 죄를 깨닫게 하고 회개하게 하신다.
2) 마음을 거룩하고 새롭게 하여 변화시키고 새사람 되게 하신다.
3) 구원의 진리를 깨닫게 하고 믿게 하신다.
4) 기쁨과 평안과 소망을 주신다.
5) 불의의 세력과 싸워 승리할 수 있는 지혜와 힘을 주신다.
6) 일할 수 있는 열심과 능력을 주신다.
7) 마음에 임재하여 지키시고 동거하신다.

(5) 성령님을 모신 증거

1) 자신이 죄인임을 깨닫게 된다.
2) 예수님을 구속주로 믿게 된다.
3) 하나님을 아버지라 부르게 된다.
4) 성경에 기록된 진리를 깨닫게 된다.
5) 마음 가운데 평안과 감사함으로 기쁨이 넘치게 된다.
6) 마음은 은사를 받게 된다.
7) 열매를 맺게 된다(사랑, 희락, 화평, 인내, 자비, 양선, 충성, 온유, 절제).

(6) 성령 충만을 받는 비결

기도생활을 힘써야 된다. 또한 성경말씀을 듣고 배워야 한다.

5. 성경에 대하여

(1) 성경의 뜻

성경은 하나님의 말씀을 기록한 책이다(요 10:35). 또한 그리스도를 통한 영생을 알리는 책이요(요 5:39), 성령의 감동으로 기록한 인생구원의 책이다(딤후 3:16, 벧후 1:21).

성경은 하나님이 인간을 어떻게 구원하실 것을 미리 예정하시고, 자기의 뜻을 사람의 마음을 감동시켜 기록하게 하였다. 그러므로 인간의 말이 아니고 하나님의 말씀이다. 성경은 1,600여년 동안에 걸쳐(구약 1,500년, 신약 100년) 약 40여명의 사람들의 손을 통해 기록되었다.

그들은 농부, 목자, 음악가, 세리, 의사, 왕 등 여러 종류의 사람들이었다. 그러나 이렇게 오랫동안 여러 사람들의 손으로 기록되었으나 일관성있게 완전히 한 목적을 위해 기록되었다. 그 중심은 예수 그리스도이시다. 이 그리스도의 오실 것을 예언한 부분을 구약 성경이라 하고, 그 예언이 이루어진 부분을 신약 성경이라 한다. 그래서 역사의 중심은 예수 그리스도이다. 그가 오시기 전을 기원전, 그가 오신 후를 기원후라고 한다. 오늘 전 세계가 이것으로 역사의 연대를 구분하고 있다.

(2) 구약과 신약

구약 성경은 기원전 1,500여 년 동안 히브리말(지금 이스라엘)로 기록된 것으로 모두 39권의 책이다. 이 구약에는 하나님이 우주를 창조하신 것과, 인간이 타락한 것, 그 타락한 인간을 구원하기 위한 준비로써 하나님의 언약이 기록되었다. 그 언약으로서 구세주 예수 그리스도가 이 땅 위에 오실 것까지 기록하였다.

한편 신약 성경은 기원후 100여 년 동안 헬라(지금 그리이스)말로 기록된 것으로 모두 27권의 책이다. 신약은 하나님의 아들 예수 그리스도가 이 세상에 와서 인간으로 나시고 33년간 이 세상에 살아 계시면서 하나님 나라의 소식(복음)을 전파하다 십자가를 대속물로 죽으시고 부활하여 다시 승천하신 것과 대신 보혜사 성령을 보내어 제자들을 통해 지상의 교회가 설립되어 땅끝까지 복음의 증인이 되어 가는 것과 최후로 심판의 주로 다시 이 세상에 오실 것을 기록하였다.

신·구약 성경의 중심되는 말이 있다면 "하나님이 세상을 이처럼 사랑하사 독생자를 주셨으니 이는 누구든지 저를 믿는 자마다 멸망치 않고 영생을 얻게 하려 하심이니라"는 말씀이다(요 3:16).

(3) 성경을 주신 근본 목적

1) 영혼의 양식으로 인생을 바르게 살도록 하기 위함이다(딤후 3:17).

2) 모든 사람이 죄인인 것을 깨닫게 하기 위함이다(갈 3:22).

3) 예수 그리스도를 믿음으로 생명을 얻게 하기 위함이다(요 30:31).

(4) 성경을 읽어야 할 이유

1) 마음이 평안케 된다(시 85:5-8).
2) 죄짓기 않게 된다(시 119:11).
3) 기도의 능력을 얻는다(요 15:7).
4) 거짓교훈에 속지 않게 된다(딤후 3:13-15).

(5) 성경을 읽을 시기

1) 질병과 고통을 당할 때이다(시 91:).
2) 악의 유혹을 받았을 때이다(시 139:).
3) 모든 일이 잘못되어 갈 때이다(딤후 3:, 롬 8:27-28).
4) 사업에 실패하였을 때이다(시 37:).
5) 낙망이 될 때이다(시 23:).
6) 믿음에 대한 확실한 증거를 얻고자 할 때이다.
7) 지혜있는 사람이 되고자 할 때이다(시 119:130, 잠 1:1).

(6) 성경을 아는 7가지 방법

1) 성경 말씀을 자주 들어야 한다(눅 11:28, 롬 10:17).
2) 성경 말씀을 자주 읽어야 한다(신 11:19, 계 1:3).
3) 성경 말씀을 자주 배워야 한다(딤후 3:14, 행 17:11).
4) 성경 말씀을 자주 상고해야 한다(잠 2:, 딤후 2:15).
5) 성경 말씀을 자주 외워야 한다(신 11:18, 잠 7:3, 골 3:16).
6) 성경 말씀을 자주 묵상해야 한다(시 1:1, 119:15).
7) 성경 말씀을 자주 겸손히 받아들여야 한다(약 1:21).

(7) 성경에 대한 명언

"나는 성경을 하나님께서 인간에게 주신 가장 큰 선물이라고

믿는다. 구세주의 모든 선한 것은 이 책을 통하여 우리에게 전달된다." — 아브라함 링컨

"하나님과 성경을 모르고 바른 정치를 한다는 것은 불가능하다." — 죠오지 와싱턴

"성경은 단순한 책이 아니다. 반대하는 모든 것을 정복하는 능력을 가진 생명체이다." — 나폴레옹

"성경은 지금까지 인쇄된 다른 모든 책을 합한 것과 같은 가치가 있다." — 패트릭 헨리

성경은 인간에게 가장 큰 이익이 된다. 그러므로 그 이익을 감소시키고자 하는 것은 범죄하는 것이다.

(8) 성경의 개관

1) 책수:구약 39권 + 신약 27권 = 66권
2) 장수:구약 929장 + 신약 260장 = 1,189장
3) 절수:구약 23,214절 + 신약 7,959절 = 31,173절
4) 글자수:구약 2,728,110자 + 신약 838,380자 = 3,566,490자
5) 말씀수:구약 592,439자 + 신약 181,253자 = 773,692자
6) 기록인:구약 28명 + 신약 8명 = 36명
7) 쓴 기간:구약 1,500년 + 신약 100년 = 1,600년 동안
8) 쓴 뜻:구약-예언(창 3:15-), 신약-성취(요 3:16-)
9) 한가운데 장:신·구약전서를 통하여서는 시편 117장
  구약-욥기, 시편 29장, 신약-260장이므로 한가운데를 들 수 없음.
10) 한가운데 책:신·구약전서에는 짝수 66권이므로 없음
  구약-잠언, 신약-데살로니가후서
11) 한가운데 장:시 118:18

　　　　　　　　구약-역대하 20:17, 신약-사도행전 17:17
　12) 가장 긴 책:시편, 구약-시편, 신약-사도행전
　13) 가장 짧은 책:요한 2서, 구약-오바댜, 신약-요한 2서
　14) 가장 긴 장:시편 119편, 구약-시편 119편, 신약-마태복음 26장
　15) 가장 짧은 장:시편 117편, 구약-시편 117편, 신약-요한계시록 15장
　16) 가장 긴 절:전도서 9:2, 구약-전도서 9:2, 신약-고린도후서 12:20
　17) 가장 짧은 절:출 20:13-14, 구약-출 20:13-14, 신약-데살로니가전서 5:16

(9) 성경의 분류
1) 구약
① 율법서:창, 출, 레, 민, 신(5권)
② 역사서:수, 삿, 룻, 삼상·하, 왕상·하, 대상·하, 스, 느(12권)
③ 시가서:욥, 시, 잠, 전, 아(5권)
④ 예언서:대선지서-사, 렘, 애, 겔, 단(5권)
　　　　　소선지서-호, 엘, 암, 욥, 욘, 미, 나, 합, 습, 학, 슥, 말(12권)

2) 신약
① 복음서:마, 막, 눅, 요(4권)
② 역사서:행(1권)
③ 서신서:롬, 고전·후, 갈, 엡, 빌, 골, 살전·후, 딤전·후,

딛, 몬, 히, 약, 벧전·후, 요일·이·삼, 유(21권)
③ 예언서:계(1권)

(10) 성경이 하는 일

1) 영생을 얻게 한다.
"너희가 성경에서 영생을 얻을 줄 생각하고 성경을 상고하거니와 이 성경이 곧 내게 대하여 증거하는 것이로다"(요 3:59). 영생을 얻게 하고 예수님을 소개해 주는 책이다.

2) 복을 준다.
"이 예언의 말씀에 읽는 자와 듣는 자들과 그 가운데 기록한 것을 지키는 자들이 복이 있나니"(계 1:3). 말씀을 읽고, 듣고, 지키는 사람에게 복 주시는 일이다.

3) 믿음을 준다.
"그러므로 믿음은 들음에서 나며 들음은 그리스도의 말씀으로 말미암았느니라"(롬 10:17). 믿음이 생기게 하는 일이다.

4) 교훈, 책망, 바르게 함과 의로 교육한다(딤후 3:16).

(11) 성경을 찾아보는 법

먼저 성경의 목차를 익혀야 한다. 성경을 맨 처음에 보면 목차가 나오는데 그 목차의 순서대로 기록되어 있다. 예를 들면
구약에서 창세기, 출애굽기, 레위기 등 이런 순서로 되어 있다. 처음에는 생소하나 차차 익숙해지면, 시편이 성경 어느 정

도에 기록되어 있겠다 하는 것을 즉시 생각해 낼 수 있다.

성경 목차를 익힐 때 함께 알아야 할 것은 각 책이름의 약자들이다. 마태복음은 '마'로, 창세기는 '창'으로, 마가복음은 '막'으로 약자를 표시한다. 이것도 차차 익숙해지면 곧 알게 된다. 그리고 주보에나 다른 곳에 창세기 3장 15절에서 21절까지라 할 때 간단히 '창 3:15-21'이라고 표시한다. 또 누가복음 15장 1절이라면 '눅 15:1'이라고 쓰기도 한다.

그러므로 우선 성경 전체의 목차를 기억해야 하겠다. 노래곡조를 붙여 이 목차를 암기하는 법도 좋은 방법중의 하나이다. 믿은 지 오래된 사람 중에 아직도 하박국이 어디에 붙어 있는지, 디도서가 신약에 있는지 구약에 있는지 허둥대지는 않는가? 이런 식이라면 그 믿음은 성장하지 못했다고 볼 수밖에 없다.

(12) 기억해 두어야 할 성경 구절

1) 요한복음 3:16
"하나님이 세상을 이처럼 사랑하사 독생자를 주셨으니 이는 누구든지 저를 믿는 자마다 멸망치 않고 영생을 얻게 하려 하심이니라."

2) 마태복음 11:28
"수고하고 무거운 짐진 자들아 다 내게로 오라 내가 너희를 쉬게 하리라."

3) 요한복음 5:24
"내가 진실로 진실로 너희에게 이르노니 내 말을 듣고 또 나

보내신 이를 믿는 자는 영생을 얻었고, 심판에 이르지 아니하나니 사망에서 생명으로 옮겼느니라."

4) 창세기 1:1
"태초에 하나님이 천지를 창조하시니라."

5) 히브리서 11:1
"믿음은 바라는 것들이 실상이요 보지 못하는 것들이 증거니 선진들이 이로써 증거를 얻었느니라."

이상의 구절들은 예수 믿는 사람이라면 최소한 다 기억해 두어야 한다. 그밖에 아래 구절들은 모두가 우리의 신앙생활을 복돋아주고, 영향을 주는 귀한 구절들이므로 참고하며 기억하길 바란다.

(13) 신앙생활에 도움되는 말씀들

1) 어려움을 당할 때:시편 50:15
2) 외롭고 고독할 때:요한복음 14:16-18
3) 믿어지지 않을 때:시편 121편, 요한복음 20:24-29
4) 기도에 힘이 없을 때:누가복음 11:5-13
5) 가족이 세상을 떠났을 때:요한복음 14:1-6
6) 사업에 실패했을 때:고린도후서 5:1-10, 로마서 8:28, 잠언 19:21
7) 잘못된 일이 없이 고통을 당할 때:요한복음 15:18, 16:4
8) 살고 싶은 생각이 없을 때:로마서 14:7-9
9) 가족이 다 믿지 않을 때:사도행전 16:31-34

10) 화가 날 때:야고보서 1:19, 20
11) 감사한 일이 생겼을 때:골로새서 3:15-17, 누가복음 17:11-19
12) 병이 났을 때:야고보서 5:14-16, 고후 12:7-9, 마태복음 8:14-17
13) 결혼할 때:마태복음 19:4-6
14) 생일 당했을 때:(어린이)에베소서 6:1-3, (어른) 시편 23:1-6
15) 회갑 당했을 때:시편 90:1-2
16) 이사갔을 때:시편 119:54, 마태복음 7:24-27
17) 사업을 시작할 때:시편 125:1-5
18) 멀리 떠나갈 때:창세기 28:10-22
19) 부부 사이가 원만하지 못할 때:고린도전서 13:1-8
20) 먼저 간 이들을 추모할 때:요한계시록 7:9-17

6. 율법이란 무엇인가?

(1) 율법(律法:law)이란

좁은 의미에서는 모세의 십계명이고 넓은 의미로는 모세의 오경인 창세기·출애굽기·레위기·민수기·신명기에 기록된 법규이다.

〔연구할 성구〕

· 요 10:34, 12:24, 15:25

율법을 세우신 이는 하나님이다(사 33:22). 그리고 율법은 복음의 예표가 된다(히 10:1, 2).

(2) 율법의 목적

1) "그러므로 율법의 행위로 그의 앞에 의롭다 하심을 얻을 육체가 없나니 율법으로는 죄를 깨달음이니라"(롬 3:20).

2) "이같이 율법이 우리를 그리스도에게로 인도하는 몽학선생이 되어 우리로 하여금 믿음으로 말미암아 의롭다 함을 얻게 하려 함이니라"(갈 3:24).

3) 죄를 깨닫게 하기 위함이다(딤전 1:9).

율법은 불완전하다. 그러므로 율법으로는 구원을 받을 수 없다(롬 3:19, 8:3, 갈 2:19, 엡 2:15, 히 7:19).

(3) 그리스도와 율법

그리스도께서 율법을 완전케 하셨다(마 5:17, 롬 10:3, 4). 율법은 모세로 말미암아 온 것이고, 은혜와 진리는 그리스도로 말미암아 온 것이다(요 1:17).

그리스도에 대해 율법과 예언서와 시편에 기록되어 있다.

우리는 율법의 행위가 아니라 믿음으로 의롭게 되는 것이다(갈 2:16). 믿음은 오히려 율법을 굳게 세운다(롬 3:31).

남을 사랑하는 자는 율법을 다 이룬 것이다(롬 13:8, 엡 2:15). 그리스도께서 율법의 저주에서 우리를 속량하신다(갈 3:13). 성령의 인도를 받는 자는 율법으로부터 자유함을 얻는다(갈 5:18).

7. 교회란 무엇인가?

(1) 교회의 뜻
성경에 나타난 교회의 의미는 무엇인지 살펴보자.

1) 부르심을 받아 성도가 된 자의 모임(고전 1:2)
2) 하나님께 예배드리기 위해 모이는 단체(행 24:11)
3) 만민이 기도하는 집(막 11:17, 사 56:7)
4) 예수님의 몸(엡 1:23, 골 1:18)
5) 교회의 머리는 그리스도(엡 1:23, 5:23)

교회란 예수 그리스도를 자신의 생명의 구주로 믿는 사람들이 예배와 신앙교육과 신앙적 교제와 전도, 봉사를 위하여 모인 단체이다. 건물은 "예배당"이라 하고, 신성한 곳이므로 '성전'이라고도 한다.

넓은 의미에서 성경의 원리대로 모이는 모든 교회는 하나이나 그 범위가 크므로 지역이나 특성에 따라 " 교회"라고 이름을 붙인다.

(2) 교파란
교회는 다 같은 줄로 알았는데 성결교, 장로교, 감리교, 침례교 등 여러 가지 다른 이름들로 불리워지게 되는 것을 보게 된다. 이것은 제각기 믿는 바 도리의 강조점을 주장하다가 생긴 결과이다. 한 핏줄로 태어난 쌍둥이도 성격이 서로 다르듯이 교회의 특성이 서로 다른 것을 이해해야 한다. 그리고 이를 '교파'라 한다. 그러나 성경의 기본 진리에서 벗어난 것을 주장하는 모임은 '이단' 또는 '사이비 집단'이므로 주의해야 한다.

(3) 교회의 시작

예수님을 구주로 신앙 고백하는 자들의 모임으로 시작되었다(마 16:16-18). 주님의 이름으로 모여 기도하고(행 1:13-14), 하나님의 성령이 강림하시므로 시작된 것이다(행 2:1-4).

보통 처음 교회를 이름대로 초대교회라 한다. 예수 그리스도께서 죽었다가(십자가에) 다시 살아난(부활) 후에 40일을 이 세상에 계시며 자기를 따르던 제자들에게 특별한 약속 하나를 했다. 그 약속이란 내가 간 후에(하늘로 승천한 후) "너희가 예루살렘(이스라엘 나라의 수도)을 떠나지 말고 내대신 보내줄 성령을 기다리라"는 것이었다. 그리고 또 "이 성령이 너희에게 오면 너희가 다 권능(힘)을 받아 이 세상에서 내 증인들이 되리라"고 했다.

제자들은 이 약속대로 한 곳에 모여 예수 그리스도께서 보내주마 한 성령을 기다리며 열심히 기도하였다. 그랬더니 하늘로 올라가신 지 10일 되는 날(부활 후에 50일만에) 온 방 안에 모여 있던 제자들 위에 성령이 임했다. 이상하게도 저들 마음이 뜨거워졌고 힘이 생기게 되었다. 조금도 죽음이나 박해가 두렵지가 않았다. 그래서 저들은 나가서 예수를 전파하게 되었다. 많은 박해를 당하고 또 죽임을 당했으나 오늘날까지도 예수를 증거하는 제단들은 날로 많아지게 되었다. 여기 모였던 곳이

이 곧 교회의 시작이 되었고 당시 모였던 120명이 초대교회의 교인들이라고 할 수 있다.

(4) 교회의 일원이 되려면

어떠한 마음의 동기에서든지 교회에 나갈 마음이 생기게 된 것은 벌써 하나님께서 우리를 사랑하시어 선택해 주셨다는 증거이다. 세상에는 기적이 있다고들 말하지만 예수 믿게 된 것 같은 큰 기적은 없다. 그렇게 교회를 비난하고 비평하고 "예수쟁이"라고 놀려대던 그 사람이 변하여 교회에 나가게 되었다니 참으로 기적 중에도 큰 기적일 수밖에 없다. 반면에 평생토록 마음 문을 닫고 교회라 하면 이유도 없이 반대하는 사람도 있다. 그러나 그도 하나님께서 성령으로 그 마음을 감동시키면 교인이 된다. 그러므로 주저하지 말고 용기있게 마음을 작정하고 등록해야 한다.

교회에 나가면 뒤에서 안내하는 이들이 있다. 그렇지 않으면 옆자리에 앉은 분에게 뜻을 말하여 등록 용지를 얻어 이름과 주소를 써서 안내원에게 주면 된다. 그러면 목사는 예배 중에 새로 등록한 교우를 소개하는 순서를 갖는다. 그때 새 신자가 써낸 카드에 의하여 새로 온 신자들의 명부에 기록이 되고 또 목사는 그 주간에 그 가정을 방문한다. 그래서 모든 가정생활과 기타 가족들에 관하여 알게 될 것이고, 그 가정을 위해 예배드린다. 그런 후에 새 신자는 비로소 교회의 일원이 되는 것이다.

이렇게 등록을 마친 후 약 6개월간 예배에 빠짐없이 참석하면 학습문답을 할 수 있고, 학습 문답 후 또 6개월 간 잘 신앙생활을 하면 세례문답을 할 수 있게 된다. 이 세례문답에 합격하면 세례를 받고 완전한 교인이 된다. 이때부터 교회 직분을 받을 수 있는 자격을 갖추게 된다.

(5) 교회의 직분과 조직

한 사람 이상 모이면 단체가 되고 단체가 되면 그 단체를 이끌어 갈 조직과 직분이 필요하게 된다. 교회도 예외일 수는 없다. 그러나 교회의 직분은 사회의 그것과 같이 무슨 계급을 말하는 것보다 제각기 머리되신 예수 그리스도께 속한 지체들로서의 직분이요 조직이다.

이것은 예수 그리스도께서 친히 비유로 말씀했듯이 하나의 포도나무와 같다. 농부는 하나님이요, 포도나무는 예수 그리스도요, 우리들은 그 가지들이라고 했다. 교회의 직분이 있는 것은 원줄기 되신 예수 그리스도 안에서 많은 열매를 맺게 하는데 있다. 그래서 농부되신 하나님 아버지를 기쁘게 해 드리며 그에게 영광을 돌리도록 하기 위하여 목사, 전도사, 장로, 권사, 집사, 교사, 권찰 등의 직분이 있게 되는 것이다.

1) 목사

목사는 안수를 베풀어 세운 성직이니, 그 지위를 말하면 사도시대의 교회의 감독이고, 목자요 제사장이라 함과 같다. 목사는 오늘날 교회 안에서 가장 신성하고 존귀한 직분이다. 넓게는 그리스도의 사신이요, 복음의 사신이며(고후 5:20, 엡 6:20), 교회의 사자이며(계 2:1), 신앙과 진리의 교사요(딤전 2:7, 딤후 1:1) 복음의 제사장이다(롬 15:16). 이같은 여러 이름으로 부르는 것은 무슨 계급을 가리킴이 아니고, 그 직책을 여러 면에서 나타냄이다. 목사는 이런 존귀한 이름과 신성한 직분을 가진 사람이므로 사회는 저를 선생으로도 부른다. 그 직분과 이름의 신성을 생각하여 안수를 신중히 하여야 한다(딤전 5:22). 목사는 이와 같이 중대하고도 신성한 직분이므로 딴 직업을 겸할 수 없다.

성결교의 경우 목사가 되려면 성결교 신학대학을 졸업하여 본 교단에서 전도사 청빙승인을 우선 받아야 한다. 만 28세 이상의 남자로서 시무 경력이 3년 이상 중 단독목회 2년 이상 경력이 있어야 한다. 그리고 매년 시행하는 목사 후보자 학력고시의 전과정에 합격하고, 부지런하여 구령열이 있는 자여야 한다.

목사는 설교하며, 성경을 가르치며, 예배를 주장하며, 성례전을 집행한다. 또한 신자를 심방하며, 불신자에게 전도하며, 외로운 홀아비와 홀어미, 그리고 가난한 이를 돌보는 일을 한다. 그리고 교회를 치리하며, 당회·직원회 및 사무연회의 회장이 된다. 그러므로 목사 없이 또는 목사의 위임이나 허락 없이 교회 안의 회의를 소집할 수 없다. 설령 회합을 열어 무슨 결의를 한다 할지라도 무효이다.

2) 전도사(남·녀)

성결교의 경우 성결교 신학대학의 신학교육인 4년을 이수한 자와 신학원을 졸업한 자로서 학교장의 신청에 따라 총회장이 발행하는 전도사 자격증을 소지한 자를 전도사라고 한다.

전도사는 당회장 위임에 따라서 설교를 하며, 성경을 가르치며, 예배를 주장한다. 그리고 당회장의 허락으로 장례식을 주장, 결혼식을 거행, 신자의 방문, 직원회의를 주재할 수 있다.

3) 장로

그 교회에서 집사직으로 근속 5년 이상 경험이 있고, 나이가 40세가 넘는 남자교인으로서 그 직업이 정당하며 그의 아내와 아들, 딸들이 그를 복종하는 사람은 장로의 자격이 있다. 또한 은혜의 체험이 명확하며, 신앙 본위에서 일상생활을 보내며, 십일조를 바치며, 교회에 충성을 다하는 사람이어야 한다.

장로는 목사를 도와 교회를 치리하는 사람이다. 치리회에서는 행정과 권징을 행하며, 당회장의 위임시 또한 교역자가 없을 때에 예배를 주장할 수 있다. 신자의 영적 상태를 돌보아 심방하며, 우환질고와 낙심 중에 있는 신자들을 위로하며, 불신자에게 전도한다.

세례교인 25인에 대하여 장로 1인씩을 세울 수 있다. 장로 후보자 선거를 정기 사무연회에서 하되, 당회에서 지명한 후보자(단일후보 또는 배수지명)에 대하여 무기명 투표를 한다. 출석회원 3분의 2 이상의 찬성투표를 얻은 이에 대하여 목사(당회)는 다음 지방회에 장로 장립 청원서를 낸다. 다만 투표는 한 번에 당선 여부를 결정해야 하며, 두 번 투표를 할 수 없다.

4) 권사

성결교단에서는 집사로 7년 이상된 자와 그 교회에서 4년 이상 근속한 남녀 집사로서 나이 45세가 넘은 사람으로 한다.

권사는 교역자를 도와 신자의 신앙생활을 돌보아 심방하며, 우환질고로 낙심한 이들을 권면하며 불신자에게 전도를 한다.

권사는 당회장이 임명하며, 당회장 사회로 취임예배를 거행함으로써 권사가 된다. 다만 다른 교파나 딴 교회에서 옮겨온 이는 당회장의 재량에 의하여 임명할 수 있다. 권사의 정년은 70세로 하고 그 이후는 명예권사로 호칭한다.

5) 집사

세례교인 중에서 신앙이 독실하며, 덕망이 있으며, 상식이 있으며, 은혜의 경험이 확실한 사람과 이 교회의 신조와 정치를 알아 순복하며, 그 직업이 정당하며, 주일성수 및 십일조를 바치는 자로, 나이 25세가 넘는 자로 한다.

집사는 당회의 지도로 교회의 온갖 사무를 나누어 맡으며, 예배자리를 정리하며 교역자를 도와 신자들의 가정을 심방하며, 환난 중에 있는 사람을 돌아본다.

집사는 당회장이 임명하며, 그 임기는 1년이다.

6) 권찰

세례교인 중에서 신앙이 독실하며, 상식이 있고, 은혜의 경험이 확실해야 한다. 그리고 이 교회의 신조와 정치를 알아 순복하며, 십일조를 바치며, 나이는 22세가 넘는 사람으로 한다.

권찰은 당회의 지도로 교역자를 도와 신자들의 가정을 심방하며 환난 중에 있는 이를 돌아보고 특별히 구역의 성장과 부흥을 위해서 힘을 기울인다.

권찰은 당회장이 임명하며 그 임기는 1년이다.

교회의 조직을 살펴보도록 하겠다.

1) 당회

당회는 목사와 2인 이상의 시무자로서 조직한다. 주임목사는 당회장이 되며, 장로 중 1인은 서기가 된다. 만일 장로만 있고 목사가 없는 경우에는 목사중 1인을 당회장으로 지방회가 파송한다. 당회 미조직 교회에는 치리 목사를 파송하며, 치리목사는 당회권을 행사한다. 다만 장로 1인만 있는 교회는 준당회를 조직하며, 원로장로는 당회의 명예회원이 된다.

당회는 교인들의 신앙생활을 살피며 성례식(세례식, 성찬식)을 주관한다. 또한 예배 주관과 교회직원을 임명하고 범죄자를 치리한다(사법권의 치리가 아님). 그리고 교회의 재산 관리를 맡아둔다.

그밖에도 모든 행정적인 문제들을 맡아 결정하고 시행하는 그 교회의 최고기관이다.

2) 사무연회

사무연회란 교인 전체 회의이다. 세례교인 이상 전 신자들이 모여 교회 직분 맡을 자를 선거하는 일과 매년 교회예산 및 결산 심의를 한다.

3) 직원회

직원회(제직회)란 그 교회의 직분 맡은 자들의 전체회의이다. 여기에는 목사, 전도사, 장로, 권사, 집사, 권찰 등이 다 포함되는데 역시 회장은 목사가 된다. 이 직원회는 주로 교회의 재정문제를 의결 처리하며 각종 봉사활동을 담당한다.

보다 능률적인 활동을 위해 필요에 따라 몇 개의 부서를 둘 수 있다(기획부, 관리부, 통계부, 섭외부, 구제부, 봉사부, 경조부 등).

4) 각종 자치기관

① 여전도회 : 교회 안에서 여성들로 조직된 회로서 자치적으로 모든 전도와 봉사활동을 한다.

② 남전도회:교회 안에 남성들로 조직된 회로서 역시 전도와 봉사활동을 한다.
③ 청년회:교회 안에 남녀 청년들로 구성된 자치기관이다.
④ 학생회:교회 안에 학생들로(중학교 이상 대학) 구성된 자치기관이다. 큰 교회는 중등부(중학생), 고등부(고등학생), 대학생회 등으로 구분하여 하기도 한다.
⑤ 성가대:찬양과 성가로 예배를 돕고 기타 봉사활동을 한다.

5) 교회학교
교회 안에도 학교가 있다. 전반적인 기독교 교육과 성경공부를 위해 연령별로 구분한다. 유치부, 유년부, 초등부, 중등부, 고등부, 장년부 등이 있다. 통용적인 말로 유년 주일학교나 장년 주일학교라고 묶어서 말하기도 한다.

6) 구역장 및 강사회의
교회를 지역적으로 구분하여 조직한 것을 말한다. 한 구역을 맡아 돌보는 사람들을 구역장이라 하며, 그 구역의 책임을 맡은 이를 구역 강사라고 한다.

7) 교회의 권세
하나님께 예배 드리기 위한 것이다(롬 12:1-3). 또한 성도들이 서로 교제하고(행 2:42) 이웃에게 봉사하기 위한 것이다(벧전 4:10).

8) 교회의 속성(본질)
① 통일성 - 한 몸에 지체처럼(롬 12:1-3)

② 거룩성 - 우리 몸은 거룩한 성전(고전 3:17)
③ 단일성 - 하나님, 주님, 믿음도 하나(엡 4:3-5)
④ 공동성 - 한 주께서 모든 사람의 주가 되심(롬 10:12)
⑤ 불멸성 - 음부의 권세가 이기지 못함(마 16:18)

9) 교회의 다른 이름
예수 그리스도의 몸(엡 1:22), 하나님의 성전(엡 2:20), 예수 그리스도의 신부(엡 5:23), 하나님이 자기 피 값으로 사신 교회 등이 있다(행 20:28).

10) 교회의 임무
하나님의 말씀 선포의 임무(마 28:19-20, 행 1:7-8), 진리를 가르칠 임무(마 9:35, 딤전 4:12), 성례전 집행이다(세례-롬 6:3, 성찬-마 26:26).

(6) 교회의 본질
1) 하나님 백성으로서의 교회
하나님께서는 이스라엘 백성을 공동체로 부르심은 세 가지 기본적 사상이 담겨 있다.5)
① 교회는 하나님께 속한 것이다.
② 교회는 하나님의 사랑을 알리는 것을 목적으로 선택되었다.
③ 교회는 하나님의 백성인 사람들의 공동체이다.
이것은 아브라함과 그 자손들이 하나님과 맺은 언약에서 그 역사를 찾을 수 있다. 그 선택은 하나님의 은총이며 부르심이다(창 12:2). 이러한 이스라엘의 공동체 개념은 구약에서만이

---
5) 호태석, 「성령론」(서울:기독 신보사, 1994), p.290~296.

아니라 신약시대에까지 내려오는 개념이다. 선택받은 공동체인 하나님의 백성에 대해 하나님은 은총과 언약관계를 맺으신다. 하나님의 부르심은 신약에 와서도 중요한 교회의 개념인 것이다(엡 2:19, 고전 1:2, 계 2:7).

2) 그리스도의 몸과 지체로서의 교회

바울은 교회를 말할 때 '그리스도의 몸'이요(고전 12:12), 그 몸의 머리는 그리스도라고 하였다(엡 1:23). "내가 이 반석 위에 내 교회를 세우니"(마 16:18)에서 말씀하시듯이 그리스도가 교회를 세우시는 것임을 알 수 있다.

또한 제자들이 그리스도의 부활 신앙에 기초하여 부활을 증거하고 예수가 그리스도이심을 증거하기 위해 모인 공동체이다. 여기서 그리스도를 머리로 하고 모인 청지기들은 모두가 개체가 아닌 그리스도의 지체로서 유기적 관계가 형성되었다(롬 12:5). 교회에 모인 자들이 그리스도의 지체로서 형성되는 것은 그리스도 안에서 죄사함 받고 살며(갈 2:20), 한 성령으로 세례받으며(고전 12:13), 모든 것을 그를 위하여(고전 6:13) 그리스도와 함께 고난을 받고 영광도 받기 때문이다(롬 8:17). 더 나아가서는 세례를 통하여 교회의 일원이 되고 공동체가 세례를 통하여 그리스도의 몸이 되는 것이다. 그러므로 모든 청지기는 그리스도의 몸을 세우는 거룩하고 신령한 지체들이다(고전 12:12-31).

3) 친교 공동체로서의 교회

교회는 친교의 현장이라 볼 수 있다. 하나님과 자연, 하나님의 백성으로서의 관계는 대화의 관계요 친교의 관계였다. 그러나 인간의 타락으로 이 친교의 관계가 단절되었다. 인간의 타락으로 하나님과의 대화 창구가 단절되었고 친교의 관계가 갈등으로 변하였다. 하나님의 들으심에(창 3:9, 4:9) 인간은 응답을 상실하였다. 오히려 인간의 언어는 하나님을 대항하고 갈등의 도구로 사용되었다. 그로 인해 하나님께서는 대화를 혼돈케 하시고 친교를 상실케 하였다(창 11:1-7).

이러한 친교의 상실과 단절의 회복을 위해서 그리스도께서 이 세상에 오실 때 말씀으로써 육신이 되어 대화적 관계로 오신 것이다(요 1:1, 14). 그후 교회는 상실된 대화를 그리스도의 구속을 통하여 회복하고 친교를 가지게 되었다. 즉 교회는 하나님과 사람의 친교의 자리요, 사람과 사람과의 친교의 자리이다. 사람은 하나님의 사랑의 대상이며 대화의 상대이고, 사람은 서로가 같은 사랑과 대화의 대상이다.

특히 초대교회의 모습은 서로의 친교 모습을 통해 볼 수 있다(행 2:42). 바로 성령이 오셔서 친교의 삶을 제공하였고 공동체인 교회는 친교의 삶의 근거가 되었다. 원래 친교의 뜻인 Koinonia는 '남자와 여자'를 신앙과 삶으로 하나가 되게 묶는 것을 의미한다. 그러므로 교회의 모든 청지기는 한 형제요 자매요 그리스도의 지체로서 서로 사랑해야 한다.

(7) 성령께서 교회를 어떻게 하시는가?

1) 교회를 세운다.

오늘날의 교회는 구약시대부터 있었던 것이다(행 7:38). 대개 교회라고 하면 보이는 건물을 중심으로 생각하지만, 진정한 교회는 믿음을 가진 두세 사람이 모여서 예배드리는 그곳이다(마 18:19).

그러기에 웨스트민스터 신앙고백은 "가시적 전체 교회는 온 세계의 참 교회를 가진 사람들로 구성되며"라고 했다.

이 교회의 기초는 그리스도이시다(마 16:16-17). 그리스도는 교회의 기초요 문이시다. 성령께서는 그리스도의 문으로 신자를 끌어들여 교회를 세우신다. 성령께서는 불신자였던 우리를 물과 성령으로 거듭나게 하심으로써 교회의 일원이 되게 하였다. 또한 교회의 일원이 된 자는 신앙을 가지므로 그리스도를 영접하게 하셨다(고전 12:3).

고린도전서 12:13에 "우리가 유대인이나 헬라인이나 종이나 자유자나 한 성령으로 세례를 받아 한 몸이 되었고 또 다 한 성령을 마시게 하였느니라"고 하였다. 세례를 받는다는 본질적 의미는 "연합"이다.

이 구절은 그리스도가 머리이신 교회에 우리를 연합시키는 분이 성령이심을 가르치고 있다. 성령께서는 그리스도의 교회를 중생을 통하여 세우신다.

초대교회도 성령께서 세우셨다(행 2:1-4). 오순절 성령강림 이후에 교회가 설립되었다. 여러 신자들이 모여서 성도의 교통이 시작되므로 신약의 교회는 시작되었던 것이다.

그러므로 성령께서는 신구약을 망라한 교회의 설립자이다. 교회는 그리스도를 중심으로 한 유기체로서 주님의 몸이므로 주님께서 주인이시다.

오늘날 우리 주변에 성령께서 세우시고 주님이 주인 되신 교회를 자기가 개척하였다 하여 '내 교회'라는 소유의식이 있어서 좌지우지하는 어리석은 자들이 있다. 이들은 진정한 교회가 무엇인가 깨달아 자신은 교회의 한 구성원에 불과하다고 느껴야 한다.

2) 교회를 통일하신다.

교회의 본질은 성도의 교통에 있음을 설명하였듯이 교회의 구성원 한 사람 한 사람은 하나님의 성령의 전인 것을 기억해야 한다(고전 3:16). 그러므로 하나님께 이 몸으로 영광을 돌려야 한다(고전 6:19).

교회의 지체들이 예수 그리스도, 곧 그들의 머리에 연합되어 있는 것은 성령의 계속적인 내주(內主)에 의한다. 성령께서는 항상 신자와 그리스도와의 연합체가 되도록 도우신다(롬 8:9).

에베소서 2:21에 "그의 안에서 건물마다 서로 연결하여 주 안에서 성전이 되어 가고 너희도 성령 안에서 하나님의 거하실 처소가 되기 위하여 예수 안에서 함께 지어져 가느니라" 함과 같이 성령에 의하여 교회는 지어져 간다. 그리고 서로의 유기체가 되며 하나 되도록 통일하신다.

예수 그리스도를 기초로 한 교회는 한 성령으로 지어져 가고 있기에 서로가 유기적 관계를 가져야 한다. 성령이 세우는 청지기들의 기본적인 연합은 보이는 교회에 깊은 의의를 가진다. 곧 가능하면 어디서나 이 밑에 깔린 보이지 않는 통일은 보이는 형식으로 나타나야 한다.

3) 교회는 총체적인 유기체로 구성시키신다.

성령께서는 하나의 교회를 세우시기 위하여 여러 계층의 사람을 중생시켜 성령의 세례와 충만에 의하여 여러 가지 각양각색의 은사를 주신다.

필자가 은사론에서 설명하였듯이 성령께서는 다양한 사람들에게 다양한 은사를 각각 주셨다. 그러기에 청지기는 저마다 독특한 존재이면서도 성령 안에서는 총체적으로 유기적 관계가 되어지는 것이다. 즉, 교회의 청지기는 개체가 아닌 유기체이다.

　4) 교회를 다스리신다.
　"너희는 자기를 위하여 또는 온 양떼를 위하여 삼가라 성령이 저들 가운데 너희로 감독자를 삼고 하나님이 자기 피로 사신 교회를 치게 하셨느니라"(행 20:28).
　성령께서 교회를 다스리도록 감독자를 세우셨다. 장로로 부름 받은 감독자는 "위에서 전체를 보고 통치한다"는 뜻이다. 즉, 성령께서 목사를 세우셨다. 왜 세우셨는가? 교회를 치리하기 위함이다.
　우리가 교회에서 일꾼이 필요로 하여 일꾼을 세우고자 할 때에 인간적인 중심이 되어서는 안된다. 성령께서 세우시도록 준비시키고 훈련시키고 가르쳐야 한다. 준비를 다 하면 세우시는 분은 성령이시다. 성령께서는 교회를 다스리시면서 청지기들을 양육 훈련하신다.
　특히 칼빈이 교회를 "어머니"라고 표현한 바 있다(기독교 강요 Ⅳ. 1:4). 그는 청지기들의 신앙의 훈련소로서 교회의 교육적 사명을 강조하여 이 용어를 사용하였다. 가부장적 권위를 가진 로마교회와는 달리 어머니로서 자식을 보호하고 훈련하듯 청지기들의 신앙훈련 하는 곳으로 교회를 어머니라고 표현하였다.
　그러므로 우리 청지기는 교회에서 조직체로 움직이며 성령의 다스림을 따라야 한다. 이것이 진정한 교회의 모습이다.

　5) 교회의 일치를 이루신다.
　"평안의 매는 줄로 성령의 하나되게 하신 것을 힘써 지키라"(엡 4:3).

교회는 여러 교파가 있을 수 있다. 그러나 그 근원의 뿌리는 예수 그리스도로서 모두가 본질적으로 같다. 국적이 다르고, 교파가 다르고, 신학이 달라도 결국 교회는 하나이다. 그것은 성령께서 하나가 되도록 인도하시기 때문이다.

오늘날 우리 주변에는 전근대적인 사고에 젖어 근시안적인 신앙에서 내 교단과 다르면 이방인과 같이 취급하는 사람이 있다. 자기 교파가 아닌 교회는 공회당 정도로 인식하려는 독선적인 왜곡된 사상을 가진 자들이 있을 때에 교회의 일치성과 연합은 이루어질 수 없다.

그러므로 이단이 아닌 이상 우리는 사회복음 성취를 위해서 연합해야 한다. 때로는 연합사업이 필요한 현실에서 십자가 아래서 겸손하게 성령의 하나되심으로 선한 사업을 위해 하나가 되자.

6) 교회의 거룩성을 보존하신다.

교회는 본질 그대로 거룩한 성도의 교통이다. 즉, 교회는 거룩하고 성결한 지체라는 것이다(고후 7:1, 롬 6:22, 살전 5:23). 청지기 하나 하나가 교회이면서 그들이 모인 곳이 교회로서 언제나 성결하도록 성령께서 유지하신다.

그러나 오늘날 우리 시대는 죄의 오염이 심각한 지경에 이르러 그런 죄악이 교회 안에까지 침투되어 오고 있다. 이것이 바로 세속화와 세속주의이다. 세속주의는 우리의 믿음을 시대정신에 양보하자는 타락된 유형이다.

지금 우리 교회 안에 무섭게 세속문화가 가면을 쓰고 걷잡을 수 없이 밀려 오고 있다. 바로 뉴 에이지 사상 같은 것이다. 이러한 세속문화를 어떻게 배격할 수 있는가? 다른 것으로는 불가능하다. 다만 우리가 믿음을 굳게 지키고 말씀에 굳게 서면 성령께서 교회의 거룩성을 위해서 지켜주실 줄 믿는다(엡 5:26).

8. 예배의 개념

(1) 예배의 뜻
예배는 섬기다, 절하다, 존경하다, 순종, 숭배하다라는 뜻이 있다.

다시 말해 창조주 하나님을 신령과 진정으로 경배하는 것이요(요 4:24), 하나님께 우리 자신을 산 제물로 드리는 것이다(롬 12:1).

또한 주의 인자하심과 성실하심을 인하여 주의 이름에 감사하는 일이다(시 138:2).

(2) 예배의 시간
예루살렘교회는 날마다 모여 예배드렸다(행 2:46).

초대 유대의 그리스도인들은 안식일에 예배드렸다(행 13:14).

사도시대의 말기인 신약교회가 설립되면서부터 이레 중 첫날인 주일에 예배드리기 시작했다(행 20:7, 고전 16:2, 계 1:10).

(3) 예배의 장소
예루살렘에선 다락방에서 모였고(행 1:13, 2:46), 다른 곳에서는 회당에서 모였다(행 15:21, 18:4).

각각 자기 처소에서 드리기도 했는데(골 4:15, 몬 1:12, 슥 2:11), 어느 곳에서나 신령과 진정으로 예배를 드릴 수 있다(요 4:24).

(4) 예배의 목적
1) 예배자의 신앙을 성장시키기 위함이다(엡 4:11-15).
2) 타인을 예수님 앞으로 인도하기 위함이다(고전 14:23-25).
3) 하나님께 영광을 돌리기 위함이다(시 29:2, 고전 10:31).

(5) 예배자의 자격
1) 주의 풍성한 인자를 힘입은 자이어야 한다(시 5:7).
2) 주의 집에서 경외하는 자이어야 한다(시 5:3).
3) 말씀을 듣고 죄를 회개한 자이어야 한다(고전 14:25).
4) 하나님을 두려워하는 자이어야 한다(고전 14:25).
5) 여호와의 이름에 합당한 영광을 돌리며 거룩한 옷을 입은 자이어야 한다(시 29:2).

(6) 예배자의 자세(태도)
1) 거룩하신 하나님께 드리는 것이니 몸과 마음을 깨끗이 해야 한다. 덕스러운 옷차림, 깨끗한 생각이 필요하다.
2) 시작 시간 15분 전부터 참석하고 기도와 찬송으로 마음의 준비를 가져야 한다. 부득이 하여 지각했을 때는 다른 사람에게 방해가 되지 않도록 주의한다. 성경 봉독 때나 기도할 때는 입구에서 기다렸다가 들어가는 것이 좋다.
3) 예배당에 일단 들어오면 묵상으로 기도부터 해야 한다.
4) 예배가 시작되면 옆 사람과 인사하고 이야기하거나 다른

책을 읽어서는 안된다. 예배는 죄인이 자기 죄를 깨닫고 자복하는 마음과 복종하는 진실한 행동이 되어야 한다.

5) 예배 좌석은 구역별로 앉되 앞자리부터 앉아야 한다.

6) 예배 때 찬송은 힘차게 부르고 정성으로 기도하고 설교 말씀을 깊이 들어야 한다.

7) 심신의 무릎을 꿇고 회개와 용서를 구하는 태도로 드려야 한다(시 95:6).

8) 자기를 낮추어 겸손한 심정으로 땅에 엎드려 경배해야 한다(욥 1:20).

9) 존경과 감사하는 심정으로 예배해야 한다(마 26:39).

(7) 예배의 종류

1) 일반예배
① 새벽예배(시 5:3, 잠 8:17, 막 1:35)
② 주일 낮 예배(출 20:8, 막 2:27, 고전 16:2)
③ 주일 밤 예배(행 20:7, 사 42:8)
④ 삼일 밤 예배(히 10:25, 행 2:46)
⑤ 구역 예배(출 18:21, 행 2:46)
⑥ 가정 예배(신 6:6)
⑦ 철야 기도회(행 10:33, 합 3:2, 행 2:14)

2) 절기예배
① 신년주일예배 - 새해 첫 주일에 드리는 예배(겔 45:18)
② 종려주일예배 - 예수님께서 십자가에 달리신 주간에 드리는 예배(마 21:1-11)

③ 부활주일예배 - 예수님이 부활하신 날을 축하하여 드리는 예배(마 28:6, 눅 24:5)

④ 어린이주일예배 - 5월 첫주일에 어린이를 생각하며 하나님께 드리는 감사 예배(마 19:13)

⑤ 어버이주일예배 - 5월 둘째 주일에 부모의 은덕을 생각하며 하나님께 드리는 감사 예배(엡 6:1-3)

⑥ 승천기념예배 - 부활후 40일을 지나서 승천하신 날을 기념하여 드리는 예배(행 1:3, 9, 눅 24:51)

⑦ 성령강림예배 - 승천후 부활로부터 50일째 성령 강림하신 날을 기념하여 드리는 예배(행 2:1)

⑧ 맥추감사예배 - 보리 추수를 감사하여 드리는 예배(출 23:16)

⑨ 광복절기념예배 - 일본 압제에서 해방된 8·15 해방기념으로 드리는 예배(출 12:11-17, 15:1)

⑩ 종교개혁기념예배 - 10월 끝주일 종교개혁을 기념해서 드리는 예배(롬 17, 왕하 23:4-25)

⑪ 추수감사예배 - 가을 추수를 감사하여 드리는 예배(출 23:16)

⑫ 성탄절예배 - 예수님이 이 땅에 오신 날을 축하하여 드리는 예배(눅 2:11-20)

(8) 주보를 보는 법

주보는 그 주일의 모든 예배순서와 각종 알리는 사항이 기록되어 있는 인쇄물이다. 체제가 잡힌 교회일수록 사회자(또는 인도자)는 무언으로 이미 인쇄된 예배순서에 따라 진행한다. 그러므로 예배가 시작되기 전 모든 순서를 잘 보고 그대로 따라가면 된다(이하는 본 교회에서 행하는 예배순서임).

1) 주악 - 예배가 시작되기 전 마음을 준비시키는 것으로 찬송을 연주한다.
2) 개회송영 - 목사의 등단과 함께 온 교우가 기립하여 묵도하는 동안 성가대가 성가를 부른다.
3) 기원 - 목사가 예배 시작을 위해 간구하는 기도이다.
4) 찬송 - 찬송가 번호가 적혀있는 대로 찾아 부른다.
5) 성시교독 - 찬송가 뒤에 붙어있는 시를 목사와 신자들이 번갈아 읽어준다(주보에 미리 교독할 시의 번호가 적혀있어 그대로 찾아 읽으면 된다).
6) 신앙고백 - 한 목소리로 온 교우들이 신앙을 고백한다(사도신경이란 것을 외운다)
7) 찬송 - 찬송가 번호가 붙어있는 대로 찾아 부른다.
8) 기도 - 온 회중을 대표하여 기도한다.
9) 찬송 - 찬송가 번호가 붙어있는 대로 찾아 부른다.
10) 성경봉독 - 그 날 설교할 성경으로서 흔히 약자로 표기한다. 예를 들면 마 12:1-6이라면 마태복음 12장 1-6절까지란 뜻이다. 이것은 성경목차를 우선 보고 기억해야 하니 처음부터 너무 힘들게 생각할 것 없다.
11) 찬양 - 성가대에서 찬양으로 예배를 돕는다.
12) 설교 - 그 날의 제목이 미리 주보에 쓰여 있다.
13) 기도 - 설교자가 설교 후에 하는 것이다.
14) 찬송 - 찬송가 번호가 붙어있는 대로 찾아 부른다.
15) 헌금 - 받은 바 은혜에 감사하여 하나님께 드리는 것이다.
16) 헌금기도 - 목사가 바쳐진 예물을 위해 축복 기도를 한다.

17) 광고 - 사회자가 교회소식을 알린다.
18) 찬송 - 찬송가 번호가 붙어있는 대로 찾아 부른다.
19) 축도 - 예배의 끝마침의 순서로서 목사의 축복기도이다.
20) 화답송 - 성가대가 화답송을 부른다.

이렇게 모든 순서를 진행해 나간다. 미리 마음의 준비를 하고서 신령과 진정으로 예배에 참석해야 한다.

9. 기도란?

(1) 기도의 뜻

기도는 하나님과의 대화요 영교이다(시 91:14, 사 1:18). 영혼의 호흡이요(롬 12:12, 살전 5:17) 구하고, 찾고, 문을 두드리는 것이다(마 7:7, 행 29:12-13).

기도는 살아계시고 말씀하시고 들으시는 인격적인 하나님과 우리의 영혼이 가지는 대화이다. 하나님의 사랑과 모든 긍휼과 자비에 대한 감사, 죄의 고백를 한다. 하나님께 우리가 용서를 받으면 우리의 필요를 하나님께 구하는 것이다.

(2) 기도할 이유

1) 하나님께 영광을 돌리기 위함이다.

우리가 기도할 때 하나님이 기뻐하신다(잠 15:8). 우리는 기도중 은혜 받고, 응답 받음으로 하나님께 영광을 돌린다(요 14:13, 시 50:15).

2) 하나님께 도우심을 받기 위함이다(히 4:16).

우리는 하나님의 도우심이 없이는 살 수 없다. 그러므로 기도하는 자를 도우시는 하나님께 기도해야 한다.

3) 필요한 것을 받기 위함이다.

예수께서 "구하라 그러면 주실 것이요, 찾으라 그러면 찾을 것이요, 문을 두드리라 그러면 너희에게 열릴 것이니"(마 7:7)라고 하셨다. 우리의 삶에 필요한 것이 한두 가지가 아니다. 그러므로 그것을 구하면 주시겠다고 하신 것이다.

(3) 기도의 응답법

즉시 응답(행 9:40, 요 4:10, 14:14)하시기도 하고 점차적으로 응답(눅 1:13)하시기도 한다. 또한 간접적으로 응답하신다(행 1:9-11).

(4) 기도하는 모양

서서(막 11:25), 울면서(히 5:7), 손을 들고(딤전 2:8, 출 17:11), 소리없이(삼상 1:12-13), 가슴을 두드리며(눅 18:13), 무릎을 꿇고 크게(행 7:60), 일어서서(경건표시, 막 11:25), 분노와 다툼없이 손들고(딤전 2:8, 출 17:11), 땅에 엎드리며(왕상 18:42), 입을 벌리고(시 81:10) 등 기도하는 모양은 여러 가지이다.

(5) 기도의 힘

1) 사죄의 은총을 받게 된다 - 기쁨, 평안(롬 8:1-39)
2) 하나님의 사랑을 깨닫게 된다 - 원수 위해 기도(마 5:44).
3) 성령의 은사를 체험케 된다 - 오순절, 역사(행 2:1-13)

4) 하나님의 능력을 얻게 된다 - 겟세마네 기도(마 26:36)

5) 병자 고치는 기적을 체험케 된다 - 병자 고침(약 5:15).

6) 인간의 생명을 연장시켜 주신다 - 히스기야의 기도(사 38:1-8)

7) 승리하게 된다(출 17:11).

8) 교회 부흥(행 2:42-47)

9) 비를 오게 한다(약 5:17).

10) 여호와의 진노를 막는다(민 11:2).

(6) 기도하는 시간

1) 새벽(막 1:35)

2) 오전(행 10:9)

3) 오후(행 3:1)

4) 저녁(창 24:63)

5) 밤에(눅 6:12)

6) 식전(마 14:23)

7) 식후(마 14:23)

8) 쉬지 말고 기도(살전 5:17)

9) 시간을 정해(행 3:1)

10) 기쁠 때(요 11:21)

11) 슬플 때(요 11:33)

12) 환난 때(시 50:15)

13) 병들 때(약 5:14)

14) 무시로(엡 6:18)

15) 항상(골 4:2)

16) 세상 떠날 때까지(눅 23:46)

17) 모든 일에(빌 4:6)

(7) 기도의 종류
1) 감사의 기도 - 생명, 구속, 물질 주심을 감사한다(시 103:, 빌 4:6).
2) 참회의 기도 - 용서하여 주옵소서(눅 18:13).
3) 간구의 기도 - 저를 도와 주옵소서(마 20:30).
4) 중재의 기도 - 그들을 도와 주옵소서(시 61:2).

이밖에 새벽기도(막 1:35), 공중기도(눅 1:9), 금식기도(행 13:3), 철야기도(눅 6:12) 등이 있다.

(8) 기도하는 방법
1) 영광과 감사 - 무엇보다도 하나님께 감사와 영광을 돌린다.
예) "만복의 근원이 되시는 하나님 아버지! 주님의 크신 사랑과 은혜를 감사합니다. 건강과 생명을 주셔서 감사합니다."

2) 회개 - 자기의 모든 과오와 허물(죄)을 자복하고 회개해야 한다.
예) "나에게 주신 깨끗한 마음으로 미워하고 욕하였습니다. 나의 입은 부정한 말로 더럽혀졌습니다."

3) 간구 - 여러 가지 자신의 소원을 하나님의 영광과 뜻에 맞게 구하는 것이다.
예) "내 사업의 번영이 왕성하게 하시기를 바랍니다. 그것이 주님의 이름과 영광을 나타나게 해 주시기를 빕니다."

4) 도고 - 다른 사람을 위해서, 국가와 세계, 교회와 이웃을

위해서 구하는 것이다.

　예) "우리 나라의 안정과 평화를 지켜 주시옵소서."
　"내 이웃의 건강과 가정의 평화를 위해서 간구합니다."

　5) 예수님의 이름으로 마친다.
　예수님께서 요한복음 14:13에 "너희가 내 이름으로 무엇을 구하든지 내가 시행하리니"라고 말씀하셨다.
　우리가 어떤 사람의 이름으로 도를 행하는 것은 그의 권위와 권세를 행하는 것이다. 그러므로 우리의 공로나 우리 자신들의 의로 하나님께 간구할 수 없고 그리스도의 공로와 이름으로 기도해야 한다.

　6) 아멘 - 히브리어로 "성실하게, 확실하게"의 뜻, 타인의 기도에 동감하고 또 진실을 맹세하는 뜻으로 기도의 끝에 제창한다.
　그러면 어떻게 기도해야 하는가?
　하나님께 기도해야 한다. 마태복음 6:6에 "은밀한 중에 계신 네 아버지께 기도하라"고 하셨다. 하나님께서는 언제나 우리 기도를 들으신다.
　예수님의 이름으로 기도해야 한다. 예수께서 "내 이름으로 기도하라"(요 14:13-14)고 하셨다. 예수님은 하나님과 우리 사이의 중보자가 되신다(딤전 2:5). 우리 위하여 기도해 주시면서 (히 7:25) 우리 기도를 이루어 주시도록 일하신다.
　믿음으로 기도해야 한다. 야고보서에 "오직 믿음으로 구하고 조금도 의심하지 말라. 의심하는 자는 마치 바람에 밀려 요동하는 바다 물결 같다"고 했다.

(9) 이방우상 종교와 기독교의 기도 차이

기독교인들은 예수님의 이름을 빌려서 하나님과 영적이고 인격적인 대화를 한다. 그러나 이방 종교에서는 스스로 말 못하는 우상 앞에 독백하는 것이다.

(10) 응답 못받는 기도

1) 믿음이 적은 기도(마 17:20, 히 11:6)
2) 의심하여 구하는 기도(약 1:6-7)
3) 죄를 두고 구하는 기도(요 9:31, 사 59:12, 행 8:22)
4) 참으로 구하지 않은 기도(약 4:2)
5) 악한 생각을 품고 구하는 기도(시 66:18)
6) 명예심으로 구하는 기도(마 6:5)
7) 함부로 구하는 기도(행 8:18-23)
8) 외식으로 구하는 기도(마 6:5)
9) 중언부언하는 자의 기도(마 6:7, 전 5:2-3)
10) 타인의 죄를 용서치 않는 자의 기도(마 5:23, 막 11:25)

(11) 응답받는 기도

1) 하나님의 뜻을 의지하는 자의 기도(마 26:39, 요일 5:14)
2) 하나님의 영광을 나타내기를 바라는 자의 기도(요 14:13)
3) 주의 이름으로 구하는 자의 기도(요 14:14, 16:23)
4) 하나님을 찾는 자의 기도(행 10:10, 24, 31, 32)
5) 주를 기뻐하고 따르는 자의 기도(시 37:4-5)
6) 믿음으로 구하는 자의 기도(약 1:6, 마 21:22)
7) 죄를 자복하는 자의 기도(눅 18:13-14)
8) 마음이 깨끗한 자의 기도(시 66:18, 잠 28:13)

9) 감사함으로 구하는 자의 기도(빌 4:6, 골 4:2)
10) 열심히 진실히 구하는 자의 기도(엡 6:18)

(12) 기도의 별명들
1) 영혼의 호흡(롬 12:12, 살전 5:17)
2) 하나님과의 속삭임(사 26:16)
3) 향(계 8:3)
4) 선한 싸움의 무기
5) 만능의 열쇠(약 5:13)

(13) 기도의 응답은 어떻게 오는가?
1) 시급한 문제는 시급히 응답해 주신다(출 15:22-25).
2) 기도한 지 오랜 후에 이루어 주시기도 한다. 이런 일이 있기 때문에 예수께서 기도하다가 낙심하지 말고 계속하라고 말씀하셨다(눅 18:1).
3) 구한 대로 주시지 않고 다른 방법으로 응답해 주시는 일도 있다. 사도 바울은 자기 병을 위하여 기도했으나 하나님께서는 병 그것이 내가 준 은혜라고 응답하셨다(고후 12:8-9).

10. 주일과 안식일

(1) 주일(안식일)은 무슨 날인가?
구약시대에 이스라엘 백성들은 율법 하에서 이레 중 마지막

날을 안식일로 지켰다. 그러나 신약시대에 와서는 이레중 첫날(일요일)을 주일로 지킨다.

(2) 왜 이레중 첫날을 주일로 지키는가?
1) 구약의 안식일은 신약의 안식일(주일)의 그림자요, 모형이기 때문이다(마 25:31-46).
2) 주일은 예수님의 부활로 사단과 죽음의 권세가 파멸되고 새로운 창조의 날이 된 것이다. 온 세상에 새로운 소망을 주신 날이기 때문이다(마 28:1, 막 16:2).
3) 주일은 성령강림하신 날이기 때문이다(행 2:1).
4) 성경에 보면 신약교회 설립 시초부터 주일을 지켜왔기 때문이다(행 20:7, 고전 16:2, 계 1:10).

(3) 주일을 어떻게 지켜야 하는가?
하나님께서 이스라엘 백성들에게 안식일을 거룩하게 지키라고 하신 그 원칙대로 이중 첫날을 하나님의 날로 구별하여 세상 일반일을 멀리하고 거룩하게 지켜야 한다(출 20:8-11, 34:21, 신 5:12, 렘 17:24).

성도들이 함께 모여 예배를 드리고 성도들끼리 예수님 안에서 교제하여 성경공부, 가정심방, 환자위문, 구제, 전도, 기독교 서적을 읽는 일, 그 밖의 경건한 일을 해야 한다(행 16:13, 히 10:24-25, 계 1:10).

(4) 주일을 지킴으로 얻은 유익(사 58:12-14)
1) 육체의 건강을 얻는다.
2) 정신상의 건강을 얻는다.

3) 심령이 강건해진다.
4) 교회가 발전하고 생업이 축복을 받는다.

(5) 안식일이란?

히브리 민족이 하나님의 명령에 따라 휴일로 삼고 일을 멈추는 날로 1주간 중 제 7일째에 해당하는 날이다(출 20:8-11, 신 5:12-15).

안식일은 금요일 오후 해질 때부터 토요일 저녁 해질 때까지이다. 안식일을 휴식만이 아니고 성일로 지켰다(왕하 4:23). 그러나 예수님은 안식일을 율법적으로 이해하는 데 반대했다(마 12:7, 막 2:27, 요 5:10).

주님의 부활이 일요일이었다는 데서 이날을 기념하기 위하여 초대교인들이 일요일을 지키므로 이때부터 주일 예배가 비롯되었다. 이날이 바로 주일(성일)이다(계 1:10).

구약의 안식일은 창조 기념일이요, 신약의 주일은 예수부활 기념일이다.

11. 구원에 대하여

(1) 구원의 뜻(건져냄, 구하여 냄)

1) 허물과 죄로 죽을 우리를 살리신 것이다(엡 2:1).
2) 율법에 매인 자를 속량하여 아들의 명분을 주신 것이다(갈 4:4-5).

3) 죄와 사망의 법에서 해방된 것이다(롬 8:2, 신 7:8).

(2) 구원의 필요
1) 죄를 범한 인간이기 때문이다(롬 3:23).
2) 죄의 값은 사망이기 때문이다(롬 6:23).
3) 죄의 결과로 심판과 형벌을 받기 때문이다(히 9:27).

(3) 구원 얻는 방법
1) 예수 그리스도로 말미암아 구원 얻게 하셨다(살전 5:9).
2) 복음을 듣고 믿어 성령으로 인치심 받았다(엡 1:13).
3) 하나님의 선물인 예수님의 은혜로 구원 얻었다(엡 2:8).
4) 오직 예수를 믿으므로 구원을 얻었다(행 16:31).

(4) 구원의 단계
1) 선택 - 구원자를 택하여 놓으셨다(요 15:16).
① 시기 - 창세 전에 선택(엡 1:4)
② 목적 - 하나님의 영광을 위해(엡 1:6)
③ 증거 - 영생 주시기로 작정된 자 다 믿음(행 13:48)
④ 결과 - 성령으로 믿어지게 하심(고전 12:3)

2) 소명 - 부르고 호출하고 초청하는 것이다.
① 소명자 - 성부 성자 성령
② '소명 목적' - 죄사함(사 1:18), 예수님의 소유로 삼으시려고(롬 1:6), 영생을 얻게 하시려고(요 10:28)
③ 소명의 결과 - 부름에 응답하고 싶어짐(사 6:8), 부름에 곧 따르고 싶어짐(막 1:20)

3) 회개 - 뉘우치고 돌아선다(눅 19:1-8).
① 회개한 자 - 구약(나아만, 욥, 다윗), 신약(삭개오, 바울, 강도)
② 특징 - 옛 사람 벗고 새 사람 입는 구원의 과정(엡 4:22)
③ 방법 - 돌이켜 스스로 깨달음(눅 15:17), 새로운 결심과 실행(눅 15:18), 온전한 반성과 철저한 고백(눅 15:21)
④ 결과 - 긍휼히 여김을 받음(잠 28:13), 사죄를 가져오고 죄를 없이함을 받아 유쾌(행 3:19), 깨어서 죄악을 대적하게 됨(요 5:14), 하나님의 축복을 영육간 받음(눅 15:22)

4) 신앙 - 하나님이 약속을 신뢰하는 것(창 12:1, 롬 1:15)
① 뜻 - 천국과 영생을 바라는 것(히 11:1), 바라는 것의 실상인 예수님을 따름(히 11:), 천국의 증거인 성경책을 신뢰(히 11:3-5)
② 믿음을 주신 자 - 하나님이 선물로 주심(엡 2:8)
③ 이유 - 나와 내 집이 구원을 얻기 때문(행 16:31)
④ 대상 - 예수 그리스도를 속죄, 구원의 주로 믿음(행 4:12, 요 14:1)
⑤ 내용 - 성령으로 잉태된 예수, 하나님의 권능을 이적으로 보여준 예수, 내 죄를 사하기 위해 십자가 지신 예수, 영생을 알리기 위해 부활하신 예수, 부활 40일 후 승천하신 예수, 산 자와 죽은 자를 심판하러 오실 예수를 믿어야 한다.
⑥ 결과 - 반드시 회개가 따름(행 2:37), 구속 곧 죄사함을 얻음(골 1:14), 병 고침을 받게 됨(마 9:29), 모든 일이 가능하게 됨(막 9:23), 하나님의 자녀가 되는 권세를 주심(요 1:12), 멸망하지 않고 영생을 얻음(요 3:16)

5) 칭의 - 의롭다 일컬음을 받음(롬 4:25)
① 칭의자 - 여호와 하나님
② 칭의의 근거 - 사람의 선행에 의하지 않음(롬 3:30), 믿음으로 의롭다 하심을 얻음(롬 3:30), 하나님의 은혜로 주어진 예수의 의(롬 5:17)
③ 칭의의 결과 - 아무라도 송사 정죄하지 못함(롬 8:33), 의를 따라 사는 자를 하나님이 받으심(행 10:35), 의의 직분은 영광이 더욱 넘치게 됨(고후 3:9), 의를 위해 고난받으면 복된 자(벧전 3:14), 의에 거하는 자는 새 하늘과 새 땅 거하게 됨(벧후 3:13)

6) 중생 - 거듭남, 새롭게 됨(요일 3:9)
① 필요 - 하나님 나라를 볼 수 있기 때문에(요 3:5), 영생의 산 소망을 가질 수 있기 때문에(벧전 1:3), 하나님 나라를 들어갈 수 있기 때문에(요 3:5).
② 방법 - 하나님의 말씀으로(벧전 1:23), 의를 이루기 위하여 물세례를 받으므로(마 3:16), 주께서 허락하신 성령을 받으므로(요 3:5)
③ 결과 - 죄와 죽음의 법에서 해방(롬 8:2), 신령한 영의 일을 생각(롬 8:15), 그 심령의 하나님의 전(고전 3:16), 형제를 사랑하게 됨(요일 3:14), 그리스도이심을 믿음(요일 5:1), 세상을 이기게 함(요일 5:4)

7) 성결 - 잘라내다, 분리하다, 거룩하게 변화(히 12:14)
성결은 거룩, 정결, 성령세례, 불 세례, 완전한 사랑 등의 말로도 나타낸다.

① 방법 - 하나님의 말씀으로(요 17:17), 그리스도께서 보혈로(히 10:10), 보혜사 성령으로(벧전 1:2), 예수의 피가 죄에서 깨끗하게 하심(요일 1:7)

② 중생과 성결

중생은 영적인 출생, 거룩한 기질의 출발, 새로운 피조물을 말한다. 성결은 영적인 성장, 거룩한 기질의 강화, 축복으로 전진을 말한다.

중생은 자범죄에서 사함과 새생명을 받는 일이고, 성결은 심중에 잠재한 원죄에서 정결함을 받는 일이다. 중생에는 죄가 진압되고, 성결에는 죄의 몸이 멸함이 된다(롬 6:6). 그러므로 중생은 성결의 시작이며 성결은 중생의 완성이다.

③ 칭의와 성결 - 칭의는 밖에서 되어지는 것, 하나님 자녀의 권세 회복, 법적인 선언을 말한다. 성결은 안에서 되어지는 것, 하나님 자녀의 형상 회복, 양심의 더러움을 제거하는 것을 말한다.

④ 결과 - 영원히 온전케 하심(히 10:14), 주를 보게 하심(히 12:14), 장래 기업을 얻게 하심(행 26:18).

8) 견인 - 삽아주자, 보호하다, 견고, 오래 참음(벧후 3:9)

① 이유 - 창세 전부터 택하셨기 때문(엡 1:4-5), 택한 자를 예수의 피로 속죄하셨기 때문(약 1:18), 진리의 말씀으로 중생시켰기 때문(약 1:18), 양자로 유업을 이을 자이기 때문(갈 4:7)

② 방법 - 오래 참도록 기업의 약속(골 1:11-12), 약속의 성령으로 인치심(엡 1:13), 기업을 얻을 보증으로 성령 주심(고후 5:5)

③ 결과 - 택한 자를 모두 구원 얻게 하심(벧후 3:9), 참고 견딘 자가 영원한 영광 얻음(딤후 2:10), 자기 십자가 지고 참

는 자는 하나님 우편에 앉음(히 12:2)

12. 찬송이란?

(1) 찬송의 뜻

찬송은 하나님께 감사와 헌신을 곡조로 표현한 기도이다(시 47:). 또한 우리의 신앙고백을 노래로 간증하는 것이다(시 23:). 우리를 불러 하나님 자녀로 삼으신 하나님께 찬양하는 노래이다(시 150:). 그리고 하나님을 기쁘시게 하고 영광 돌리기 위하여 부르는 노래이다.

구약시대의 교회는 시편을 그대로 곡조에 맞추어 불렀다. 그 밖에 부른 찬송이 성경 여러 군데 실려 있다. 그리고 신약교회 초기에는 그렇게 해왔으나 근세에 이르러 하나님의 성덕을 노래로써 나타내어 하나님께 영광돌리는 찬송을 지어 부르게 되었다. 이는 성경과 밀접한 관계를 가진 것이다. 예수님도 성찬예식후 찬송을 부르셨다(막 14:26, 마 26:30).

(2) 찬송의 효과

1) 기쁨과 은혜를 체험케 한다(약 5:13, 즐거울 때 찬송).
2) 능력을 얻게 한다(마 26:30, 예수님의 제자를 찬미).
3) 신앙을 성장케 한다(사 38:18-20, 히스기야의 찬송생활).

(3) 찬송을 부르는 방법
1) 소리를 높여 부른다(눅 19:37).
2) 주악에 맞추어 부른다(대하 23:13).
3) 때로는 손뼉을 치며 부른다(시 108:1-3, 욜 3:16).
4) 감사한 심령으로 부른다(시 108:1-3, 욜 3:16).
5) 악기를 사용하며 부른다(시 150, 대하 30:21).
6) 때로는 춤을 추며 찬양한다(시 149:3, 시 150:).
7) 경건한 마음으로 부른다.
8) 심령을 밝고 뜨겁게 한다.

(4) 찬송의 장소
성소에서(시 150:1), 하늘에서(시 148:1), 땅에서(시 148:7), 바닷가에서(출 15:1), 옥중에서(행 16:25), 산꼭대기에서(사 42:11), 교회에서(히 2:12), 침상에서(시 49:5) 등 우리가 있는 어느 장소이든 찬송의 장소가 된다.

(5) 찬송의 결과(축복)
1) 모든 대적을 물리쳐 주신다(시 42:10-13).
2) 지혜와 총명을 주신다(단 2:20-23).
3) 놀라운 기적을 베풀어 주신다(행 16:25-34).
4) 기쁨과 평강을 충만케 하여 주신다(롬 15:11-13).
5) 찬미와 제사를 하나님이 기뻐하신다(히 13:15-16).

(6) 찬송할 때 주의
1) 음주의 노래(삿 9:23)
2) 일시적 흥분의 노래(단 4:34-37)

3) 외식의 노래(약 3:10)
4) 우상의 노래(단 5:4)

(7) 기억하며 실천한 일
1) 찬송의 입을 열어 달라고 기도하자(시 51:15).
2) 찬송하기로 마음을 정하자(시 57:7).
3) 찬송소리를 듣게 하자(시 66:8).
4) 찬송을 더하고 더하자(시 71:14).
5) 찬송을 대대로 하게 하자(시 79:13).
6) 성령 받아 찬송하자(행 2:47).
7) 항상 찬미의 감사를 드리자(시 13:15).

13. 헌금에 대하여

(1) 헌금의 뜻
1) 자기 보물을 하늘에 저축하는 것이다(마 6:20).
2) 하나님께로부터 받은 것을 하나님께 드리는 것이다(마 22:21).
3) 하나님께 받은 은혜에 대한 감사의 표시이다(시 16:15-17).
4) 하나님을 기쁘시게 하는 신앙의 척도이다(고후 9:17).
5) 주의 사업에 참여하는 것이다(고후 8:4).

(2) 헌금의 정신
1) 믿음의 표시

2) 감사의 표시
3) 헌신의 표시

(3) 헌금을 해야 할 이유
1) 하나님의 명령이기 때문이다(레 27:30, 사 66:20).
2) 예수님이 명령하셨기 때문이다(마 23:23).
3) 성령께서 권유하셨기 때문이다(행 2:44).
4) 교회가 요구하기 때문이다(행 4:32).
5) 그리스도인의 본분이기 때문이다(눅 8:3).

(4) 헌금의 표준
1) 헌금의 표준은 온전한 십일조이다(창 14:20, 말 3:8-10).
2) 모든 소산, 첫 새끼, 첫 열매를 드린다(레 27:26).
3) 헌금의 표준은 힘대로 정성껏 하는 것이다(마 23:23).

(5) 헌금의 방법
1) 많이 심은 자가 많이 거둔다(고후 9:6).
* 믿음으로 해야 한다(헌신의 정신).
2) 인색한 마음으로나 억지로 하지 않는다(고후 9:7).
3) 감사함으로 즐겨 드린다(고후 9:8, 스 1:4).
4) 빈 손을 하나님께 보이지 않는다(출 23:15, 34:20).

(6) 헌금의 사용방법
1) 복음전파 하는 데 사용한다(빌 4:15-19).
2) 성도들의 신앙성 교육비로 사용한다(갈 6:6).
3) 빈민을 구제하는 데 사용한다(잠 11:25, 마 25:40).

4) 교역자 생활비로 사용한다(민 18:21-24, 고전 9:7-14).

(7) 헌금의 종류

1) 십일조헌금

자기 수입의 십분의 일은 하나님의 것이라 했으므로(말 3:10), 수시로 헌금을 드린다(레 27:30).

2) 주일헌금

매주일 이득을 얻는 데서 드린다(고전 16:2).

3) 감사헌금

출생, 생일, 결혼, 해산, 백일, 돌, 입학, 취업, 졸업, 제대, 회갑, 건축, 추도, 학위, 승급, 주택구입, 심방, 건강회복 등등(시 136:1-26)

(8) 헌금과 축복

1) 하나님께 바치는 자는 범사에 복을 받는다(신 14:28).
2) 하늘 문을 열고, 차고 넘치게 채워주신다(말 3:10).
3) 하나님이 다 갚아주신다(잠 19:17).
4) 하나님께 바치는 자를 하나님이 사랑하신다(고후 9:7).
5) 후히 되어 누르고 흔들어 넘치도록 안겨주신다(눅 6:38).

14. 전도란?

(1) 전도란 무엇인가?

믿지 않는 사람에게 그리스도(예수)를 믿음으로 구원을 얻는다고 복음을 전하는 것이다.

(2) 전도의 이유
1) 예수께서 명령하셨기 때문이다(마 28:19).
2) 예수께서 전도하셨기 때문이다(마 4:17).
3) 신자의 의무이기 때문이다(행 4:19-20, 롬 1:13-15, 고전 9:16).
4) 믿지 않는 사람을 그대로 두면 멸망하기 때문이다(요 8:24, 3:36).

(3) 전도의 목적
1) 죄인을 주님께 인도하는 것이다(요 14:6).
2) 예수님 체험을 전하는 것이다(요 9:25).
3) 주님의 지상명령이다(마 28:19-20).
4) 하나님께서 원하시는 일이다(요 15:8).
5) 신자 최대의 책임이다(롬 1:14).
6) 영적 성장의 비결이다(딤후 2:12).
7) 축복과 상급을 받는 일이다(요 15:16).
8) 사랑의 실천이다(고후 5:14-15).

(4) 전도의 내용
전도자는 "예수님의 복음 장사꾼"이다. 주님께서 만민에게 복음을 전파하라고 우리에게 부탁하신 말씀은 곧 복음을 팔라는 말씀으로써 사도 바울은 오직 예수님만 자랑하고 그의 십자가도 외에는 아무것도 알지 아니하기로 결심했다고 했다(고전 1:30-31, 2:1-2).

우리가 전해야 할 복음의 내용은 무엇인가?

1) 하나님은 사랑이시다(요 3:16, 10:10).

2) 모든 사람은 죄인이다(롬 3:10-12, 3:23).

3) 인간은 스스로 구원할 수 없다(딛 3:5).

4) 예수님께서 우리의 죄를 위하여 대신 죽으셨다(벧전 3:18).

5) 오직 예수님을 믿음으로 구원을 받는다(요 1:12).

6) 구원 결과 하나님의 자녀가 되고 하나님의 은혜와 축복이 풍성하게 임하는 생활이 시작된다(골 1:13-14, 갈 3:26, 고후 5:17).

7) 영원한 소망(요 14:1-3)의 생활이 넘친다.

(5) 전도의 대상

1) 만민에게 전파해야 한다(막 16:15-16).

2) 영적으로 죽은 자에게 전파해야 한다(롬 3:10-12).

3) 가난과 질병으로 고통당하는 자들에게 전파해야 한다(고후 8:9, 막 16:17-18).

4) 참 만족과 기쁨이 없는 자들에게 전파해야 한다(요 14:27).

(6) 전도자의 자격

1) 전도자는 확실한 구원의 체험이 있는 자라야 한다(요일 5:11-12).

2) 전하지 않고는 견딜 수 없는 마음이 있어야 한다(렘 20:9, 행 4:20)

3) 복음을 부끄러워 하지 않아야 한다(롬 1:16)

4) 성령 충만해야 한다(행 1:8)

5) 하나님의 말씀으로 충만해야 한다(벧전 1:23)

6) 뜨거운 기도와 열심이 있어야 한다(삼상 12:23)

(7) 전도 방법

1) 둘씩 짝을 지어 방문하여 한 사람이 대화하면 한 사람은 위해 기도한다.
2) 단정한 옷차림으로 결코 화려하지 않게, 밝은 표정으로 친절한 대화를 나눈다.
3) 먼저 자기 소개를 분명히 하고(소속교회, 이름 등) 필요한 대화로 서로의 시간을 낭비하지 않는다.
4) 가능하면 온 식구가 함께 모여 대화를 나누며 그 가정의 신앙적 배경을 속히 포착한다.
5) 종교와 신앙을 생각해 보도록 하면 기독교 신앙 쪽으로 대화를 이끈다.
6) 설교하거나 가르치려는 태도는 절대 금물이다.
7) 성급히 결심시키려 말고 쉽게 낙심하지 말아야 한다(갈 6:9).
8) 반박하거나 기분을 상하게 해도 결코 분을 품지 않으며 토론이나 논쟁은 절대 피한다(딛 3:9-11).
9) 언제나 그리스도를 중심으로 대화하며 자기의 신앙체험을 간증하여 공감을 갖도록 한다.
10) 전도지를 항상 지니고 다니며 결심자는 카드에 기록하고 위하여 계속 기도한다.

(8) 전도의 종류

1) 인격전도 - 인격과 생활로 덕을 끼치고 감화를 주는 것이다.
2) 선행전도 - 착한 일로 전도하는 것이다. 환자위문, 외로운 자 위로, 가난한 자 구제 등이 이에 속한다.
3) 말씀 전파

(9) 전도의 준비

1) 기도의 준비(마 1:35)
2) 말씀의 준비(벧전 3:15) - 성경, 지식, 전도지
3) 인내력과 적극성
4) 전도전략

성공적인 전도는 성령님의 능력 안에서 오직 예수 그리스도만을 전하고 그 결과는 하나님께 맡기는 것이다.

(10) 전도전략 원리[6]

1) 목표(objective)를 세워라.

오직 승리만을 위한 목표를 정하라. 우리는 씨를 뿌려서, 열매를 거두어야 한다.

전도자 빌립은 "일어나 가서"(행 8:27), 순종하여, "빌립이 달려가서"(행 8:30), "예수를 가르쳐 복음을 전하니"(행 8:35)라 하였듯이, 우리도 세계로 달려가서 복음을 전해야 한다.

2) 공격(offensive)하라.

공격의 대상은 세계 시장이다. 표적 시장을 공략해야 한다. 주님은 결정적인 시간과 장소에서 안타를 치신 것이다. 그것도 만루홈런을 치셨다. 때는 A.D.30년 유월절, 장소는 갈보리, 골고다 언덕에서 십자가에 피흘리시고, 마귀를 제압하시고, 온 인류를 죄에서 자유케하시고 부활승리하신 것이다.

"그러므로 아들이 너희를 자유케 하면 너희가 참으로 자유하

---

[6] 황영익, 「성서경제학」 「서울:한국토코스연구원, 1991」, pp. 312-315.
James L. Wilson, 「The principles of War」, copyright ⓒ 1964 by christian books in annapolis, Maryland U.S.A/이도원 譯, 「전도전략원리」(서울:생명의 말씀사, 1988), 참조.

리라"(요 8:36).

3) 집중(concentration)하라.
복음(말씀)과 성령충만한 기도의 철장권세로 가장 빠르게 다발적으로 사단을 향해 진격해야 할 것이다.
"밤에 주께서 환상(幻像) 가운데 바울에게 말씀하시되 두려워하지 말며 잠잠하지 말고 말하라. 내가 너와 함께 있으매 아무 사람도 너를 대적하여 해롭게 할 자가 없을 것이니 이는 이 성중에 내 백성이 많음이라 하시더라"(행 18:9-10).
"추수할 것은 많되 일꾼이 적으니 그러므로 추수하는 주인에게 청하여 추수할 일꾼들을 보내어 주소서 하라"(눅 10:2).

4) 기동성(mobility)있게 대처하라.
"너희가 그것을 이렇게 먹을지니 허리에 띠를 띠고 발에 신을 신고 손에 지팡이를 잡고 급히 먹으라 이것이 여호와의 유월절이니라"(출 12:11).
"너희가 온 천하에 다니며 만민에게 복음을 전파하라"(막 16:15).
우리는 온 천하에 다니며 복음을 전해야 한다.
"너는 내게 부르짖으라. 내가 네게 응답하겠고 네가 알지 못하는 크고 비밀한 일을 내게 보이리라"(렘 33:3).

5) 경계(security)를 게을리 말라.
"그러므로 하나님의 전신갑주를 취하라. 이는 악한 날에 너희가 능히 대적하고 모든 일을 행한 후에 서기 위함이라"(엡 6:13).

전도인은 늘 준비하는 마음으로 게을리 하지 않고 있어야 한다. "만일 그리하려면 세상 밖으로 나가야 할 것이다"(고전 5:9-11).

6) 기습(surprise) 전법을 사용하라.

기드온은 계시에 의하여 300명의 용사가 적을 기습하여 승리했다(삿 7:1-8, 35). 기드온의 기습에는 때(밤)와 방법(등, 횃불, 소리, 나팔)과 장소(캠프의 3면)의 조건이 구비되어 있었다.

"우리가 아직 연약할 때에 기약대로 그리스도께서 경건치 않는 자를 위하여 죽으셨도다… 그리스도께서 우리를 위하여 죽으심으로 하나님께서 우리에게 대한 자기의 사랑을 확증하셨느니라"(롬 5:6-8).

"지으신 것이 하나라도 그 앞에 나타나지 않음이 없고 오직 만물이 우리를 상관하시는 자의 눈 앞에 벌거벗은 것같이 드러나느니라"(히 4:13).

7) 협조(cooperation)하라.

예수 그리스도를 통한 하나님과의 교제는 신앙의 밑거름이다(마 18:20). 협조에는 교만이 문제된다.

"교만은 패망의 선봉이요, 거만한 마음은 넘어짐의 앞잡이니라"(잠 16:18).

"네 이웃을 네 몸과 같이 사랑하라"(마 22:37-39).

"우리를 반대하지 않는 자는 우리를 위하는 자니라"(막 9:40).

8) 의사소통(communication)을 원활히 하라.

"쉬지 말고 기도하라"(살전 5:17).

"내가 주의 말씀을 얻어먹었사오니 주의 말씀은 내게 기쁨과 내 마음의 즐거움이라"(렘 15:16)고 했다.

"우리가 보고들은 바를 너희에게도 전함은 너희로 우리와 사귐이 있게 하려 함이니 우리의 사귐은 아버지와 그 아들 예수 그리스도와 함께 함이라"(요일 1:3).

주께서 "내가 너희와 항상 함께 있으리라"(마 28:20)고 하셨다.

모든 오해와 실패는 의사소통의 결여에서 잉태한다.

9) 추격(pursuit)하라.

사단이 멸할 때까지 추격해야 할 것이다.

"기드온과 그 좇은 자 삼백 명이 요단에 이르러 건너고 비록 피곤하나 따르며… 기드온이 추격하여 미디안 두 왕, 세바와 살문나를 사로잡고 그 온 군대를 파하니라"(삿 8:17).

우리들은 그리스도인으로 영적 일전(一戰)을 치른 후에 '도망하는' 불신자들을 추격해야 한다.

승리는 예수 그리스도를 영접하게 만드는 것이다. 끝까지 포기하지 말아야 한다.

10) 순종(obedience)하라.

"순종이 제사보다 낫다"(삼상 15:22).

"여호와께서 왕을 버려 왕이 되지 못하게 하셨나이다"(삼상 1:26).

"베드로와 요한이 대답하여 가로되 하나님 앞에서 너희 말듣는 것이 하나님 말씀 듣는 것보다 옳은가 판단하라. 우리는 보고들은 것을 말하지 아니할 수 없다 하니라"(행 4:19-20).

"빌기를 다하매 모인 곳이 진동하더니 무리가 다 성령이 충만하여 담대히 하나님의 말씀을 전하니라"(행 4:31).

"나의 계명을 가지고 지키는 자라야 나를 사랑하는 자니"(요 14:21).

"네 마음을 다하고 목숨을 다하고 뜻을 다하고 힘을 다하여 주 너의 하나님을 사랑하라"(막 12:30).

15. 시험과 승리에 대하여

(1) 시험은 누가 하는가?

우리가 신앙생활을 하는 도중 간혹 시험이 오는데, 그것은 마귀가 하는 것이다(마 4:1, 요 13:2). 마귀가 시험하는 이유는 자기 부하로 있던 자가 자기에게서 떠나 예수를 믿게 되기 때문이다. 그 사람을 잃게 되었으므로 분하여 시험하는 것이다(벧전 5:8).

(2) 어떤 방법으로 시험하는가?

1) 약한 친구들을 이용하는 수가 있다(잠 1:10, 7:6).
2) 물질이 궁핍할 때 물질로써 시험한다(마 4:2-3, 잠 30:9).
3) 번영이 시험의 도구가 되기도 한다(잠 30:9, 마 4:8).
4) 세상 영광으로 시험하는 수도 있다(민 22:17, 단 4:3).
5) 하나님의 섭리를 의심나게 하는 것으로 시험한다(마 4:3).
6) 우상 숭배하는 일로써 시험하기도 한다(마 4:9, 단 3:1-30).

(3) 마귀가 성도들을 시험하는 목적

신자를 범죄케 하고 타락시켜 그리스도를 배반하고 믿음을 버리게 하고 자기를 따르게 하려는 것이다. 다시 말해서 멸망을 시키려는 것이다. 마귀는 사람들의 망하는 것을 기뻐하는 자이기 때문이다.

(4) 시험을 이기게 하는 방법

하나님은 감당할 수 없는 시험은 당하지 않게 해 주신다(고전 10:13). 하나님은 시험에서 피할 길을 주신다(고전 10:13).

경건한 성도는 이기게 해 주신다(엡 6:16). 신앙은 마귀를 이기는 무기요, 세상을 승리하는 힘이다(요일 5:4).

믿음 가지고 이기게 해 주신다(엡 6:16). 기도를 힘써 하는 자를 이기게 해 주신다(마 26:41).

(5) 시험을 이기는 자가 받는 축복

1) 믿음이 연단 받아 아름답게 된다(약 1:3).
2) 인내의 미덕을 이루게 된다(약 1:4).
3) 신앙 인격이 온전해진다(약 1:4).
4) 주께로부터 옳다고 인정받는다(약 1:12).
5) 생명의 면류관을 받는다(약 1:12).

16. 헌신과 봉사에 대하여

(1) 헌신과 봉사란 무엇인가?

우리가 하나님의 사랑과 은혜로 구원을 받았으니, 그 은혜를 감사하고 보답하는 정성으로 우리에게 있는 귀한 것을 바치며 그 뜻대로 일하는 것이다.

(2) 헌신(獻身:consecration)의 뜻

헌신은 자기의 이해관계를 돌보지 않고 전력을 다하는 것이다(selfdevotion).

"모세가 이르되 각 사람이 그 아들과 그 형제를 쳤으니 오늘날 여호와께 헌신하게 되었느니라 그가 오늘날 너희에게 복을 내리시리라"(출 32:29).

헌신하므로 교회가 부흥하게 되고 그 나라와 그의 의를 구하게 되어 경제적 후생·복지가 된 「제국(帝國)」처럼 하늘나라(天國)의 길이 열린다.

하나님 안에서 헌신하는 것은[7], 다시 말해서 하나님 안에서 자신을 모두 알 수 있고 시편 91편의 축복을 경험할 수 있다는 것이다.

(3) 헌신과 고통 가운데 그리스도와의 친교

그리스도에 대한 고통과 헌신은 어떠한 의미인가?

1) 그리스도와 함께 자신을 십자가에 못 박는 것이다(갈 2:20).
2) 그리스도와 다른 사람을 위하여 열심히 봉사하기 위하여 시간을 바침으로써 함께 한다(고후 12:15).
3) 우리들의 생활 속에서 그리스도의 고난을 인식하는 것이

---

[7] F. F. MARSH 지음, 기준서 옮김, 「1,000 성경연구와 설교 자료」 (부산: 성암사. 1979). p. 125 인용.

다(골 1:24).

4) 다른 사람들의 시련의 고통을 나누어 지는 것이다(고후 1:6).

5) 악한 세상에 유발되는 불평 속에서 고통을 당하는 것이다(벧전 2:20, 21).

6) 달콤하고 친절하게 고통을 감수하는 것이다(고전 13:4).

(4) 헌신과 봉사를 어떻게 하는가?

1) 공적인 모임에 빠짐없이 참석하는 것이다.

교회가 공적으로 모이는 시간을 정한다. 또 교회 내에 있는 각 기관이 모이는 시간을 정하고 모여 교회를 위하여 일한다. 이 모든 모임에 충실히 참석해야 하는 것이다.

2) 자기가 가진 자원을 드려 일하는 것이다.

우리들이 가진 모든 것은 하나님이 주신 것이다(고전 4:7). 이 모든 것을 달란트(은전의 명칭)라고 말할 수 있다(마 25:14-30). 음악을 잘하는 사람, 글을 잘 쓰는 사람, 웅변을 잘 하는 사람, 잘 가르치는 사람, 사무에 소질이 있는 사람, 외교·통솔계획·시화 등 여러 가지 소질, 그리고 우리의 건강, 물질 등 모두가 주님을 위하여 일하라고 주신 자본이다.

3) 믿음의 사랑과 겸손을 가지고 일해야 한다.

이런 것이 없이 일하면 사욕에 치우치기 쉽고 분쟁과 멸시하는 시험에 들기 쉽다. 믿음과 사랑과 겸손한 마음으로 일하면 하나님께서 받으실 참된 헌신 봉사가 되고, 교회가 단합되고 자신이 은혜를 받게 된다.

(5) 왜 헌신 봉사해야 하는가?

구원받은 우리 성도들은 실상 예수 그리스도의 것이다(고전

6:19-20). 왜냐하면 멸망받을 우리를 예수께서 생명을 버리시고 피값으로 사서 구원하셨기 때문이다. 우리는 우리 것이 아니라 주의 것이다. 그러므로 주님을 위하여 헌신하고 봉사하는 것이 마땅하다.

17. 축복의 원리 십일조

(1) 십일조의 뜻

자신에게 주어진 모든 수입의 10분의 1을 하나님께 감사한 마음으로 바치는 일이다.

"내가 이스라엘의 십일조(十一條)를 레위 자손에게 기업으로 다 주어서 그들이 하는 일 곧 회막에서 하는 일을 갚나니"(민 18:21).

유대인들이 바친 것은 일 년 동안 모은 농산물, 가축 등이었고 전리품도 십일조를 바쳤다.

"너의 대적을 네 손에 붙이신 지극히 높으신 하나님을 칭송할지라도 하매 아브람이 그 얻은 것에서 십분 일을 멜기세덱에게 주었더라"(창 14:20, 히 7:1, 2:6).

"내(야곱)가 기둥으로 세운 이 돌이 하나님의 전이 될 것이요 하나님께서 내게 주신 모든 것에서 십분 일을 내가 반드시 하나님께 드리겠나이다 하였더라"(창 28:22).

"그가 또 너희 곡식과 포도원 소산의 십일조를 취하여 자기 관리와 신하에게 줄 것이며, 그가(왕) 또 너의 노비(奴婢)와 가장 아름다운 소년과 나귀들을 취하여 자기 일을 시킬 것이며, 너희 양떼의 십분의 일을 취하리니 너희가 그 종이 될 것이라"(삼상 8:15-17).

레위기의 십일조는 제사장이 취하였다(민 18:26). 이스라엘의 백성에게는 십일조의 의무가 있다(민 18:21).

"땅의 십분 일 곧 땅의 곡식이나 나무의 과실이나 그 십분 일은 여호와의 것이니 여호와께 성물이라"(레 27:30, 신 12:6, 14:28, 26:12).

히스기야 때에도 백성들이 헌신적으로 십일조를 드렸다(대하 31:5-12). 포로 귀한 후에 십일조를 내기로 서약해서 왕이 명령을 내리자 곧 이스라엘 자손이 곡식과 포도주와 기름과 꿀과 밭의 모든 소산의 처음 것을 풍성히 드렸고 또 모든 것의 십일조를 많이 가져왔다고 했다(대하 31:5, 느 10:37-39, 12:44, 13:12).

말라기도 십일조의 의무를 강조했다.

"만군의 여호와가 이르노라 너희의 온전한 십일조를 창고에 들여 나의 집에 양식이 있게 하고 그것으로 나를 시험하여 내가 하늘 문을 열고 너희에게 복을 쌓을 곳이 없도록 붓지 아니하나 보라"(말 3:10).

그러나 십일조만을 집착하고 율법의 보다 큰 부분을 간과하는 것을 예수님이 책망하였다(마 23:23). 십일조를 드릴 때는 공의와 사랑이 병행되어야 한다(눅 11:42).

(2) 십일조의 용도

1) 회막에서 일하는(기업이 없는) 레위인의 생활비로 쓰였다 (민 18:21, 24).

2) 일 년에 삼차 여호와의 전에 올라가는 경비로 쓰였다(신 14:22-27; 16:16, 17).

3) 삼 년에 한번씩 오는 구제 년의 구제비로 쓰였다(신 14:28, 29).

(3) 펌프의 원리와 축복의 원리 십일조

"그러므로 무엇이든지 남에게 대접을 받고자 하는 대로 너희도 남을 대접하라 이것이 율법이요 선지자니라"(마 7:12).

"얻기 위해 먼저 주라"는 give하고 take하라는 황금률이다.

펌프의 물을 끌어올리기 위해서는 우선 펌프에 물을 한 통 넣어야 한다. 그러면 계속해서 물이 나오게 된다.

온전한 십일조는 펌프에 넣는 한 통의 물과 같다. 말라기 3장 10절에 약속의 말씀이 있다. "만군의 여호와가 나를 시험하여 내가 하늘 문을 열고 너희에게 복을 쌓을 곳이 없도록 붓지 아니하나 보라." 온전한 십일조는 물 한 통이 30배, 60배, 100배의 물을 나오게 하는 축복이 되는 원리인 것이다.

"온전(穩全)한"이란 결점이 없고 완전한 것(intactness)이다.

"나는 온전한 마음과 깨끗한 손으로 이렇게 하였나이다"(창 20:5).

또 영어로 perfect의 의미이다.

"내가 이미 얻었다 함도 아니요 온전히 이루었다 함도 아니라 오직 내가 그리스도 예수께 잡힌 바 된 그것을 잡으려고 좇아가노라"(빌 3:12).

예컨대 월급 생활자가 가령 월 총액 100만원인데, 원천 징수액(세금 등)을 공제하고 실수령액이 85만원이었을 경우 온전한 십일조는 보통 수령액의 십분의 일인 8만 5천원인 줄 알고 있지만, 하나님이 원하시는 것은 인간이 손대기 전 100만원의 십분의 일 곧 10만원이 온전한 십일조이다.

이 생활을 3년 해보라. 결코 가난한 자가 없을 것이다.

"내가 너희에게 명하는 말을 너희는 가감하지 말고 내가 너희에게 명하는 너희 하나님 여호와의 명령을 지키라"(신 4:2).

"예수 그리스도는 어제나 오늘이나 영원토록 동일하시니라" (히 13:8).

(4) 십일조 하는 방법[8]

1) 하늘에 돈을 투자하는 것이다.

사람이 하나님에게서 돈을 떼일 염려는 없다.

"내가 모태에서 적신이 나왔사온즉 또한 적신이 그리고 돌아가 올지라 주신 자도 여호와시요 취하신 자도 여호와시오니 여호와의 이름이 찬송을 받을지니이다"(욥 1:21).

"우리가 세상에 아무 것도 가지고 온 것이 없으매 또한 아무 것도 가지고 가지 못하리니 우리가 먹을 것과 입을 것이 있은 즉 족한 줄로 알 것이니라"(딤전 6:7, 8).

"주라 그리하면 너희에게 줄 것이니 곧 후히 되어 누르고 흔들어 넘치도록 하여 너희에게 안겨주리라 너희의 헤아리는 그 헤아림으로 너희도 헤아림을 도로 받을 것이니라"(눅 6:38).

"너희는 먼저 그의 나라와 그의 의를 구하라 그리하면 이 모든 것을 너희에게 더하시리라"(마 6:33).

---

2) 엘머 L. 타운즈 지음, 이종수 옮김, 「십일조 어떻게 해야 되나?」 (서울:도서출판 엠마오, 1988), pp.44-61.

2) 진심으로 바치라.

우리가 가진 모든 것은 하나님께 속한 것이며 그 분은 우리 심중에 거하신다(엡 3:17). 십일조를 드리되, 의와 인과 신으로 드려야 한다(마 23:23, 눅 11:42).

"나는 이레에 두 번씩 금식하고 또 소득의 십일조를 드리나이다 하고"(눅 18:12).

아브라함도 멜기세덱에게 십일조를 바쳤다(히 7:5-10).

달란트 비유(마 25:14-30)를 기억하자. 잠언 4:23에는 마음을 지키라고 했다.

3) 믿음으로 드리라.

우리가 십일조를 바칠 때 하나님은 공급하시며, 채워주신다(마 6:25-39, 빌 4:6, 7, 10-13).

매일 믿음이 요구된다(마 6:30). 우리의 믿음이 오병이어의 기적을 일으킨다(마 14:15-21, 막 6:35-44, 눅 9:10-17, 요 6:1-14, 히 13:8, 빌 4:19).

하나님께서 미리 아신다(마 6:31, 32).

4) 사람들에게가 아니고 하나님께 드려라.

신자들은 마음 자세를 올바르게 가져야 한다(마 6:33, 34).

오직 예수님만이 구원되신다(롬 3:24-28, 고후 5:21).

하늘에 보물을 쌓아두라고 했다. "너희가 아버지께 예배할 때가 이르리라"(요 4:21).

"네 재물과 네 소산물의 처음 익은 열매로 여호와를 공경하라 그리하면 네 창고가 가득히 차고 네 즙틀에 새 포도즙이 넘치리라"(잠 3:9-10).

(5) 청지기의 도(헌금, 십일조)9)

하나님의 계획은 그리스도인들이 지상에서 십일조와 헌금을 통해서 예수 그리스도의 사역을 돕는 것이다. "매주일 첫날에 너희 각 사람이 이를 얻는 대로 저축하여 두어서 내가 갈 때에 연보를 하지 않게 하라"(고전 16:2).

하나님의 사랑으로 충만한 마음에서 드리는 것이 거듭난 신자의 특성이다. "이것이 곧 적게 심는 자는 적게 거두고 많이 심는 자는 많이 거둔다 하는 말이로다 각각 그 마음에 정한 대로 할 것이요 인색함으로나 억지로 하지 말지니 하나님은 즐겨 내는 자를 사랑하시느니라 하나님이 능히 모든 은혜를 너희에게 넘치게 하시나니 이는 너희로 모든 일에 항상 모든 것이 넉넉하여 모든 착한 일을 넘치게 하려 하심이라"(고후 9:6-8).

우리는 우리가 하나님의 일과 하나님의 일꾼들의 필요를 공급할 때 우리 자신의 필요가 채워진다는 약속을 알고 있다. "나의 하나님이 그리스도 예수 안에서 영광 가운데 그 풍성한 대로 너희 모든 쓸 것을 채우시리라"(빌 4:19).

---

9) 빌리 그레이엄 지음, 황을호 역, 「기독교사역자 핸드북」 (서울:생명의 말씀사, 1987), pp. 218-219.

제10장
신앙생활의 원리는 무엇인가?

신앙생활이란
이제까지 나를 믿고 내가 주인이 되어
하던 모든 것을 버리고,
하나님을 신뢰하고 그를 의지하며
그의 말씀대로 순종하며 사는 생활을 말한다.
인생을 성공하려면
올바른 신앙의 토대를 가꾸어야 한다.

1. 신앙이란 무엇이며 왜 필요한가?

신앙(또는 믿음)이란 쉽게 말해서 부모와 자녀 관계에서 생각해 볼 수 있다. 자녀가 부모에게 가지는 태도 속에 믿음이란 말을 생각해 본다.

(1) 자녀는 전적으로 부모를 신뢰한다.

거기에는 조금도 의심이 없다. 그러므로 신앙이란 첫째 하나님께 대한 전적인 신뢰이다. 이것이 곧 존경과 경외의 대상으로 예배의 생활이 된다.

(2) 또 자녀는 부모를 의지한다.

그러므로 저들에게는 걱정과 근심이 없다. 단지 부모 곁에 있기만 하면 그만이다. 이처럼 신앙이란 하나님께 대한 절대적인 맡김이다. 내 생명까지도 그가 맡아서 인도해 주실 것을 믿는다. 자기의 삶의 전부를 맡기고 의지하는 생활이다. 여기에서 하나님께 대한 감사생활이 나온다. 범사에 감사이다. "사나 죽으나 나의 삶은 하나님께 있다"는 고백이 나오게 된다.

(3) 자녀는 부모가 인도하는 대로 순종하고 따라온다.

신뢰하고 의지하는 생활에는 반드시 순종의 생활이 있게 마련이다. 어디로 인도하든지 부모의 손을 잡고 따라간다. 그러므로 믿음의 조상 아브라함이 처음 하나님이 부르실 때 갈 곳을 알지 못하고 명령에 순종하여 고향을 떠나 나섰다고 했다. 그러므로 하나님이 그것을 귀하게 여겨 주시고 그의 의로 여겨주셨다고 했다.

이렇게 신앙생활이란 이제까지 나를 믿고 내가 주인이 되어 하던 모든 것을 버리고, 하나님을 신뢰하고 그를 의지하며 그의 말씀대로 순종하며 사는 생활을 말한다. 모든 것에 주인이 있듯이 이 우주만물을 지으신 주인은 하나님 한 분밖에 없다. 별과 달과 해와 바다와 육지, 또 그 위에 사는 모든 생명을 누가 지으시고 관할하실까? 주인이 나라는 말은 도대체 되지도 않는 말이다. 또 이 세상에 억울한 일들이 얼마나 많은가! 사람이 재판이 아무리 공정해도 양심의 재판은 못된다. 그러므로 최후의 잘 잘못을 갈라놓을 심판자가 있어야 할 것이 아니겠는가. 그래서 "믿음은 바라는 것들의 실상이요 보지 못하는 것들의 증거"라고 성경은 말한다(히 11:1). 하나님 없이도 살 수 있다는 말은 그러므로 가장 "어리석은 자"들의 말이라고 했다(시 14:1).

2. 신앙생활의 오류들

(1) 미신적 신앙이다.

마치 무당이나 점쟁이를 찾아가 사주팔자를 보듯이 그렇게 믿으려는 사람들도 있다. 기독교는 또 다른 하나의 미신 종교가 아니다. 우리를 죄의 값인 죽음으로부터 구원하여 새 사람으로 영원한 하나님의 자녀들이 되게 하는 것이다.

(2) 축복 중심의 신앙이다.

예수 믿는다는 것이 곧 세상에서 잘되는 축복이라고만 믿는다. 좀 시련이 오고 사업에 실패하면 낙심되어 신앙생활을 버린다. 그리고 "하나님이 계시면 왜 내가 이렇게 되겠는가?"고 원망한다. 하나님을 꼭 자기 생각 안에다 두고 그대로 해주어야 믿는 사람들이다. 하나님의 생각은 인간의 좁은 생각과 달라서 하늘이 땅에서 높은 것같이 항상 인간 생각 위에서 범사에 유익되도록 이루어 주심을 믿고 깨달아야 한다.

(3) 현세 중심의 신앙이다.

모든 것을 이 세상에서만 보는 믿음이다. 죽으면 그만이니 신앙생활도 살아있을 동안 이 세상에서의 문제로 본다. 그러므로 쾌락주의로 흘러간다. 이해 관계에 민감하다. 이로울 때는 신앙을 말하고 해로울 땐 쑥 들어간다. 신앙은 이 세상의 것만 아니다.

(4) 내세 중심의 신앙이다.

이것은 위의 것과 정반대이다. 괴로운 세상, 얼른 죽어 천당에나 가야지 한다. 모든 가정 생활과 신앙생활을 다 부정한 것으로 알고 "오직 주만" 하면서 집회나 산으로 따라 다닌다. 예수님은 "너희 착한 행실을 보고 하나님께 영광을 돌리게 하라"(마 5:16)고 했다. 착한 행실이란 이 세상에서의 모든 일반 생활을 말한다.

가지가 원줄기에 붙어 있어야 하듯 신자는 교회 안에 있어야 한다. 믿음은 교회 안에서 자란 믿음이어야 한다. 이 말은 항상 먼저 예배의 생활에 참여해서 신앙의 공동체를 이루어 나가야 한다는 말이다. 예배생활에 등한시하는 사람 치고 신앙생활을 잘하는 사람은 없다.

그러나 쓸데없는 가지는 잘라 버려야 한다. 이것은 내 안에 온갖 옛 생활의 습관들을 하나님의 말씀으로 제해 버리는 것을 말한다. 그러므로 신앙은 말씀으로 자라야 한다. 듣기만 하고 보기만(표적, 이적)하려 할 때 곁가지들이 생긴다. 매일매일 하나님의 말씀을 읽는 가운데서 자라야 바른 신앙을 가질 수 있다.

가지가 원줄기에 항상 밀접하게 붙어 있어야 영양 공급의 교통이 계속되듯이 신앙은 말씀과 기도로 자라야 한다. 성경 보지 아니하고 기도하지 않으면 언제나 그 믿음은 성장하지 못한다. 마치 마른 가지 같은 존재가 된다. 기도는 하나님과의 대화요, 호흡이라고도 했다.

줄기와 가지 사이는 말없는 서로의 교통이 항상 이루어진다. 가지는 때가 될 때 꽃이 피고 열매가 달리듯이 신앙은 전도를 통해서 성숙해진다. 한 사람을 주 앞에 인도하려면 먼저 자신의 준비 없이 이루어질 수 없다. 입을 벌려 전도해 볼 때 자신의 신앙은 더욱 여물게 된다. 그러므로 가지는 열매를 맺을 때 그 사명을 다하게 된다. 농부 되신 하나님이 이 열매를 보실 때 가장 기뻐하신다고 했다.

가지의 열매가 주인 되는 농부를 기쁘게 하듯이 신앙은 하나님을 기쁘시게 하는 헌신적인 봉사생활을 통해 자라야 한다.

약한 자를 돕고 병든 자를 방문하고 불쌍한 자들을 돌보는 일에 헌신적으로 봉사할 때, 하나님께는 영광이요 자신에게는 큰 축복이 된다(마 25:40).

주 기 도 문

하늘에 계신 우리 아버지여, 이름이 거룩히 여김을 받으시오며, 나라이 임하옵시며, 뜻이 하늘에서 이룬 것같이 땅에서도 이루어지이다. 오늘날 우리에게 일용할 양식을 주옵시고, 우리가 우리에게 죄 지은 자를 사하여 준 것 같이 우리의 죄를 사하여 주옵시고, 우리를 시험에 들지 말게 하옵시고, 다만 악에서 구하옵소서. 대개 나라와 권세가 아버지께 영원히 있사옵나이다(마 6:9-13).

- 아멘 -

사 도 신 경

전능하사 천지를 만드신 하나님 아버지를 내가 믿사오며, 그 외아들 우리 주 예수 그리스도를 믿사오니 이는 성령으로 잉태하사 동정녀 마리아에게 나시고, 본디오 빌라도에게 고난을 받으사 십자가에 못 박혀 죽으시고, 장사한 지 사흘 만에 죽은 자 가운데서 다시 살아나시며, 하늘에 오르사 전능하신 하나님 우편에 앉아 계시다가, 저리로서 산 자와 죽은 자를 심판하러 오시리라. 성령을 믿사오며, 거룩한 공회와 성도가 서로 교통하는 것과 죄를 사하여 주시는 것과, 몸이 다시 사는 것과 영원히 사는 것을 믿사옵나이다.

-아멘 -

십 계 명

하나님이 이 모든 말씀으로 일러 가라사대 나는 너의 하나님 여호와로라.

제 1은, 너는 나 외에는 다른 신들을 네게 있게 말지니라.

제 2는, 너를 위하여 새긴 우상을 만들지 말지니, 위로 하늘에 있는 것이나 아래로 땅에 있는 것이나 땅 아래 물 속에 있는 것의 무슨 형상이든지 만들지 말고, 절하여 섬기지 말라. 나 여호와 너의 하나님은 진노하는 신이니, 나를 미워하는 자에게는 아비의 죄를 자손 삼 사대까지에 이르게 하고, 나를 사랑하며 내 계명을 지키는 자에게는 은혜를 베풀어 수천 대에 이르게 하리라.

제 3은, 너의 하나님 여호와의 이름을 망령되이 일컫지 말라. 여호와의 이름을 망령되이 일컫는 자를 죄 없다 아니하리라.

제 4는, 안식일은 기억하며 성일로 지키라. 엿새 동안에 네 모든 일을 힘써 하고 제 칠일은 너희 하나님 여호와의 안식일이니, 너나 네 자녀가 네 노비나 네 육축이나, 네 문 안에 유하는 객일지라도 일하지 말라. 엿새 동안에 여호와께서 하늘과 땅과 바다와 그 가운데 만물을 만드시고 제 칠일을 쉬셨으니, 그러므로 여호와께서 안식일을 복되고 거룩한 날로 삼으셨느니라.

제 5는, 네 부모를 공경하라. 그리하면 너의 하나님께서 네게 주신 땅에서 네가 오래 살리라.

제 6은, 살인하지 말라.

제 7은, 간음하지 말라.

제 8은, 도둑질하지 말라.

제 9는, 네 이웃을 해하려고 거짓 증거하지 말라.

제 10은, 네 이웃이 가진 집이나, 네 이웃의 아내나, 네 이웃의 남종이나 여종이나 소나 나귀나 네 이웃에 있는 것을 무엇이든지 탐내지 말라(출 20:1-17).

"예수께서 가라사대, 네 마음을 다하고 목숨을 다하고 뜻을 다하여, 주 너의 하나님을 사랑하라 하셨으니, 이것이 크고 첫째 되는 계명이요, 둘째는 그와 같으니, 네 이웃을 네 몸과 같이 사랑하라 하셨으니, 이 두 계명이 온 율법과 선지자의 강령이니라"(마 22:37-40).

3. 중요한 교리

(1) 양자(養子) 삼으심

하나님은 의롭다고 인정된 자들을 그의 자녀로 삼으신다. 양자가 된 자들은 하나님을 아바 아버지라 부르는 특권을 가지고 하나님 앞에 나아가며 자녀로서의 특권과 자유를 누리게 되는 것이다.

하나님께서는 자녀된 자들을 보호하시고 불쌍히 여기시며, 그들의 필요한 것은 베풀어주신다. 한편 하나님은 그들을 양육하시기 위해 징계도 하시지만 결코 버리시지는 않으신다.

〔연구할 성구〕

· 엡 1:15, 3:12, 갈 4:4-6, 롬 5:2, 8:17, 벧전 1:4, 5:7, 요 1:12, 시 103:13, 잠 14:26, 마 6:30-32, 애 3:31

(2) 성화(聖化)

성화란, 말씀과 성령의 계속적인 도움으로 죄인된 모습에서 순결케 되어 하나님의 형상으로 새롭게 변화되는 것을 말한다.

이로 말미암아 우리의 몸을 지배하던 죄의 권세는 파괴되고 그 죄로 인하여 나타나는 여러 가지 욕심은 점점 약해져서 소멸되어 선행을 하게 된다.

성화는 장기적 과정을 통해 진행된다. 그러므로 현세의 생활에서는 완전에 도달할 수 없다. 그러나 하나님의 말씀과 성령의 도움으로 신자는 부지런히 하나님이 제시해 주시는 방법에 따라 자라나가야 한다. 그래서 거룩함을 온전케 해야 한다.

〔연구할 성구〕

· 요 17:17, 살후 2:13, 살전 5:23, 히 2:11, 12:14, 고후 7:1, 롬 6:6, 8:31, 갈 5:24, 엡 4:24, 5:26, 벧전 2:11

(3) 중생(거듭남)

하나님의 말씀과 성령의 역사하심으로 우리의 영과 육이 변화를 받아 사망의 길에서 생명으로 옮겨지는 새로운 창조를 의미한다. 그러므로 인간의 그 어떤 노력도 자신을 중생시킬 수 없는 것이다. 이것은 전적으로 하나님의 은혜로 비밀스러운 사역이며 순간적으로 완성되는 것이다.

〔연구할 성구〕

· 고후 5:17, 요일 3:14, 엡 2:1, 4, 5, 벧전 1:23, 약 1:18, 고전 4:15, 딛 3:5, 요 15:3, 17:17

(4) 회개

회개란 죄인이 자신의 생활을 돌아보아 그것이 더럽고 추함을 슬퍼하며, 한편 하나님의 거룩하고 의로우심에서 떠나 있어 하나님을 공경하지 않았던 불순종의 죄를 슬퍼하며 그 죄를 무서워하여 그 길에서 돌이켜 죄를 미워하는 것이라고 말할 수 있다.

〔연구할 성구〕

· 겔 18:30-31, 36:31, 사 30:22, 시 51:4, 119:128, 렘 31:18-19, 욜 2:12-13, 암 5:15, 고후 7:9-10, 롬 3:20, 2:4

(5) 믿음

하나님의 은혜의 선물이며, 말씀으로 전파되어 택함을 받은 사람들에게 성령을 통해 마음 속에 일어나는 복음진리(구원)에 대한 개인적 확신이다. 이것은 그리스도 안에서의 약속을 신뢰하는 것이다.

믿음은 시험을 만나 약하게도 되고 강하게도 되지만 택한 백성은 반드시 승리하게 되며 말씀과 성례와 기도를 통해 자라가는 것이다.

〔연구할 성구〕

· 엡 1:17-19, 2:8, 요 3:16, 1:12, 6:40, 3:40, 3:6, 18, 36, 히 10:39, 11:13, 롬 3:22, 4:11, 갈 2:16, 20, 고후 4:13, 벧전 2:2, 행 2:32

(6) 의롭다 하심(認義)

칭의란 우리 자신으로는 죄를 어찌할 수 없는 상태에서, 죄를 용서하시고 예수 그리스도의 의를 덧입혀 의롭다고 선언하신 하나님의 법적 선언을 말한다.

그렇다고 죄의 상태에 있는 인간이 의로워진 것이 아니라,

하나님의 은혜로 의롭다고 인정하여 주시는 것이다. 이는 그리스도가 하나님의 공의에 만족을 드림과 복종하셨음을 그를 믿는 우리에게 전가시켜 주신 것이다.

〔연구할 성구〕

· 시 32:1-2, 행 13:38-39, 롬 3:21-22, 24, 3:28, 4:5, 히 5:18, 8:30, 갈 2:16

4. 축복받는 가정 비결

　교육학자 둘로리스 큐란은 건강한 가정생활의 특징을 이렇게 말하고 있다.

　(1) 가족간의 의사소통이 원활한 가정

　(2) 서로 인정, 긍정 뒷받침하는 가정, 특히 다른 사람의 말을 들어주는 가정

　(3) 신뢰감을 발전하는 가정

　(4) 공동 책임감을 발휘하는 가정

　(5) 공유하는 종교적 핵심이 있는 가정

　(6) 가족간에 한 자리에 모여 대화를 자주 하는 가정

　오늘날 우리들의 가정 현실을 생각하면서 건강한 가정인가를 살펴볼 필요가 있다. 문제아는 언제나 문제 가정에서 나온다는 사실을 명심하고 살아야겠다.

　행복한 가정은 무엇보다도 복음화된 가정이다. 그리스도를 가정 중심에 모실 때 주님께서는 그 가정에 주인이 되셔서 그

가족의 삶에 의미를 주시고 삶의 목적을 분명하게 하신다. 날마다 십자가상의 사랑으로 보살피시고 날마다 부활의 새소망 가운데로 이끌어주신다는 사실을 확인하는 가정은 세상이 찾을 수 없는 행복의 극치를 맛보는 가정이다. 그리스도를 중심에 모시고 하나가 된 가정, 복음으로 은혜와 사랑과 감사와 찬양이 넘치는 가정, 이것이 축복받는 가정이 아니고 무엇이겠는가?

사도행전 10장을 보면 고넬료의 가정이 나온다.

"그가 경건하여 온 집으로 더불어 하나님을 경외하고 백성을 많이 구제하고"(행 10:12).

백부장 고넬료의 가정은 천사가 찾아올 만한 가정이었다. 천사는 아무 곳이나 찾아오는 것이 아니다. 쓰레기 더미에는 파리떼가 모이고 꽃밭에는 벌과 나비가 날게 마련이다. 그러므로 우리의 가정은 천사가 찾아오도록 깨끗하게 할 필요가 있다. 이런 가정들을 하나님께서 축복해 주시기 때문이다.

(1) 내 가정에 불신앙을 제거하자.

가족 가운데 불신자가 있으면 화합이 잘 안되고 우상을 섬기는 데 열심 있는 사람이 한 사람이라도 있으면 성결이 안된다. 불신앙은 가족간에 불화를 일으키게 만들 뿐 아니라 하나님의 진노를 가져오게 되며 하나님을 슬프게 만든다. 고넬료는 가족뿐만 아니라 부리는 종들까지도 하나님을 경외하는 경건한 사람들이었다(행 10:7). 행복한 가정은 먼저 온 가족이 성별되어야 한다. 일상생활에서 또한 불신앙적 요소를 제거해야 한다. 고넬료는 일상생활에서 하나님을 두렵고 떨리는 마음으로 섬겼다고 말씀하고 있다(행 10:1). 하나님을 경외하자.

(2) 내 가정에 불륜을 제거하자.

젊은이 중에는 부모 모시기를 기피하는 사람이 늘어나고 있다고 한다. 일부 노인들 가운데는 자녀를 두고도 갈 자리가 없다는 것이다. 이것이 불륜이 아니고 무엇이겠는가? 나는 젊은 여자들이 결혼할 상대가 맏아들이라서 싫다고 하면 "당신도 결혼해서 아이를 낳지 말아라. 맏아들 낳으면 앞으로 장가 못 보내게 될 것 아니냐"고 심한 말을 해준다. 가정이 불륜을 저지르면 핵가족이 아니라 핵폭탄 가정이 되어 언젠가는 날아가 버릴 것이다. 어른들의 불륜 속에 자라난 어린 아이들은 정상적으로 성장할 수 없다. 어른들이 모범을 보일 때 천사가 찾아오는 행복한 가정이 될 것이다.

옛 선인들은 효는 모든 윤리의 기본이라고 했다. 논어에 보면 공자가 말하기를 "인의 진수는 어버이를 섬기는 것이요 의의 진수는 형을 따르는 것이요, 예는 이 두 가지를 조리에 맞도록 하는 것이요 저는 이 두 가지를 떠나지 않는 것이라" 했다. 대효는 부모님을 기쁘게 해 드리는 것입니다.

(3) 내 가정에 부정을 제거하자.

시편 128편에 보면 "네 손이 수고한 대로 먹을 것이라"고 했다.
자기 손으로 수고한 것을 먹는 것이 하나님이 주신 축복의 기본이다. 불로소득은 부끄러운 것임을 알아야 한다. 하나님께서 주시지 않은 것을 억지로 불로소득해서 많은 것을 가지려고만 힘쓰며 많은 것이 축복이라고 생각하는 것은 잘못된 것이다. 부정축재는 죄악이다. 쉽게 모아 놓은 재산은 쉽게 나가게 마련이라는 것을 명심해야 한다. 그러므로 부정과 행복은 결코 병행될 수 없다. 삭개오가 예수님을 영접하고 나서 "내가 남의 것을 토색한 것이 있으면 사 배로 갚겠나이다"라고 했다. 약속한 것은 가정에 부정을 제거하겠다는 뜻이다. 부정을 버리지 아니하고는 행복한 가정이 될 수 없다.

여호수아 7장에 아간이 여리고에서 훔친 작은 물건 때문에 아이성 함락에 백성들의 마음이 물 같이 되었다고(수 7:5) 말하고 있다. 하나님께서는 부정이 있는 가정이나 나라를 축복해 주시지 않는다. 고넬료의 가정은 신앙이 있었고 윤리가 있었고 깨끗함이 있었다. 그는 점령군 장로로서 얼마든지 여건이 되었지만 자기 것을 남에게 구제할 망정 착취와 수탈은 하지 않았다.

그의 일상생활은 하나님을 경외하고 백성을 구제하고 항상 기도하는 것이었다. 그럴 때 천사가 찾아와서 네 기도와 구제가 하나님께 상달하여 기억하신 바 되었다고 축복했다.

5. 부부 갈등 예방과 치유책[1)]

(1) 결혼생활이 변질되는 단계

모든 남녀들이 저마다 행복을 위해서 결혼을 하지만 모두가 행복한 생활을 하는 것이 아니기에 갈등이 심화되어가고 있다. 가정의 종류를 보통 세 부류로 나눈다. 행복한 가정, 깨어진 사정, 매달린 가정이다. 이 중에 한국의 경우(필자의 통계자료), 행복한 가정은 100쌍에 1~3쌍 정도이고, 미국의 경우 1쌍 정도(?)다.

---

1) Ibid, pp.25-30.

필자가 전국 교회를 다니면서 15년 간 가정세미나를 하면서 분석한 자료에 의하면 세 부류 중 매달린 가정이 90%를 차지하는 가슴 아픈 통계를 가지고 있다. 어떤 교회에 가서 세미나를 했는데 어떤 젊은 장로님이 말하기를 "오늘 목사님의 강의는 저희 부부에게 해당되는 말씀이었습니다. 저희 부부는 우리 교회에서 가정 모범부부로 소문이 나 있습니다. 제 아내는 젊은 권사로 교회에서 존경받는 사람이지만 저희 부부는 매달린 부부였습니다."라고 고백했다.

결혼생활이 변질되는 5단계를 보면, 첫 단계가 낭만적 단계로서 데이트와 신혼 단계이고, 그 다음은 결혼 초기이다. 그리고 3단계가 현실적인 단계이다. 이 단계는 익숙하지 못한 환경, 가치관의 차이에서 오는 갈등, 부모가 되는 짐스러움과 인척들 사이의 기대와 간섭, 기대치에 못 미치는 실망과 좌절, 서로를 변화시키려는 싸움이 본격화되는 생활의 현실적인 문제들이 부부 사이를 우울하게 만든다.

그 다음이 4단계로서 충돌관계에 접어든다. 남편은 아내하고만 결혼한 것이 아니라 성공(출세)하고도 결혼을 했기에 4단계에서는 아내보다도 그의 직업에 전 관심을 쏟고 가정보다는 밖으로 관심을 돌리는 경우가 많다. 집에 돌아오면 자기에게만 관심을 쏟아주기를 바라는 것이 남편이기도 하다. 남편은 아내에 비해 이기주의자요 아내 앞에서는 심리적으로 4살짜리에 불과하다. 특히 저녁 때 돌아오는 남편들은 큰아들로 생각해야 한다. 아니 큰 아들이라기 보다는 막내 하나 더 키우는 것으로 생각해야 한다.

그런데 아내 역시 4단계에서는 남편보다는 자녀에게 전 관심을 쏟게 되고 가정 밖에서 피차에 쉽게 지치고 서로를 향해 바라기만 하는 심리가 되어 버리기 쉽다. 결혼에 대한 더 이상의 신비감도 없고 기대감이 없기에 피차 관심이 줄어드는 위험 시기이기도 하다.

그 다음 단계가 각기 다른 세계의 선택으로 관계의 종말을 향해 가는 배척의 단계다. 함께 살면서도 감정적 분리로 정서적 이별을 하고 살기에 많은 여성들이 '나는 남편으로부터 강간을 당하면서 고통의 날을 보낸다'는 탄식들을 한다.

어떻게 자기 남편에게 강간을 당하는가? 정서적 조화가 깨어지면 그런 결과를 초래하는 것이다. 결국 육체적 별거에 들어가 이혼까지 이르고 변질된 결혼이 가져오는 결과는 한 마디로 '절망'이다.

본래 가정은 하나님이 창조하신 신적 기관으로서 학교 이전의 학교요, 천국 이전에 작은 천국이요, 법과 질서의 울타리가 둘러있는 폭풍우 가운데서도 참 평화를 누리는 안식처이다(애디스 쉐퍼).

그러나 이 가정이 변질되고 파괴될 때 자녀들은 본받을 만한 모범적 인생 견본자(Significant others)를 잃게 되어 고통, 방황, 탈선, 반항아가 된다. 남자들은 참 사랑과 존경을 경험할 수 없고, 여자들 역시 참 사랑과 이해와 위로를 경험할 수 없게 된다. 그 다음 세대는 변질된 가정으로 인한 그 쓴 열매를 먹고 자라야 하고 결국 그들이 처한 사회는 목적도 없고, 좌절하고 소외되고 버림받은 사람들이 집단으로 변해갈 수밖에 없는 것이다.

우리는 지금 우리의 가정 주변과 사회 곳곳에서 이미 부식되고 깨어진 가정에서 상처입고 뛰쳐나온 젊은 세대들이 몸부림(자학 또는 반항)에 떨고 있지 않은가?

(2) 충돌과 변질을 방지하고 치유하는 비결

1) 칭찬과 격려를 아끼지 말라.

아내의 장점을 찾으면 그것이 적은 것일지라도 격려해 주고 칭찬해 주자. 세상 사람들이 아무리 칭찬을 해 주어도 자기 남편에게는 칭찬은커녕 무시당하고 인정도 격려도 못 받게 되면 그 아내는 절대로 행복할 수 없다. 반찬을 만들어 놓고 칭찬받기를 원하는 아내는 없겠지만, 그래도 남편은 아내가 성의껏 차린 식단에 대해 한번쯤 칭찬과 격려를 하고 먹으면 음식 만드느라고 지친 아내의 피로는 그 한 마디로 씻은 듯이 사라질 것이다.

필자는 맵고 짠 음식은 질색이다. 그런데 아내가 종종 맵고 짜게 해놓을 때가 있었다. 그럴 때마다 "당신 솜씨는 누구도 못 따라 온다니까. 약간 짜고 매워서 그렇지 맛은 그만이야." 했더니 깔깔대고 웃어댔다. 될 수 있으면 기분 덜 상하게 맵고 짠 것을 지적해 주면 상대방도 기분 좋게 그것을 수용할 수가 있다. 반대로 반찬 투정을 계속하면 점점 반찬이 나빠진다는 사실을 명심해야 한다.

공식석상에서 아내를 칭찬하자. 사실 남편들이 지나치게 이기주의요 자기 중심적이어서 그렇지 아내에 대해 칭찬할 일은 얼마든지 있는 것이다. 그런데 불행하게도 불평불만만 하는 사람들이 있다. 웃기기 위해서 아내 흉본 것 같으나 그것은 본심이요 그 말을 들은 아내는 자기 남편에게 존경심이 갈 수 없게 된다. 내성적인 아내와 사는 남편은 공석에서 그 아내를 적극적으로 유도해서 함께 분위기를 맞춰나가도록 수준 있는 유머로 아내를 이끌어 줘야 한다.

2) 아내를 귀히 여기자(벧전 3:7).

필자는 머리도 식히고 단합대회도 할 겸 교회의 모든 직원들과 야외에 자주 나가는 버릇이 있다. 어느 날 버스를 타고 가던 중 필자 옆에 아내가 앉고 그 옆에 집사님이 앉았는데 필자의 아내가 집사님 손을 끌어다가 온몸을 주물러 달라고 했다.

그런데 그 집사님은 유머스럽게 짜증 아닌 짜증을 내면서 퉁명스럽게 말했다. "목사님 지겹지도 않으세요. 밤이나 낮이나 사람만 보면 주물러 달라고 하시니 얼마나 귀찮으세요. 이젠 저 난지도 쓰레기장에 실어다 버리세요." 이 말을 듣고 모두들 깔깔대고 웃었다. 필자의 아내도 조금도 섭섭한 기색 없이 웃어댔다.

실은 필자의 아내가 어린 시절 유치원 다닐 때 그네를 타다가 떨어져서 허리를 다친 후부터 불편한 생활을 해 왔고 그것으로 인해 늘 온 몸을 주물러 줘야 하는 사람이다. 모두 한바탕 웃고 났지만 내 마음 깊은 곳에는 아쉬움이 있었다.

그래서 그 여집사님에게 질문을 했다. "집사님은 황금반지가 찌그러졌다고 쓰레기통에 버리나요?" 이 말을 들은 아내가 갑자기 내 무릎을 손으로 쓰다듬으면서 "여보 그렇지. 내가 일그러졌어도 황금반지처럼 귀하지!"하고 흥분했다. 그 말 한 마디에 아내는 하루종일 입이 뺨까지 벌어져 있었다. 언덕을 올라갈 때는 이끌어 줘야 하는 사람인데 그날은 언제 올라갔는지 산중턱에 가 있었다. '비록 찌그러진 반지 같으나 황금반지! 소중히 간직해야 할 존재!' 그날 하루 아내의 모습은 그렇게 밝을 수가 없었다. 집에 돌아와서도 처제와 전화하면서 계속 그 말을 인용하는 것이었다.

"예 그런 소리 말어. 너희 형부가 나더러 찌그러졌어도 황금반지래!"

말 한 마디로 늘어져 있던 사람을 저렇게 싱싱하게 소생시킬 수가 있다니! 그렇다. 예로부터 말 한 마디로 천냥 빚을 갚는다고 했지 않은가!

남편들은 아내에게 내용 빈약한 말로 상대방을 피곤케 말고 누구 말대로 영양가 있는 말을 일상화하자. 연약한 그릇! 나의 아내!

3) 아내가 하는 일에 깊이 이해하고 협조하자.

아내의 신앙적 열심에 대해 부정적으로 생각하지 말고 긍정적으로 생각하고 격려하고 칭찬하라. 공석에서 또는 타인 앞에서 아내를 적극적으로 자랑하라. 아내의 요구사항이 남편 생각에 보잘것없이 보여도 그것이 아내에게는 소중한 것이다. 혹 사사로운 일이라 할지라도 거절하지 말고 충족시켜줘야 아내는 만족해 하고 남편을 존경하게 된다.

만일 남편이 아내의 요구에 자주 거절하거나 묵살해 버리면 그 아내는 처음에는 약간 섭섭해 하다가 차츰 거부당한 감정에 상처가 커져간다. 나중에는 버림받은 감정으로 깊은 계곡 속으로 떨어진 것 같은 고독의 병을 앓게 된다는 사실을 명심해야 한다. 현대 가정의 갈등의 심화 속에는 대부분 서로의 버림받은 감정들이 도사리고 있는 것이다. 부득이한 경우를 제외하고는 아내와 가족을 위해서 다른 약속을 미루고 아내와 가족에게 더 큰 비중을 두는 모습을 보여주는 지혜가 있어야 한다.

남편들은 아내와 자녀들에게 자주 관심을 기울이고 작은 요구들을 충족시켜 주는데 인색해서는 안된다. 그리고 아내가 교회 일이나 밖에서 연합사업에 중책을 맡았을 때는 어차피 해야 할 일이니 핀잔주지 말고 격려해 주고 그의 배후에서 적극 협조해야 한다. 그래서 임기 동안 기쁘고 즐거운 마음으로 일을 해내도록 섬김의 자세로 도움을 줘야 한다.

필자 교회에 여전도회원들 중 지방회와 총회연합회 임원이 되어 일할 때 그들의 남편들이 바쁜 일들을 희생해 가면서 아내를 돕는 모습을 보고 얼마나 흐뭇했는지 모른다. 그것이 곧 아내를 영화롭게 하는 것이다.

우리가 즐겨 부르는 찬송가 중 359장 작시자는 찰스 프레드닉 와이글이라는 목사인데 전도열에 불타 자주 집을 떠나 순회 전도여행을 다녔다고 한다. 그때 외롭고 고독했던 아내는 자기를 버리고 전도라는 핑계로 집을 너무 비우는 남편을 더 이상 기대할 수 없다고 생각하여 이혼을 제기하고 멀리 떠나버렸다. 아내를 잃은 와이글은 아내를 찾아 헤매다가 지쳐서 차라리 자기 생명을 끊고 싶은 충동을 느꼈다. 그때 그의 심령에 음성이 들려왔다고 한다.

"사랑하는 종아 내가 언제나 너와 함께 하는데 왜 외롭다고 하니 너 받은 소명을 어떻게 하려느냐?" 이 음성에 정신을 차리고 다시 용기를 내어 시를 쓴 것이 찬송가가 되었다고 한다. 그러나 우리는 깊이 생각해야 한다. 순회전도도 중요하지만 가정에 너무 오래도록 무관심하면 문제가 생기게 된다는 사실을! 물론 와이글의 아내도 문제의 여자이지만 남편의 책임도 깊이 생각해 보아야 한다. 무관심은 버려진 상태이기 때문이다.

4) 서로 풍성한 대화로 윤택한 가정 공동체를 가꾸자.

갈등이 많은 부부일수록 진실된 대화가 없는 부부들이다. 서로 잘못을 고백하고 서로 용서하고 있는 그대로 수용할 때 위기의 순간도 잘 치유하고 더욱 깊은 관계로 들어갈 수 있다. 남편은 언제나 자기 아내를 사랑하는 감정으로 이야기하고 아내는 자기 남편을 인격적으로 존경하는 자세로 대화할 때 더욱 성숙해질 수 있다. 대화가 없는 무풍지대는 조용하기는 하나 이미 가정이 아니다. 무만족의 하우스에 불과하다(골 3:12-19).

6. 인생 성공의 비결

(1) 인간관계와 적극적인 정신자세[2]

인간은 어느 누구를 막론하고 살아가는 데 두 가지 목표밖에는 없다.

첫째는, 어떻게 하면 남보다 빨리, 그리고 크게 성공할 수 있을까 하는 것이다. 정치, 경제, 사회, 문화 각 분야에 종사하는 사람들은 각기 그 분야에서 남달리 성공하고 싶어진다.

둘째는, 어떻게 하면 행복해질 수 있을까 이다. 크게 본다면 이 두 가지 목표 이외에 또 다른 목표를 가지고 있는 사람은 없을 것이다. 이와 반대되는 목표를 가진 사람도 또한 없을 것이다. 그러므로 이 두 가지는 인간이 가지고 있는 기본적인 목표이며 절대적인 목표이기도 하다.

어떻게 하면 이 목표를 달성할 수 있을까? 이를 달성하기 위해서는 꼭 필요한 한 가지 중요한 요소가 있다. 성공과 행복을

---

[2] 권오근, 「성공하는 사람은 이점이 다르다」(서울:해냄 출판사, 1990), pp.46-48.

분자로 할 경우 공통분모에 해당하는 것은 다름 아닌 '다른 사람'(Other People)이다.

  나 아닌 '다른 사람'들은 바로 나에게 성공과 행복을 가져다 주는 장본인들인데도 불구하고 많은 사람들은 '다른 사람'에 대한 인식을 잘못하고 있다. 자기에게 고통과 번민과 고생을 안겨주는 것이 '다른 사람'인 줄 착각하여 '다른 사람'과의 관계를 잘하지 못하는 경우가 너무나 많음을 보는데 참으로 안타까운 일이 아닐 수 없다. 그런 까닭에 인간관계에서의 성공이 바로 인생성공의 비결인 것이다.

  이렇게만 이야기하면 좀 막연한 것 같아 이를 증명하는 통계자료를 소개한다. 미국의 CIT(카네기 공과대학)에서는 인생살이에 실패한 사람들 1만 명을 표본 조사한 기록이 있다. 직장생활에 실패한 사람, 가정생활에 실패한 사람, 사회생활에 실패한 사람 등 각 분야에서 실패한 사람들만 조사해 봤더니, 우리가 얼른 생각할 때는 실패한 사람의 대다수가 전문적인 지식과 기술, 즉 능력의 결여에서 온 실패로 여기기 쉬우나 이 통계는 완전히 이를 뒤엎어 놓고 있다. 전문적인 지식과 기술의 결여로 실패한 사람들은 불과 전체의 15%밖에는 안되고 나머지 85%의 실패자들은 전부 인간관계를 잘못했기 때문이라는 것이다.

  이와 같은 통계는 하버드대학에서 나온 것도 있고, 미국의 심리학자인 A. E. Wiggam박사의 보고서에서도 찾아볼 수 있다. 뒤의 통계는 능력의 부족으로 실패한 사람은 불과 10%밖에 안되며 나머지 90%의 실패자들은 모두 인간관계를 잘못했기 때문으로 기술하고 있다.

  즉 윗사람과의 관계가 나빠서 윗사람으로부터 신임과 인정을 받지 못한다거나, 동료들과의 관계가 나빠서 자기를 이해하고 도와주는 친구들이 없다거나, 아랫사람들과의 관계가 나빠서 아랫사람들로부터 존경을 받지 못하는 경우이다. 또한 가정에서는 부부간에, 부자, 모자간에, 친척간에, 형제간에 인간관계가 좋지 못한 경우다. 그리고 사회에서 많은 다른 사람들과 직접 간접적인 인간관계가 좋지 못하다거나 또는 사회에서 많은 다른 사람들과 직접 간접적인 인간관계의 실패로 인해서 인생 전반을 실패로 이끌어 버리고 말았더라는 것이다.

그러면 왜 90% 이상의 사람들이 인간관계를 잘못할까? 그 이유가 무엇일까? 조사를 해 보았더니 여러 가지 이유가 나오는데 분석을 해놓고 보니 이는 모두 정신자세 때문이었다. 이 정신자세는 다시 한 가지 개념으로 묶어 볼 수가 있었는데 그것이 다름 아닌 '소극적인 정신자세'(Negative Mental Attitude:NMA)라는 것이다. 이 NMA를 다시 나열하면, 극히 마이너스적인 정신자세 즉 자기비하, 열등의식, 불의부정, 험담, 탓, 게으름, 비평에 대한 공포, 무사안일, 수줍음, 소심, 이기적, 거짓말, 시기, 질투, 모함, 불평, 불만 등등이다. 이와 같은 사고의 소유자는 그의 능력이 아무리 탁월하더라도 인간관계를 성공적으로 이끌 수 없을 것이다. 그러므로 인간관계를 잘 하려면 이와 반대되는 정신자세, 즉 적극적인 정신자세(Positive Mental Attitude:PMA)를 가져야 한다. 정직, 성실, 근면, 투지, 패기, 용기, 낙천적, 긍정적, 희망적, 창의적, 인내, 충성심 등등 플러스적인 성격을 띤 정신자세의 소유자만이 인간관계를 잘하고, 인간관계를 잘하는 사람만이 인생을 성공적으로 영위하더라는 것이다. PMA는 인생성공의 철학이다.

(2) 인생성공의 비결

1) 용기를 가져라.
2) 계속 전진하라.
3) 강인한 망치가 되라.
4) 칭찬을 아끼지 말라.
5) 소심한 자처럼 살지 말라.
6) 상상력을 발휘하라.
7) 행복의 원리를 심으라.
8) 첫 목표달성을 두 번째 목표달성의 계기가 되게 하라.
9) 스스로의 감옥에서 헤어나라.
10) 열성을 다하라.
11) 자기의 이미지를 심으라.
12) 당신의 얼굴 모습을 바르게 심으라.
13) 희망을 가져라.
14) 소박한 자세를 가져라.
15) 실패의 원인을 만들지 말라.
16) 세상에서 가장 중요한 사람이 되라.
17) 장애물을 뛰어넘어라.
18) 긴장을 풀어라.
19) 성공하려면 조건을 갖추어라.
20) 껍질보다는 속을 보라.
21) 사리사욕의 노예가 되지 말라.
22) 유머를 가져라.
23) 실패의 공포에서 벗어나라.
24) 패자보다 승자가 되라.
25) 허세를 부리지 말라.
26) 12가지 인간 욕망을 베풀어라.

27) 당신의 정체를 찾아라.
28) 올바른 자세를 가져라.
29) 유명한 명사가 되라.
30) 내적인 미를 추구하라.
31) 아집을 버려라.
32) 신념과 믿음을 가져라.
33) 지식욕을 가져라.
34) 자만심을 버려라.
35) 잠재능력을 발휘하라.
36) 주어진 일을 포기하지 말라.
37) 휴식을 취하라.
38) 겸손하라.
39) 창조적인 인간이 되라.

제11장
성경에 나타난 부와 빈곤의 의미는 무엇인가?

하나님은 풍성하신 분이시다.
모든 사람에게 부요하신 그리스도를 경외하며,
하나님 나라와 그 백성이 되는 것이
진정한 의미의 부이다.

1. 부(富)의 성서적 의미

성서는 그 해석에 있어 '부나 행복'을 '부요'라는 의미로 쓰기도 하며, 부요를 물질적 부요와 영적 부요로 크게 나눈다.1)

(1) 물질적 부요
1) 부요의 긍정적 측면

① 하나님의 선물이다(창 26:12-13, 삼상 2:7, 왕상 3:13, 대상 29장, 12장, 욥 1:2, 42:10, 잠 10:22, 전 5:19, 호 2:8, 말 3:10).

"네 하나님 여호와를 기억하라 그가 네게 재물 얻을 능을 주셨음이라 이같이 하심은 네 열조에게 맹세하신 언약을 오늘과 같이 이루려 하심이니라"(신 8:18).

② 정당한 노력의 대가이다(잠 10:4, 12:11, 13:4, 22:29, 28:19).

③ 즐거움과 안전의 근원이 된다(신 12:7, 전 2:24, 3:13, 잠 18:11).

④ 친구가 많아지게 한다(잠 19:4).

⑤ 선행과 구제를 할 수 있다(눅 12:33, 16:9, 딤전 6:18, 욥 31:16, 시 112:9).

⑥ 선한 사람의 재산이다(창 13:2, 26:14, 30:43, 36:7, 삼하 19:32

---

1) 톰슨성경편찬위원회, "주제별 성경사전" 「관주 톰슨 성경」 (서울:기독지혜사, 1987), pp.1-4 인용.

대하 1:15, 9:22, 욥 1:3, 마 25:57).

2) 하나님이 주시는 행복

"그 불법을 사하심을 받고 그 죄를 가리우심을 받는 자는 복이 있고 주께서 그 죄를 인정치 아니하실 사람은 복이 있도다"(롬 4:7-8).

"오늘날 네 행복을 위하여 네게 명하는 여호와의 명령과 규례를 지킬 것이 아니냐"(신 10:3).

"내가 곧 생명의 떡이니 내게 오는 자는 결코 주리지 아니할 터이요 나를 믿는 자는 영원히 목마르지 아니하리라"(요 6:36).

"썩는 양식을 위하여 일하지 말고 영생하도록 있는 양식을 위하여 하라"(요 6:27).

"예수 그리스도의 은혜를 너희가 알거니와 부유하신 자로서 너희를 위하여 가난하게 되심은 그의 가난함을 인하여 너희로 부유케 하려 하심이니라"(고후 8:9).

"내가 궁핍하므로 말하는 것이 아니라 어떠한 형편에든지 내가 자족(自足)하기를 배웠노니"(빌 4:11).

"주의 부요가 땅에 가득하나이다"(시 104:24).

"보라 인내하는 자를 우리가 복되다 하나니 너희가 욥의 인내를 들었고…"(약 5:11).

"여호와를 경외하며 그 계명을 크게 즐거워하는 자는 복이 있도다. 그 후손이 땅에서 강성함이요 정직자의 후대가 복이 있으리로다. 부요와 재물이 그 집에 있음이요"(시 112:1-3).

능력 주시는 자 안에서 우리가 모든 것을 할 수 있다(빌 4:13). 이러한 영적 능력으로 주 안에서 항상 기뻐하는 것이 행복이다.

3) 부요의 부정적인 측면
① 재물의 해악(害惡)
 · 하나님을 잊게 한다(신 8:13-14).
 · 탐욕의 원인이다(시 62:10).
 · 성실성을 잃게 함(잠 28:20).
 · 천국의 장애물이다(마 19:23).
 · 인생의 결실을 어렵게 한다(막 4:19).
 · 큰 시험의 원인이다(딤전 6:9).
 · 자랑이 못된다(렘 9:23).
② 재물이 헛됨

"네가 어찌 허무한 것에 주목하겠느냐 정녕히 재물은 날개를 내어 하늘에 나는 독수리처럼 날아가리라"(잠 23:5).

"대저 재물은 영영히 있지 못하나니 면류관이 어찌 대대에 있으랴"(잠 27:24).

"내가 해 아래서 나의 수고한 모든 수고를 한하였노니 이는 내 뒤를 이을 자에게 끼치게 됨이라"(전 2:18, 26).

"불의로 치부하는 자는 자고새가 낳지 아니한 알을 품음 같아서 그 중년에 그것이 떠나겠고 필경은 어리석은 자가 되리라"(렘 17:11).

이밖에 욥기 20:28, 시편 49:10, 잠언 11:4, 전도서 6:2, 에스라 1:18, 디모데전서 6:7, 요한계시록 18:17에서 재물의 헛됨에 대해 말하고 있다.

③ 세상의 보물 - 학 1:6, 눅 12:21, 딤전 6:7, 히 11:26, 계 3:17.
④ 축재자(蓄財者)의 실망

"그가 비록 은을 티끌같이 쌓고 의복을 진흙같이 예비할지라도 그 예비한 것을 의인이 입을 것이요 그 은은 무죄자가 나눌 것이며"(욥 27:16-17).

"하나님이 그 기뻐하시는 자에게는 지혜와 지식과 회락을 주시나 주인에게는 노고를 주시고 저로 모아 쌓게 하사 하나님을 기뻐하는 자에게 주게 하시나니 이것도 헛되어 바람을 잡으려는 것이로다"(전 2:26).

"너희를 위하여 보물을 땅에 쌓아두지 말라 거기는 좀과 동록이 해하며 도적이 구멍을 뚫고 도적질하느니라"(눅 12:21, 마 6:19).

"너희 금과 은은 녹이 슬었으니 이 녹이 너희에게 증거가 되며 불같이 너희 살을 먹으리라 너희가 말세에 재물을 쌓았도다"(약 5:3).

또한 재물은 자신만을 위해 사용하기 쉽고(욥 31:16-17, 눅 12:21), 부를 의뢰하게 된다(욥 31:24, 잠 11:28). 그리고 사치하고 연락하고(약 5:5), 남의 재물을 탈취하고(욥 20:15), 강포하게 된다(느 5:1-13, 미 6:10-13, 약 2:6). 가난한 자에게 무자비하게 되고(잠 18:23), 만족의 한계가 없으므로(전 5:10), 불확실하다(딤전 6:17).

(2) 영적 부요

1) 영적 부요의 원천

주의 법도(시 119:4), 하늘의 지혜(잠 3:13-14, 16:19), 여호와를 경외(잠 15:16), 하나님의 충만케 하심(롬 11:12), 그리스도(골 1:27), 성도간의 연합(골 2:2), 주의 말씀(골 3:16), 하나님나라(마 13:44).

2) 영혼을 위한 투자

"오직 너를 위하여 보물을 하늘에 쌓아두라 거기는 좀이나 동록이 해하지 못하며 도적이 구멍을 뚫지도 못하고 도둑질도 못하느니라"(마 13:44, 6:20).

"예수께서 가라사대 네가 온전하고자 할진대 가서 네 소유를 팔아 가난한 자들을 주라 그리하면 하늘에서 보화가 네게 있으리라 그리고 와서 나를 좇으라 하시니"(마 19:21).

"너희 소유를 팔아 구제하여 낡아지지 아니하는 주머니를 만들라 곧 하늘에 둔 바 다함이 없는 보물이니 거기는 도적도 가까이 하는 일이 없고 좀도 먹는 일이 없느니라"(눅 12:33).

"또한 모든 것을 해로 여김은 내 주 그리스도 예수를 아는 지식이 가장 고상함을 인함이라 내가 그를 위하여 모든 것을 잃어버리고 배설물로 여김은 그리스도를 얻고"(빌 3:8).

"내가 너를 권하노니 내게서 불로 연단한 금을 사서 부요하게 하고 흰옷을 사서 입어 벌거벗은 수치를 보이지 않게 하고 안약을 사서 눈에 발라 보게 하라"(계 3:18).

(3) 부와 행복에 대한 성서의 교훈

바울 시도는 "내가 비천(卑賤)에 처할 줄도 알고 풍부에 처할 줄도 알아 모든 일에 배부르며 배고픔과 풍부와 궁핍에도 일체의 비결을 배웠노라"(빌 4:12)고 했다. 우리도 내적인 성령 충만으로 자족함을 배워야 한다.

"오직 각 사람이 시험을 받는 것은 자기 욕심에 끌려 미혹됨이니, 욕심이 잉태한즉 죄를 낳고 죄가 장성한즉 사망을 낳느니라"(약 1:14-15)고 했다. 죄의 근원이 헛된 욕심에 있음을 성경은 말한다.

"한 부자가 그 밭에 소출이 풍성하매 심중에 생각하여 가로되 내가 곡식 쌓아 둘 곳이 없으니 어찌할꼬 하고… 평안히 쉬고 먹고 마시고 즐거워 하자 하리라 하되, 하나님은 이르시되 어리석은 자여 오늘밤에 네 영혼을 도로 찾으리니 그러면 네 예비한 것이 뉘 것이 되겠느냐 하셨으니 자기를 위하여 재물을 쌓아 두고 하나님께 대하여 부요치 못한 자가 이와 같으니라"(눅 12:16-21).

"마른 떡 한 조각만 있고도 화목하는 것이 육선(肉鮮)이 집에 가득하고 다투는 것보다 나으니라"(잠 17:1).

"은을 사랑하는 자는 은으로 만족함이 없고 풍부를 사랑하는 자는 소득으로 만족함이 없나니 이것도 헛되다. 재산이 더 하면 먹는 자도 더 하나니 그 소유주가 눈으로 보는 외에 무엇이 유익하랴. 노동자는 먹는 것이 많든지 적든지 잠을 달게 자거니와 부자는 배부름으로 자지 못하느니라"(전 5:10-12).

"눈은 보아도 족함이 없고 귀는 들어도 차지 아니하는도다"(전 1:8)라고 했다. 인간의 욕망은 끝이 없다.

세속적인 백성(렘 5:27-28), 사단의 회(계 2:9)의 물질적인 부(富)보다 긍휼에 풍성하신 하나님(엡 2:4), 모든 사람에게 부요하신 그리스도(롬 10:12)를 경외하며(잠 15:16), 하나님 나라와 그 백성이 되는 것(마 13:44), 이것이 진정한 의미의 부(富)이다.

2. 빈곤의 의미와 그 대책

(1) 빈곤(貧困)의 원인에 관한 경제학적 고찰

빈곤이란 가난하고 궁색한 것, 내용이 충실하지 못하여 텅빈 것을 말한다.

헤밍웨이(Ernest Hemingway)는 "부자들이 우리와 다르다고 친다면 그건 대체로 그들이 우리보다 돈을 더 많이 갖고 있다는 점에서일 뿐이다"라고 말한다.

우리들 대부분은 돈을 벌기 위해 일하고 여가를 즐긴다. 그런데 빈자들은 일반적으로 보기 힘든 직업에 종사하면서도 경제적 생활이 어렵다는 데서 자본주의 사회의 빈부격차라는 심각성이 있다.

칼 마르크스(Karl Marx)는 이 빈부격차의 원인을 자본주의 경제상 사유재산제도에 있다고 보고 이 사유재산 제도를 죄악시하고 이를 부인하여 모든 생산요소는 사회주의 정부가 통제(統制)하여야만 진정한 인민의 지상낙원이 된다고 했다.

그렇지만 이 지구촌에 많은 국가 중에 인간의 욕망과 이기심을 토대로 개인주의와 합리성에 근거한 스웨덴, 스위스, 미국, 일본, 뉴질랜드 등 많은 자본주의 국가들이 사회주의, 공산주의보다 더 잘 살고 있는 것이 현실이다.

그러나 우선 첫째로 이해해야 할 점은, 이들 서방 선진국 경제의 풍요성에도 불구하고 우리들은 가난한 사람들로 가득찬 세계에 살고 있다는 사실이다. 빈곤문제를 해결하기 위해서는 자원의 합리적인 재분배가 이루어져야 한다.

한국의 근본 경제 문제들을 [표 1]과 같이 분류한다.

[표 1] 근본 경제 문제의 분석

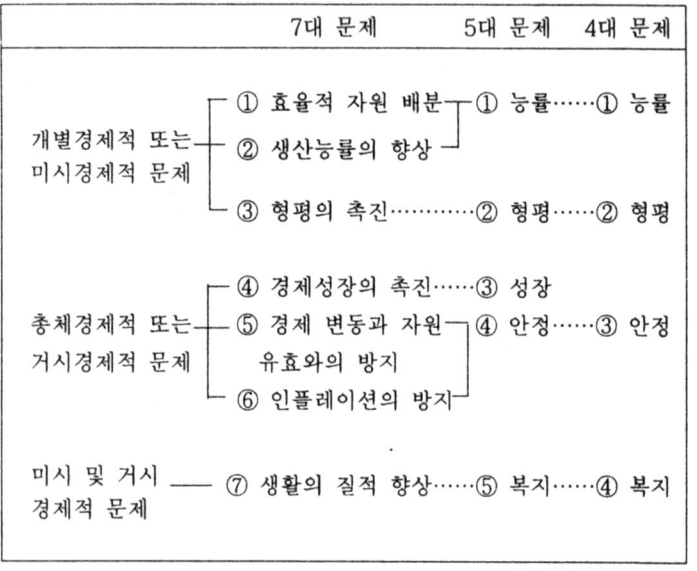

※ 자료:송병락, 「한국 경제론」(서울:박영사, 1985), p. 33.

빈곤을 탈피할 방법은 언제나 근면, 절약, 검소와 신념에 찬 노력이다.

상향이동(上向移動)을 기하기 위한 제일의 원리는 빈자(貧者)는 일을 해야 할뿐만 아니라 그들보다 상층에 있는 계급보다 더 열심히 일하지 않으면 안된다는 것이다.

사실 근로 다음의 제2의 상향이동성 원리는 일부일처제 결혼과 가정의 유지이다. 위스컨신대학의 연구보고서는 여성차별과 자녀양육 책임의 쟁점을 조화시키면서, 기혼남성은 기혼여성에 비해 $2\frac{1}{3}$내지 4배나 더 열심히 일하고 또한 여성 가장보다도 두 배 이상이나 열심히 일한다고 지적하고 있다.

빈곤에 대한 근시안적 시야는 주로 후진국에서 또는 개발도상 국가에서 무산자의 자녀로 태어났다던가, 남성가장(男性家長)의 가족 부양책임의 파산으로부터 유래된다.

청춘과 빈곤이라는 좁은 시계(視界)를 결혼과 인생경력이라는 넓은 시계로 변화시키는 것은 사랑이다. 결혼에 실패하면, 남성은 독신시절 보다 원시적인 리듬에로 되돌아가는 수가 흔히 있다. 대체로 그 수입은 ⅓이나 떨어지고 음주, 마약, 범죄의 성향은 훨씬 더 높게 나타난다. 그러나 일반적으로 결혼의 지반이 견고하고, 일반적으로 남성이 그 자녀를 사랑하고 이들을 부양한다면 밴필드(Banfield)가 말한 하층계급의 양상은 중산계층의 미래상으로 변하게 된다.

문제는 도시 내부 깊숙이 집중되어 있는 빈민들이 겪고 있는 그들 가정의 무정부상태이다. 그런 무정부상태에서는 가정을 책임지는 남성이 아니라 오히려 방자하고 충동적인 젊은이들이 야망의 주제곡을 켜고 있다는 사실이다. 그 결과 남성적인 성적 리듬이 우세하기 마련이어서 책임질 줄 아는 부친상(父親像)의 가치(價値)들, 즉 자녀에 대한 규율과 사랑 및 부양자역(父養者役)의 믿음직한 수행을 천천히 그들 속에 심어줄 집안 어른의 부권존재(父權存在)속에서 애들이 성장되고 있다는 사실이다.

크리스톨(Lrving Kristol)은 자본주의의 제문제를 두고 심사숙고한 나머지 「초월적 정당화」[2]의 필요성을 역설했다.

그들 모두가 어떤 식으로든 상향이동성의 제3원리에 대해 언급하고 있는데, 그것은 다름 아니라 신념이다.

---

[2] Lrving Kristol, *Two cheers for capitalism*(New york, basic books, 1978), p. 262.

인간에의 신뢰, 미래에 대한 믿음, 줌(供與)으로써 되돌아오는 보상이 커지리라는 신념, 교역의 상호이익에 대한 믿음, 신의 섭리에 대한 믿음, 이 모두가 성공적인 자본주의의 본질적인 요소이다. 자본주의가 이 타락된 세계에서 어쩔 수 없이 부딪치게 되는 패배와 좌절을 딛고 넘어 근로와 기업의 정신을 유지하고, 또한 흔히 신뢰와 협동이 배반되는 경제에서 이를 고무한다. 나아가 연기로 화하여 사라져버릴 현재의 쾌락을 단념하도록 격려하며, 나머지 사람들도 만일 그같은(동일) 게임에 참가하지 않는다면 그 경기의 상금이 모두 사라져 버릴 이 세상에서 모험과 진취성을 조장하기 위해서는 이 모두가 필수 불가결하다. 보상의 보장이 없이도 공여하기 위해, 미래가치의 확실성 없이도 저축하기 위해, 직업의 요구 이상으로 일을 하기 위해서는 고차원의 도덕성, 즉 미칠 듯한 당면 생존경쟁을 초월한 보상 법칙에 대한 신념을 지닐 필요가 있다.

　영국의 경제학자 넉시(R. Nurkse)는 가난한 사람은 잘 먹지 못해 영양실조가 되어 건강상태가 허약해지고, 육체가 약하니 일의 능률이 떨어지게 되니, 소득이 줄어 가난해진다고 한다. 그는 저개발국 경제를 빈곤의 악순환으로 분석하였다.[3]

　가난은 죄가 아니다. 그러나 유산으로 물려줄 것은 못된다. 일본의 마쓰시다, 한국의 정주영 같은 이는 모두 가난 속에서도 한결같이 남 잘 때 자지 않고 남 놀 때 놀지 않고 일하면서 노력한 사람들이다. 그러나 열심히 일하되, 또 착하고 성실하되 가난한 자도 있다. 그것은 하나님의 뜻이다.

---

3) R. Nurkse, *problems of Capital Formation in Underdeveloped Countries*(Oxford Basil Blackwell 1958), 참조바람.

(2) 빈곤의 원인에 대한 성서적 고찰

1) 물질적 가난의 원인

① 하나님의 섭리(삼상 2:7)
② 나태함(잠 6:10-11, 19:15, 24:30-34)
③ 방종함(잠 28:19)
④ 연락을 좋아함(잠 21:17)
⑤ 인색함 혹은 구제하지 아니함(잠 11:24)
⑥ 잠자기를 좋아함(잠 20:13)
⑦ 흉년(창 47:20, 느 5:1-3)
⑧ 훈계를 저버림(잠 13:18)
⑨ 가난한 자를 학대함(잠 18:23, 22:16)

2) 영적인 가난의 원인

① 흉년(눅 15:14)
② 하나님이 없는 자(엡 2:12)
③ 진리를 잃어버린 자(딤전 6:5)
④ 눈 먼 것과 벌거벗은 자(계 3:17)
⑤ 하나님의 말씀이 결핍된 자

"이스라엘에는 참 신이 없고 가르치는 제사장도 없고 율법도 없는 지가 이제 오래였으나"(대하 15:3).

"우리의 표적이 보이지 아니하며 선지자도 다시 없으며 이런 일이 얼마나 오래일는지 우리 중에 아는 자도 없나이다"(시 74:9).

"성문이 땅에 묻히며 빗장이 꺾여 훼파되고 왕과 방백들이 율법 없는 열방 가운데 있으며 그 선지자들은 여호와의 묵시를 받지 못하는도다"(애 2:9).

"환난에 환난이 더하고 소문에 소문이 더할 때에 그들이 선지자에게 묵시를 구하나 헛될 것이며 제사장에게는 율법이 없어질 것이요 장로에게는 모략이 없어질 것이며"(겔 7:26).

"주 여호와께서 가라사대 보라 날이 이를지라 내가 기근을 땅에 보내리니 양식이 없어 주림이 아니며 물이 없어 갈함이 아니요 여호와의 말씀을 듣지 못한 기갈이라"(암 8:11).

⑥ 부패와 타락한 자(계 3:17).

⑦ 미숙한 자(고전 3:1-3).

3) 의인의 가난한 성서적 사례

① 기드온(삿 6:15)

② 사르밧 과부(왕상 17:12)

③ 선지자 생도의 아내(왕하 4:1)

④ 그리스도(마 8:20)

⑤ 두 렙돈을 헌금한 과부(막 12:42)

⑥ 바울(고후 6:10)

⑦ 서머나 교회(계 2:9)

5) 가난을 면하는 길

① 일이나 사업을 함(잠 13:39)

② 말씀을 듣고 행함(신 15:4-5)

③ 가난 중에서의 자족 - 사도 바울(빌 4:11-12)

3) 부자와 가난한 자

세상에는 부자와 가난한 자, 강건한 자와 병약한 자, 선한 자와 포악한 자가 공존해서 살고 있다.4)

"어떤 사람에게든지 하나님이 재물과 부요를 주사 능히 누리게 하시며 분복을 받아 수고함으로 즐거워하게 하신 것은 하나님의 선물이다"(전 5:19). 또 "명철자라고 재물을 얻는 것이 아니며"(전 9:11). "바람의 길이 어떠함과 아이 밴 자의 태에서 뼈가 어떻게 자라는 것을 네가 알지 못함 같이 만사를 성취하시는 하나님의 일을 네가 알지 못하느니라"(전 11:5)고 했다.

그래서 성경은 구약시대부터 "가난한 자의 송사라고 편벽(便辟)되어 두호(斗護)하지 말지니라"(출 23:3)하여 재판장의 공정성은 사회 정의의 수립을 위한 필수요건으로 가난한 자를 학대하거나 무시해서는 안됨을 밝혔다.

과부(막 12:42-44)나 영적으로 가난한 사람(암 8:11-12), 노예들(왕하 24:14)이나 재물이 궁핍한 사람(눅 21:21)들이 가난한 사람들이다. 가난한 사람들은 우리를 슬프게 한다.

구약시대부터 모세의 율법에서 이미 가난한 자를 위한 규례를 정하였으니 여호와께 드리는 생명의 속전은 빈부고하를 막론하고 동일시 했다(출 30:15). 제사시 비용을 적게 드릴 수 있도록 허용하고(레 14:21-23, 5:7, 12:8), 돈과 권력인정 등으로 재판을 굽히지 말 것(출 23:3, 6, 레 19:15), 가난한 자로부터의 이자징수 엄금(출 22:25, 레 25:35-37), 가난한 자의 저당잡힌 옷은 당일 내에 돌려 줄 것(출 22:26-27, 신 24:12-13), 매일 임금은 당일 지불(신 24:14-15), 매년 내는 십일조를 삼 년에 한 번씩 가난한 자를 위한 구제비로 사용할 것을 명했다(신 14:28-29, 26:12-13). 또한 추수시 가난한 자의 몫을 밭에 남겨야 하고(레 19:9-10, 신 24:19-21), 안식년에 묵혀 놓은 토지의

---

4) 金基中 「富者와 貧者의 차이」(서울:국민일보, 1987. 7. 11. 火, 제   호), p.11. 참조.

소산은 가난한 자로 취하게 하고(출 23:11), 칠 년마다 부채를 면제하여 가난한 자가 없게 하고(신 15:1-5), 손해를 계산하지 말고 도울 것을 명했다(신 15:7-11), 가난 때문에 몸을 판 자를 칠 년 마다 해방시킬 것(신 15:12-18), 가난 때문에 팔게 된 기업의 땅은 반드시 돌려줄 것(레 25:28, 39-41)이었다.

또 가난한 자라고 낙심치 말지니, 하나님은 가난한 자에게 특별히 배려하셔서 구원하시며(욥 5:15-16, 시 35:10, 72:13-14, 109:31, 렘 20:13), 지위를 향상시키시며(삼상 2:7, 9, 시 107:41, 113:7) 도우신다(시 10:14).

또한 기도에 응답해 주시고(시 34:6, 69:33, 72:12, 102:17), 신원하시며(욥 36:6), 믿음에 부요하게 하신다(약 2:5).

"너희가 만일 경(經)에 기록한 대로 네 이웃 사랑하기를 네 몸과 같이 하라 하신 최고한 법을 지키면 잘 하는 것이거니와"(약 2:8)하여 부자에게는 이웃에게 형제의 사랑을 베풀 기회를 주셨다. 가난한 자들에게는 믿음의 부자가 되는 기회를 주시는 것이 하나님의 섭리이다. 부유한 자는 항상 이웃의 가난한 자들을 돌보며, 가난한 자는 원망 없이 "아무 것도 염려하지 말고 오직 모든 일에 기도와 간구로 너희 구할 것을 감사함으로 하나님께 아뢰라. 그리하면 모든 지각에 뛰어난 하나님의 평강이 그리스도 예수 안에서 너희 마음과 생각을 지키시리라"(빌 4: 6-7) 하여 감사와 기도로 성실히 살아야 됨을 교훈하셨다.

그러므로 빈부귀천, 남녀노소 할 것 없이 땅에 사는 모든 사람은 하나님의 말씀을 먹고 날마다 영이 새로워져야 한다.

여호와 하나님은 경제문제에 관심이 많은 인간들에게 경고하신다. "들으라 부한 자들이 너희에게 임할 고생을 인하여 울고

통곡하라. 너희 재물은 썩었고 너희 옷은 좀먹었으며, 너희 금과 은은 녹이 슬었으니 이 녹이 너희에게 증거가 되며 불같이 너의 살을 먹으리라. 너희가 말세에 재물을 쌓았도다"(약 5:1-3). 이것은 허욕에 찬 불의한 재물과 탐욕에 대해 경계하라는 말씀을 주신 것이다.

"그러므로 형제들아 주의 강림하시기까지 길이 참으라 보라 농부가 땅에서 나는 귀한 열매를 바라고 길이 참아 이른 비와 늦은 비를 기다리나니 너희도 길이 참고 마음을 굳게 하라 주의 강림이 가까우니라 형제들아 서로 원망하지 말라 그리하여야 심판을 면하리라 보라 심판자가 문밖에 서 계시니라"(약 5:7-9).

원망하고 다투기 쉬운 때에 참고, 주님의 심판을 두려워하며, 확고부동한 영적인 견실함을 가지고 인내하라는 교훈의 말씀이다.

"만물의 피곤함을 사람이 말로 다 할 수 없나니 눈은 보아도 족함이 없고 귀는 들어도 차지 아니하는도다"(전 1:8)라고 했다. 기드(Charles Gide)의 말처럼 "인간의 욕망은 무한"하기 때문에 인간의 욕심은 불만족의 공허함뿐이다.

"은을 사랑하는 자는 은으로 만족감이 없고 풍부를 사랑하는 자는 소득으로 만족함이 없나니 이것도 헛되도다"(선 5:10).

인간의 참 행복이란 외적인 소유물의 많고 적음에 있지 않다.

"노동자는 먹은 것이 많든지 적든지 잠을 달게 자거니와 부자는 배부름으로 자지 못하느니라"(전 5:12). 땀 흘려 수고하는 일 자체에 행복이 있다는 것이 바로 성서의 교훈이다.

경제문제는 예수님께서 받은 첫 번째 마귀의 시험이었다. 예수께서 "사십 일을 밤낮으로 금식하신 후에 주리신 지라 시험하는 자가 예수께 나아와서 가로되 네가 만일 하나님의 아들이

어든 명하여 이 돌들이 떡덩이가 되게 하라"(마 4:2-3)고 유혹했다. 이는 민중의 빈곤 문제부터 해결하라는 사단의 촉구였던 것이다. 다시 말하면 지금 당장 눈 앞에 펼쳐진 가난한 자의 빵 문제가 가장 시급하지 않느냐는 정치경제학자의 너울을 쓴 마귀의 주장이었다. "예수께서 대답하여 가라사대 기록되었으되 사람이 떡으로만 살 것이 아니요 하나님의 입으로 나오는 모든 말씀으로 살 것이라 하였느니라 하시니"(마 4:4). 이는 예수께서 단호하게 "하나님의 말씀이 제일이다"고 선포하신 것이다. 예수께서는 현실의 문제에 앞서 "때가 찼고, 하나님 나라가 가까웠으니 회개하고 복음을 믿으라"(막 6:19)고 외치셨다.

성경의 보석이라고 일컫는 산상수훈에서도 "너희를 위하여 보물을 땅에 쌓아 두지 말라…"(마 6:19)고 했다. 너희는 땅과 현실의 문제보다도 "너희는 먼저 그의 나라와 그의 의를 구하라"(마 6:33)고 성경은 전체를 통하여 세상의 나라가 아닌 하나님의 나라와 의(義)를 제일주의로 삼고 살아가라고 교훈하고 있다.

부자가 가난한 사람을 돕지 못한 악인의 보응 문제는 부자와 거지 나사로의 사건을 통해 볼 수 있다.

"한 부자가 있어 자색 옷과 고운 베옷을 입고 날마다 호화로이 연락하는데, 나사로라 이름한 한 거지가 헌데를 앓으며 그 부자의 대문에 누워, 부자의 상에서 떨어지는 것으로 배불리려 하매 심지어 개들이 와서 그 헌데를 핥더라. 이에 그 거지가 죽어 천사들에게 받들려 아브라함의 품에 들어가고 부자도 죽어 장사되며, 저가 음부에서 고통 중에 눈을 들어 멀리 아브라함과 그의 품에 있는 나사로를 보고, 불러 가로되 아버지 아브라함이여 나를 긍휼히 여기사 나사로를 보내어 그 손가락 끝에

물을 찍어 내 혀를 서늘하게 하소서 내가 이 불꽃 가운데서 고민하나이다. 아브라함이 가로되 얘 너는 살았을 때에 네 좋은 것을 받았고 나사로는 고난을 받았으니 이것을 기억하라 이제 저는 여기서 위로를 받고 너는 고민을 받느니라"(눅 16:19-25).

인간의 사후(死後)에는 두 세계가 있다. 아브라함과 하나님의 모든 자녀들이 들어갈 낙원과 구원받지 못하고 죽은 자가 거하는 고통의 장소인 지옥이 그것이다. 가난한 이웃을 돌보지 않는 부자는 사후에 지옥에 간 것이다.

(4) 성서에서 본 참 부자가 되는 법칙

성경에서 볼 수 있는 많은 부자(富者) 중 그 대표적인 사람은 욥과 솔로몬이다.

욥은 "그 소유물은 양이 칠천이요 약대가 삼천이요 소가 오백겨리요 암나귀가 오백이요 종도 많이 있었으니 이 사람은 동방 사람 중에 가장 큰 자라"(욥 1:3)라고 했다.

"솔로몬의 일일분 식물은 가는 밀가루가 삼십 석이요 굵은 밀가루가 육십 석이요, 살진 소가 열이요 초장(草場)의 소가 스물이요 양이 일이며 그 외에 수사슴과 노루와 암사슴과 살진 새들이었더라"(왕하 4:22-23). "솔로몬이 자기의 궁(宮)을 삼십 년 동안 건축하여 그 전부를 준공"(왕상 7:1) 하였고, "솔로몬 왕의 재산과 지혜가 천하 열왕보다 큰지라"(왕상 10:23). "솔로몬이 병거와 마병을 모으매 병거가 일천 사백이요 마병이 일만 이천이라 병거성에도 두고 예루살렘 왕에게도 두었으며"(왕상 10: 26), "왕은 후비(后妃)가 칠백 인이요 빈장(殯檣)이 삼백 인이라 왕비들이 왕의 마음을 돌이켰더라"(왕상 11:3)고 했다. 솔로몬 왕은 권세와 명예와 금력을 다 가진 자였다. 21세에 즉위하여 40여간 재위하고 60세에 별세하니 그 아들 르호보암이 대신하여 왕이 되었다(왕상 9:30-31, 11:43).

이제 믿는 자가 만군의 여호와의 자녀로서 믿지 않는 자에게 멸시와 천대를 받는 가난 속에서 헤어나지 못한대서야 어찌 예수 그리스도의 향기를 품길 수 있을까!

성경 속에서 산 경제학, 그것도 영적인 부자는 물론이고, 이 왕이면 세상의 부자가 되는 법도 찾아보자.

바울 사도는 "주 예수를 믿으라 그리하면 너와 네 집이 구원을 얻으리라"(행 16:31) 하였다. 먼저 주 예수를 믿어야 한다. 믿되 온전히 믿어야 한다.

"믿음은 바라는 것들이 실상(實狀)이요 보지 못하는 것들의 증거니"(히 11:1). 믿음은 보이지 않는 것들에 대하여 그 실상과 증거를 부여함으로써 소망의 대상이라기보다는 이미 눈에 보이는 대상인 것처럼 대하는 것이다.

하나님과 믿는 사람과의 관계는 순종의 관계이다. 여호와의 명령을 지켜 순종하는 것이 복이다. 복을 받아야 부자가 된다. "여호와는 네게 복을 주시고 너를 지키시기를 원하며… 은혜와 평강(平康) 주시기를 원하신다"(민 6:24-26).

"여호와께서 아브람에게 이르시되 너는 너의 본토 친척 아비 집을 떠나 내가 네게 지시할 땅으로 가라"(창 12:1) 할 때 "이에 아브람이 여호와의 말씀을 좇아갔고…"(창 12:4) 또 "아브람이 여호와를 믿으니 여호와께서 이를 그의 의로 여기시고"(창 15:6), "아브라함이 바랄 수 없는 중에 바라고 믿었으니… 많은 민족의 조상이 되게…"(롬 4:18) 하셨고 "아브람에게 육축과 은금이 풍부"(창 13:2)하게 되었다.

사람은 누구나 복받아 부자가 되고 싶어한다. 그러나 모든 이가 복 받아 부자가 되는 것은 아니다. 하나님께서 주시는 복을 받으려면 그만한 그릇을 준비해야 한다.

그렇다면 이 그릇을 준비하는 방법은 무엇일까? 이에 대한 해답을 창세기 37장 이후에 나오는 요셉을 통해 살펴보자.5)

첫째, 요셉은 야망과 비전을 가진 인물이었다.

요셉이 꾼 꿈을 보자. "우리가 밭에서 곡식을 묶더니 내 단은 일어서고 당신들의 단은 내 단을 둘러서서 절하더이다"(창 37:7), "…해와 달과 열한 별이 내게 절하더이다"(창 37:9) 하였다. 꿈은 생각의 영상(映像)이라면 요셉은 집안 모든 형제들이 자기를 우러러보는 모습을 간구하였음을 알 수 있다.

그 꿈은 실현되도록 최선의 노력을 한 결과 하나님께서 축복해 주셔서 그 꿈이 성취되었다.

성경에 보면 "천국은 침노하는 자가 빼앗는다"(마 11:12)고 했다. "구하라 그러면 너희에게 주실 것이요 찾으라 그러면 찾을 것이요 문을 두드리라 그러면 너희에게 열릴 것"(마 7:7)이라 했으니, 야망과 꿈을 가지고 구하는 사람이 되어야 얻는 것이다.

둘째, 요셉은 매사에 충성을 다했다.

요셉은 장성한 후 형들의 미움을 받아 애굽 사람 시위대장 보디발 집에 팔려 가서도 "그 주인에게 은혜를 입어 섬기매 그가 요셉으로 가정 총무를 삼고 자기 소유를 다 그 손에 위임하니"(창 39:4), "요셉은 용모가 준수하고 아담하였더라"고 했다(창 39:6). "그 후에 그 주인의 처가 요셉에게 눈짓하다가 동침을 청하니, 요셉이 거절하여…"(창 39:7-8) 그 사건으로 옥에 들어가는 모함을 받았다. 그러나 요셉은 원망하지 않고 지냈다.

---

5) 魯允錫, 「축복받는 요셉」(서울:국민일보, 1989. 1. 18. 水), p. 11. 참조.

"여호와께서 요셉과 함께 하시고 그에게 인자를 더하사 전옥(典獄)에게 은혜를 받게 하시매, 전옥이 옥중 죄수를 다 요셉의 손에 맡기므로 그 제반 사무를 요셉이 처리하고"(창 39:21-22) 드디어는 "총리"(창 41:41)가 되는 축복을 받게 되었다. 그러므로 "너희 중에 누구든지 으뜸이 되고자 하는 자는 너의 종이 되어야 하리라"(마 20:27) 하였다. 복음시대는 섬기는 마음, 종이 되는 마음, 종이 되는 몸가짐으로 성품과 인격이 변화되어야 한다.

"수고하고 무거운 짐진 자들아 다 내게로 오라 내가 너희를 쉬게 하리라"(마 11:28). "누구든지 나의 이 말을 듣고 행하는 자는 그 집을 반석 위에 지은 지혜로운 사람 같으리니"(마 7:24). "그러므로 무엇이든지 남에게 대접을 받고자 하는 대로 너희도 남을 대접하라 이것이 율법이요 선지자니라"(마 7:12).

기독교는 하나님께서 독생자를 주신 사랑의 종교이다. 우리도 남에게 주는 적극적 윤리관이 있어야 얻는다는 경제적인 황금률을 터득해야 한다.

셋째, 요셉은 만사가 다 하나님의 섭리 가운데 되어진다는 것을 굳게 믿고 과거에 집착하지 않았다. 그는 현재의 처지를 약진의 발판으로 삼고 성실하고 근면·정직하였다.

"나는 당신들의 아우 요셉이니 당신들이 애굽에 판 자라, 당신들이 나를 이곳으로 팔았으므로 근심하지 마소서 한탄하지 마소서 하나님이 생명을 구원하시려고 나를 당신들 앞서 보내셨나이다"(창 45:4-5).

"요셉이 또 형들과 입맞추려 안고 우니"(창 45:14)라 하여 과거의 잘못을 사랑으로 용서하는 요셉을 하나님은 축복하신 것이다.

다음으로 욥의 경우를 보자.

"…우리가 하나님께 복을 받았은즉 재앙도 받지 아니하겠느뇨 하고 이 모든 일에 욥이 입술로 범죄치 아니하니라"(욥 2:10). 욥은 모든 사단의 시험을 인내로 이겼다. "벗들을 위하여 빌매 여호와께서 욥의 곤경을 돌이키시고 욥에게 그 전 소유보다 갑절이나 주신지라"(욥 42:10).

주 여호와께서는 "자기가 시험을 받아 고난을 당하셨은즉 시험받는 자들을 능히 도우시느니라"(히 2:18)고 했다. 연단 속에서도 오로지 주님만 의지할 때 불꽃 같이 자비와 긍휼을 베푸시는 하나님이기에, 시편 기자는 "여호와는 나의 빛이요 나의 구원이시니 내가 누구를 두려워하리요 여호와는 내 생명의 능력"(시 27:1)이라 하였다. 또한 "여호와는 나의 목자시니 내가 부족함이 없으리로다"(시 23:1)하고 노래 불렀다.

흔히 세상의 원리로는 큰 상속이 없이 태어난 사람이 부요케 되고자 할 때는 근면, 성실, 근검, 절약, 저축이란 단어 외에 3C의 법칙을 터득하라는 공식이 있다.

그 첫째는 Chance(기회)의 법칙으로 이는 평소에 충실히 준비해 두었다가 기회가 왔을 때 100% 활용하라는 원리이다.

다윗은 평소 돌을 취하여 물매를 던지는 연습을 해 두었다가 블레셋 사람 골리앗의 이마를 쳐죽였다(삼상 17:49-50).

하나님은 생사화복의 주관자이시다. 다윗은 평소의 준비로 물매의 돌이 아닌 '하나님의 말씀에 대한 믿음'의 확신으로 사울 왕이 '그를 죽이는 사람은 왕이 많은 재물로 부하게 하고 그 딸을 그에게 준다'(삼상 17:25)는 기회를 주었을 때 활용한 것이다.

평소에 큰 공부 없이는 어떻게 교수가 되겠으며, 평소에 깊은 신학공부 없이 어떻게 무게 있는 목회자의 길에 나서겠는가? 평소에 우물을 파 두어야 물이 고인다는 말이다.

둘째로, Choice(선택)의 법칙으로, 이는 "여호와를 경외하는 것이 지식의 근본"(잠 1:7)임을 깨닫고 말씀을 깨달아 선택하는 능력을 길러 지혜를 얻는 것이다.

"지혜를 얻는 자와 명철을 얻는 자는 복이 있나니, 이는 지혜를 얻는 것이 은을 얻는 것보다 낫고 그 이익이 정금보다 나음이니라"(잠 3:13-14).

셋째로, Challenge(도전)의 법칙이니, 이는 지혜와 명철로써 기회가 왔을 때 도전하는 원리이다. 이는 마태복음 25장 14-30절의 달란트 비유에서 다섯 달란트, 두 달란트 받은 자에 해당하는 원리이다. "착하고 충성된 종아 네가 작은 일에 충성하였으매 내가 많은 것으로 네게 맡기리니 네 주인의 즐거움에 참여할지어다"(마 25:21)는 비유에서, 이왕이면 다섯 달란트 받은 자로서 모험으로 승리하는 자가 되는 것이다.

성경에 보면 "하나님이 그들에게 복을 주시고… 땅에 충만하라 땅을 정복하라…"(창 1:28), "…네 하나님 여호와께서 네게 주시는 땅에게 네게 복을 주실 것이며"(신 28:8)라고 했다. 아마도 인간은 땅에 사는 것이기에 땅을 관리할 경영적 비법을 먼저 터득한 부동산 업자들이 땅으로 많은 돈을 벌게 되는가 보다.

그러나 과연 하나님 보시기에 합당할까? 하나님은 사람을 정직하게 지으셨지만 사람은 서로 싸워 피를 흘린다.

하나님을 경외하는 것, 이것이야말로 우리가 지녀야 할 참 모습인 것이다. 우리는 하나님을 경외하고 그 명령을 지켜야 한다.

참 고 문 헌

강문호 편역, 로버트 슬러 저, 「불가능은 없다」, 서울:한국가능성계발원, 1996.
강준민 옮김, 존 맥스웰 저, 「리더십을 키우라」, 서울:도서출판 두란노, 1997.
김광률, 「묵상」, 경기:도서출판 스데반, 1995.
김남준, 「예배의 감격에 빠져라」, 서울:규장문화사, 1997.
―――, 「설교자는 불꽃처럼 타올라야 한다」, 서울:도서출판 두란노, 1995.
김동윤, 「솔직히 말해서, 예수님 다음으로 돈이 좋아요」, 서울:교회성장연구소, 1997.
김석영, 「주님을 본받는 길」, 서울:도서출판 영문, 1994.
김양석 옮김, 폴부르다카스 편집, 「윌로우크릭 지도자 핸드북」, 서울:도서출판 두란노, 1997.
김연택, 「목회와 교회성장」, 서울:기독교문서선교회, 1996.
김영택, 「총동원 전도와 교회성장」, 서울:도서출판 글로리아, 1992.
김우영, 「교회와 부흥회」, 서울:반석문화사, 1995.
김애신 옮김, 캐트린마샬 지음, 「기도의 권능」, 서울:보이스사, 1997.
김일우 옮김, 제랄드벌고프, 레스터데코스터 지음, 「평신도 교육 핸드북」, 서울:생명의 말씀사, 1997.

―――, 레슬리 B.플린 지음,「성령의 19가지 은사」, 서울:아가페, 1996.

김원태,「주여, 내 기도를 들으시고」, 서울:쿰란출판사, 1996.

김점옥 옮김, 찰스 E. 제퍼슨 지음,「이런 목회자가 교회를 성장시킵니다」, 서울:엘맨출판사, 1996.

김종철,「청년이 없는 교회는 희망은 없다」, 서울:하늘사다리, 1996.

김지찬 역, 레만스트라우 저,「응답받는 기도와 응답받지 못하는 기도」, 서울:생명의 말씀사, 1987.

―――, 웨슬리듀웰 저,「기도로 세계를 움직이라」, 서울:생명의 말씀사, 1988.

권영복,「당신도 기도의 사람이 될 수 있다」, 서울:가나안말씀사, 1994.

권오근,「성공하는 사람은 이 점이 다르다」, 서울:해냄출판사, 1990.

권혁철 옮김, 로버트H. 슐러 지음,「젊은이여, 큰 뜻을 품어라 上 권」, 서울:생명의 말씀사, 1995.

리처드 포스터 지음, 「영적 훈련과 성장」개정증보판, 서울:생명의 말씀사, 1995.

명성훈,「교회성장과 리더십」, 서울:서울서적, 1992.

―――, 「교회성장과 성령」, 서울:서울서적, 1992.

―――, 「교회성장과 설교」, 서울:서울서적, 1992.

―――, 「교회성장과 기도」, 서울:서울서적, 1992.

―――, 「교회성장의 영적 차원」, 서울:서울서적, 1993.

──, 「당신의 교회도 성장할 수 있다」, 서울:국민일보사, 1994.
──, 「영적 성장 십계명」, 서울:교회성장연구소, 1997.
명성훈 옮김, C.피터 왜그너 지음, 「기도는 전투다」, 서울:도서출판 서로사랑, 1997.
──, 「방패기도」, 서울:도서출판 서로사랑, 1997.
박원섭·임택진, 「착하고 신실한 종아」, 서울:한국문서선교회, 1982.
박종령, 「제직의 도리」, 서울:목양사, 1983.
박종무, 「하나님이 기뻐하시는 권찰이 되는 길」, 서울:도서출판 글로리아, 1994.
박진호 옮김, 플로렌스리토어 지음, 「인간관계 이렇게 하면 쉬어진다」, 서울:도서출판 줄과추, 1997.
변대원 옮김, 랜슨로스 지음, 「성공을 꿈꾸는 그리스도인」, 서울:엘맨출판사, 1996.
배창돈, 「제자훈련 왜 그리고 어떻게」, 서울:예찬사, 1993.
배헌석·김응국 옮김, 제임스 E.민즈 저, 「21C에는 목회자가 변해야 교회도 변한다」, 서울:나침반사, 1997.
서재일, 「기독교인이 된 나는 」, 서울:선교문화사, 1995.
송길원, 「좋은 교사의 자질과 역할」, 서울:양문출판사, 1989.
송준인 옮김, 리차드 포스터 지음, 「기도」, 서울:도서출판 두란노, 1995.
순복음국제금식기도원, 「사모와 교회여성」, 서울:서울서적, 1998.
스토미오마샨, 「자식의 장래는 부모의 무릎에 달려있다」, 서울:나침반사, 1997.

신성종 외, 「이렇게 설교해야 교회가 성공한다」, 서울:도서출판 하나, 1994.

신성종 외, 「이렇게 제자훈련해야 교인들이 성숙한다」, 서울:도서출판 하나, 1995.

신인현, 「기도드리는 법」, 서울:한국문서선교회, 1986.

신인현외 3人, 「기도 파트너」, 서울:한국문서선교회, 1986.

아가페서원 편집부, 「가족전도」, 서울:아가페서원, 1995.

오성택, 「교회성장은 하나님의 뜻입니다」, 서울:쿰란출판사, 1997.

─────, 「좋은 만남은 성공의 삶을 만듭니다」, 서울:쿰란출판사, 1997.

오정현, 「열정의 비전 메이커」, 서울:규장문화사, 1997.

─────, 「목회트랜드 2000」, 서울:규장문화사, 1997.

유창무, 「기도는 핵무기보다 강하다」, 서울:도서출판 말씀사 역, 1994.

윤석전, 「절대적 기도생활」, 서울:요단출판사, 1996.

윤정한, 「임원교육 교재」, 서울:엘맨출판사, 1996.

윤종석, 「기도는 호흡입니다」, 서울:도서출판 두란노, 1994.

이광수, 「능력있는 목회자, 훌륭한 성도 그리고 건강한 교회 만들기」, 서울:말씀과 만남, 1996.

이관식, 「제직 세미나 교재」, 서울:도서출판 영문, 1993.

이동준, 「우리는 하나님의 청지기」, 서울:대한예수교장로회총회출판국, 1988.

이동휘, 「깡통교회 이야기」, 서울:도서출판 두란노, 1996.

홍원팔 옮김, C.피터 왜그너 지음, 「기도하는 교회들만이 성장한다」, 서울:도서출판 서로사랑.

홍정길 외 14人, 「청년 대학부를 살려라」, 서울:도서출판 두란노, 1995.
황규애, 「청지기교육」, 교회교육연구원, 1989)
황대식, 「좋은 권사되게 하소서」, 서울:혜선출판사, 1993.
황수길 옮김, 랜스우벨스 편저, 「하늘문을 여는 외침」, 서울: 예수전도단, 1996.
황영익, 「성서 경제학」, 서울:한국로고스 연구원, 1989.
──, 「성서 경영학」, 서울:한국로고스 연구원, 1991.
──, 「경영 관리론」, 서울:한국로고스 연구원, 1993.
C.A.S.편저. 「5만번 응답받은 뮬러의 기도비밀」, 서울:생명의 말씀사, 1995.
H.R.Niebuhr. *Christ and Culture*.(New York:Charles Schiber's sons. 1960).
Dillard, James Edger. *Good stewards*.(Nashvill Broadman, 1953).
Küng. *The Church*.(Garden City:Doubledy Co. 1976).
Horne. H. H. *Jesus the Master Teacher*.(New York:Association Press. 1925).
Marguis. J. A. *Learning to Teaching from the master*. (Philadelphia:The Westminster Press, 1913).

파워청지기

인 쇄 — 2000년 1월 25일
발 행 — 2000년 1월 31일

지은이 — 오 성 택
펴낸이 — 이 규 종
펴낸곳 — 엘맨출판사

서울시 마포구 합정동 433-62
출판등록 — 제10-1562호(1985. 10. 29.)

TEL. — (02) 323-4060
FAX. — (02) 323-6416

잘못된 책은 바꾸어 드립니다.

값 8,500원

엘맨의 책은 지친 영혼에 힘을 줍니다.

하나님 내 영혼이 아파요

♣

　살다보면 누구나 예외없이 어려운 상황을 만나기 마련이라지만 IMF라는 거대한 산은 그리스도인조차도 움츠러들게 만들고 있습니다.
　원치 않는 부도와 실직으로 인해 걱정, 스트레스, 좌절감만 쌓이고 삶의 의욕조차 말라버린 지금의 상황.
　그러나 주님은 우리의 지치고 상한 영혼을 오늘도 품어주십니다. 주님과 함께라면 넘지 못할 산이 없습니다.
　이 책을 통해 주님이 우리에게 제시하시는 해결책을 만나십시오.

♣

(월터 L.언더우드 지음／공보길 옮김／값 4,500원)

엘맨의 책은 향기가 있습니다.

향기로운 삶

― 곽선희 목사 · 유병우 목사 · 지형은 박사 추천 ―

　신앙인은 불신자 앞에서 신앙 이전에 언어 행실에서 감명을 줄 수 있어야 합니다. 안으로 좋은 인격을 소유하고 깨끗한 예의범절의 자세가 있고서야 전도가 이루어질 수 있기 때문입니다.
　이 책은 1200만 성도를 위한 에티켓 교과서입니다.
　상담심리학자이며 대학교수, 방송인이기도 한 공보길 목사는 가정생활, 일상생활, 교회생활, 사회생활 속에서 일어나는 여러 상황들을 자상하게 소개하고 있습니다.
　이 책을 통해 신앙에 예절과 교양을 더하게 된다면 우리는 향기로운 삶을 소유하게 될 것입니다.

(공보길 지음/값 5,500원)